TRANSLATIO
sous la direction de Florence Lautel-Ribstein
et Marc-André Buhot de Launay
9

Série *Problématiques de traduction*
7

Présences du traducteur

Ouvrage publié avec le soutien de l'université Paris – Nanterre
et de la Société française de traductologie

Présences du traducteur

Sous la direction de Véronique Duché
et Françoise Wuilmart

PARIS
CLASSIQUES GARNIER
2021

Véronique Duché est professeur de langue et littérature françaises à l'université de Melbourne. Spécialiste du roman à la Renaissance, elle s'intéresse tout particulièrement à l'histoire de la traduction et a édité plusieurs ouvrages traduits de l'espagnol.

Françoise Wuilmart est germaniste et professeur émérite de traduction (allemand/français) de l'ISTI/ULB. Elle a fondé et dirige le Centre européen de traduction littéraire (CETL) et le Collège européen des traducteurs littéraires de Seneffe (CTLS). Elle a traduit de nombreux romans, essais et pièces de théâtre (de l'allemand, du néerlandais et de l'anglais) et a obtenu plusieurs grands prix de traduction.

ISBN 978-2-406-11220-4 (livre broché)
ISBN 978-2-406-11221-1 (livre relié)
ISSN 2648-6768

INTRODUCTION

Présences du traducteur

Certaines contributions du présent ouvrage sont inspirées de conférences prononcées lors du 1er Congrès Mondial de Traductologie organisé par la Société Française de Traductologie et la Société d'études des Pratiques et Théories en Traduction à Paris, du 10 au 14 avril 2017, à l'université de Paris – Nanterre. Issues en partie de deux ateliers, l'un consacré au « dialogue entre psychanalyse et traduction », l'autre à l' « histoire des discours des traducteurs », ces contributions embrassent un vaste domaine diachronique et synchronique, allant de la littérature antique à la littérature contemporaine, de la philologie à la psychanalyse, de l'enseignement à l'écriture. Toutes ont en commun de mettre l'accent sur le traducteur, de repérer sa présence spécifique à la fois comme apprenant, praticien, chaînon dans le travail poétique de l'intertextualité, traductologue souvent à son insu et enfin sujet humain ayant un rôle central dans le processus traductif.

Le traducteur, littéraire surtout, est longtemps resté « invisible » et la reconnaissance de son travail de recréateur/médiateur est relativement récente. Cette notion d'invisibilité trouve sa première expression descriptive, voire dénonciatrice dans le livre de Lawrence Venuti : *The Translator's Invisibility : A History of Translation* (1995). Explorant les deux conceptions opposées que sont « dépaysement » et « domestication » [*foreignization* vs *domestication*], L. Venuti remet en question une stratégie de traduction fondée sur les notions de « transparence » et de « lisibilité », opérant à la fois sur la production et la réception des textes traduits. Selon Karen R. Emmerich[1], Venuti caractérise l'invisibilité comme 1) l'invisibilité du traducteur en tant que coproducteur d'un texte, une invisibilité imposée

1 *Cf.* Karen R. Emmerich, « Visibility (and invisibility) », *Handbook of Translation studies*, vol. 4, éd. Yves Gambier et Luc van Doorslaer, Amsterdam/Philadelphia, John Benjamins, 2013, p. 200. (Nous citons la traduction de René Lemieux.)

par les pratiques en vigueur dans la commercialisation, la lecture et la critique des traductions, et encouragée par le statut juridique ambigu de la traduction et des traducteurs ; 2) l'invisibilité de l'activité du traducteur à l'intérieur du texte de la traduction elle-même, tendant à être écrite en conformité avec l'idée dominante de « fluidité », par laquelle le traducteur, dans un certain sens, participe à son propre effacement ; et 3) l'invisibilité de la traduction comme pratique culturelle incluant les produits de ce processus, compte tenu de la relative rareté des traductions en anglais de la littérature étrangère, rareté que Venuti identifie comme faisant partie d'un « déséquilibre commercial » (15) mondial entre la culture littéraire anglo-américaine et les autres marchés qui traduisent largement à partir de l'anglais.

Une première partie regroupe quatre essais consacrés à la didactique de la traduction. On en retirera que la pédagogie de la traduction demande à être redynamisée et que dans maints pays l'enseignement universitaire devrait être revu dans une optique d'adéquation avec la réalité professionnelle. Le souci de dispenser une formation critique, notamment par la méthode réflexive et d'offrir une didactique innovante, riche d'un potentiel créatif et autocritique, et enfin la saine volonté de battre en brèche une représentation caricaturale et réductrice du traducteur universitaire, viennent compléter ce chapitre.

Une deuxième partie rassemble cinq essais consacrés à une poétique du traduire. Par quoi il faut entendre le « faire » du texte original à « refaire » dans le texte traduit, transposé dans un autre contexte, mais respectueux de la musicalité et des innovations stylistiques, c'est-à-dire soucieux de reproduire « l'illusionnisme » voulu par l'auteur. Sont aussi analysées : la restitution créatrice via la licence poétique et le dialogue parfois houleux entre auteur et traducteur ; l'appropriation de citations à ne pas confondre avec le plagiat, autrement dit les traductions « enchâssées » et non pas piratées, ainsi offertes à une renaissance « ailleurs » et à une optique nouvelle ; et enfin la création d'une image mentale du texte à traduire, une vision globale en amont qui servira au mieux la cause de la cohérence et du liant dans la traduction.

Une troisième partie réunit cinq essais consacrés au rôle de l'inconscient dans le processus traductif. Certains phénomènes mentaux et psychiques complexes sont aussi déterminants dans la pratique traductive que la compréhension et l'interprétation prétendument maîtrisées. L'appareil psychique est ainsi mis sous la loupe : il serait une suite de traductions, ou bien un parallèle s'imposerait entre traduction linguistique et traduction psychique, ou encore il y aurait un langage de l'inconscient commun à la traduction et à la psychanalyse, mais aussi une généalogie textuelle repérable dans des éléments sous-jacents et constitutifs du texte, comme sa « voix ». Et enfin, la structure de personnalité du traducteur participerait de l'alchimie de la transmutation linguistique.

Le dernier chapitre fait la part belle au traducteur en lui cédant la parole. Les quatre essais qui le composent analysent des textes liminaires précédant les traductions, dans lesquels le traducteur expose le pourquoi de ses solutions, critique ses prédécesseurs, aborde des questions essentielles dans la volonté de qualité, comme celles de fidélité ou de liberté, ou encore celle de la polyphonie commandée par le mariage de deux cultures.

Nous croyons pouvoir affirmer que les textes rassemblés ici sont foncièrement originaux et constituent un apport certain à la recherche. Ils ouvrent de nombreuses pistes à défricher et ne sont pas loin de provoquer certaines « ruptures épistémologiques » (Bachelard, 1938) dans les divers domaines abordés.

Véronique DUCHÉ
Françoise WUILMART

PREMIÈRE PARTIE

DIDACTIQUE DE LA TRADUCTION

D'UN NÉCESSAIRE VA-ET-VIENT ENTRE PRATIQUE ET THÉORIE OU LE CONFLIT DES INSTITUTIONS[1]

Les observations suivantes procèdent de l'expérience d'une traductrice d'édition formatrice en traduction pragmatique, spécialisation sous-représentée dans les formations universitaires de second cycle et absente de celles de premier cycle, excepté les cours de traduction journalistique parfois proposés. L'approche pragmatique nécessaire pour aborder toutes les publications autres que littéraires apparaît comme une nouveauté à un public d'étudiants issu dans sa majorité des filières littéraires en langues, et pour une petite minorité de LEA ou de Lettres et parfois quelques candidats plus âgés ayant des expériences professionnelles diverses. L'homogénéité l'emporte sur la diversité. Titulaires d'une licence, les jeunes étudiants ont effectué une première année de master en traduction et vécu au moins un an à l'étranger, souvent en tant que lecteur ou assistant dans le pays dont ils étudient la langue. Le contact avec ce public donne à l'auteur de ces lignes (dont le profil ressemble à celui de ses étudiants) une expérience indirecte des enseignements en cycle de licence aujourd'hui. Il semblerait que malgré les avancées de la recherche en traductologie et la parution de manuels innovants comme *F.A.C.T. Une méthode pour traduire de l'anglais au français*[2], qui font une large part à l'explication traductologique, l'enseignement du thème et de la version se renouvelle peu.

1 La communication à l'origine de cet article est accessible dans le MOOC que l'Institut du Tout-Monde consacre à la traductologie (http://www.tout-monde.com/mooctrad.html).

2 Jean-Yves Le Disez, *F.A.C.T. Une méthode pour traduire de l'anglais au français. De la version à la traduction. Mieux lire, mieux rédiger, mieux traduire*, Paris, Ellipses, 2015.

L'UNIVERSITÉ
Une institution productrice de discours

Nos étudiants vivent aujourd'hui le conflit entre les deux cycles universitaires dont nous avons autrefois fait l'expérience à leur âge. Il est éclairant de les envisager comme des institutions distinctes productrices de discours et de comportements spécifiques, au sens que Jean Peeters donne à ce terme :

> Bref, le service rendu par une maison d'édition, qui n'est pas seulement la transmission de connaissances, mais aussi une diffusion plus large et une rentabilité financière – inexistante ou limitée pour la thèse et les publications universitaires – ne correspond pas terme à terme avec celui que l'on attend de l'université. Il n'en restera pas moins que le document sera toujours de linguistique ou de physique.
>
> En raison du type de service en cause, on assistera à la production de ce que d'aucuns pourraient nommer un « microlangage » (celui de l'université, de l'édition, mais aussi de la Sécurité sociale, de l'Entreprise, de l'Église, etc.), et qui correspond en termes de la théorie de la médiation, à la composition de tout document et de toute parole par une institution[3].

En second cycle, les intervenants des formations professionnalisantes constatent un décalage difficile à combler en une année entre les attentes de l'institution « édition » et la conception que les aspirants traducteurs, ainsi, a fortiori, que les autres licenciés en langues, se font de la traduction. Certes, quelle que soit leur spécialisation, rares sont les étudiants fraîchement diplômés immédiatement opérationnels. L'utilisation des Technologies de l'Information et de la Communication pour l'Enseignement (TICE) pourrait réduire le décalage pour l'activité « traduction » en premier cycle. L'essentiel de la recherche en traductologie appliquée à la pédagogie concerne les formations professionnalisantes de second cycle où l'on utilise non seulement les TICE[4], mais aussi les outils dédiés à la traduction que

---

3 Jean Peeters, *La Médiation de l'étranger – Une sociolinguistique de la traduction*, Arras, Artois Presses Université, 1999, p. 114.

4 Antonio Bueno Garcia, « Les méthodes collaborative et coopérative dans l'enseignement de la traductologie », *De la méthode en traduction et en traductologie*, Eurostampa, 2013, p. 37-50.

sont mémoires de traduction et corpus. Les universités s'appuient de plus en plus sur Internet, avec les blogs[5] et pages Facebook, et sur les plateformes pédagogiques pour développer des cours hybrides associant travail à distance et en présentiel. Ces innovations laissent cependant thème et version de côté. Cette forme d'enseignement fait encore l'objet de réserves souvent justifiées de la part des enseignants. On n'enseigne certes pas la traduction à coup de QCM ! Mais les plateformes pédagogiques offrent de multiples outils adaptés aux exercices de thème et version, dont l'atelier, les glossaires, et les forums ou les wikis pour les plus férus d'informatique. Et pour ceux que le paramétrage d'activité en ligne rebute, les traitements de textes collaboratifs sont déjà des outils puissants capables de faire émerger la réflexion traductive encore balbutiante en début de cursus – quand elle ne se limite pas au recours au traducteur automatique.

PERSPECTIVES

L'examen de plusieurs sources : les témoignages des étudiants, l'analyse de leurs travaux, la lecture des rapports de jurys de concours, des échanges informels avec des intervenants dans ces cours et la fréquentation des manuels, de notre première utilisation autrefois, en tant qu'étudiante, à notre présente lecture de formatrice, tout cela permet d'esquisser un état des lieux des cours de traduction. Il reste à compléter cette ébauche partielle par des témoignages exprimant les points de vue des didacticiens et des professeurs qui, chaque année, consacrent une grande part de leur temps à l'élaboration des programmes et à l'enseignement du thème et de la version[6]. Cet article cite quelques-uns de nos étudiants dont les propos nous semblent exprimer un ressenti général.

5 Blog créé par Caroline Lepage, devenu plateforme communautaire et participative de traduction français/espagnol, espagnol/français (« Tradabordo »).

6 Une enquête mise en ligne (automne 2017) invite les intervenants en traduction à s'exprimer sur leur pratique. Les résultats ont été communiqués au colloque international « Enseigner la traduction dans le contexte francophone », Paris-Sorbonne, 26-27 avril 2018.

DU PREMIER AU SECOND CYCLE

En licence, thème et version participent d'un programme plus large visant à faire acquérir un niveau C1 ou C2 en langue seconde, ainsi que des connaissances culturelles aux étudiants. Les programmes des universités françaises en filière LCCE amorcent la préparation des concours de l'enseignement secondaire où la traduction est un outil de sélection. La traduction pédagogique en ce sens relève de l'« institution universitaire » et tend à produire des « versionnistes ». La comparaison avec un texte source érigé en modèle définit des comportements traductifs en décalage avec ceux attendus quand la fonction communicative du texte l'emporte sur sa fonction esthétique, ce qui est le cas quand on traduit dans la vie courante. Malheureusement, l'université s'avère une formidable force de socialisation. Elle forme les étudiants à être étudiants, c'est-à-dire à adopter des comportements et méthodes de travail adaptés pour réussir en milieu universitaire, mais bien souvent peu appréciés en dehors et donc dans les milieux professionnels vers lesquels les jeunes diplômés vont ensuite chercher du travail.

RÉUSSIR EN PREMIER CYCLE

Candide, un étudiant de master, confie : « En premier cycle, on écrit pour faire plaisir au prof, j'écris différemment suivant les profs, elle ne supportait pas les participes présents. » Faire plaisir ou avoir une bonne note sont des motivations bien compréhensibles et l'on retrouve d'ailleurs des commentaires similaires chez des traducteurs professionnels, auteurs de traductions publiées chez de grands éditeurs[7]. Enseignants et éditeurs résument parfois en une formule condensée les conclusions de leurs années d'expérience et de pratique. Le volume horaire des cours interdit souvent de longs développements qui permettraient de montrer, démontrer et convaincre. Bien des vérités passent ainsi pour des lubies. On peut certes s'amuser ou s'indigner d'injonctions du type : « supprimer les adverbes en -ment » ou « élaguer les modaux », mais la comparaison d'articles traduits de l'anglais en français et publiés dans *Pour la science* atteste de la disparition d'un grand nombre de ces formes[8]. Un étudiant qui

---

7 Sophie Léchauguette, *Traduire des livres : parcours de formation à la traduction pragmatique pour l'édition*, Université Michel de Montaigne – Bordeaux III, 2015, annexe, p. 45.

8 Sophie Léchauguette, DEA, non publié.

rendrait une version sans traduire les modalités ou en ayant supprimé des adverbes se verrait reprocher omissions et fautes de temps.

Si, en cours de thème ou version, des enseignants invitent sans doute leurs étudiants à travailler en groupes pour rédiger ensemble certains exercices préparatoires, l'évaluation reste individuelle. À en croire nos étudiants, le travail collaboratif est rare. Peut-être parce qu'il est difficile d'évaluer en toute équité un travail de groupe. On peut formuler l'hypothèse que si, par la suite, en second cycle, les étudiants hésitent à rechercher les informations auprès d'interlocuteurs spécialistes du sujet sur lequel porte un extrait à traduire, c'est parce qu'ils ont associé demande d'aide et triche. Cette crainte semble bien partagée chez mes étudiants – une dizaine, recrutés dans toute la France – qui l'expriment chaque année, depuis une quinzaine d'années. L'échantillon commence peut-être à être représentatif et à révéler une tendance comportementale induite par le système et dommageable pour la future socialisation professionnelle.

L'INSERTION PROFESSIONNELLE

Quel que soit le secteur concerné, tout le monde a un jour ou l'autre entendu un patron ou un maître de stage déplorer la lenteur ou le manque de fiabilité des étudiants « qui ne savent pas travailler ». C'est à la fois vrai et faux : les étudiants savent parfaitement travailler en milieu universitaire. Ils apprennent à réussir une série d'épreuves dans le cadre d'un contrôle continu ou d'un examen pour lequel il suffit d'obtenir la moyenne. Mais moyenne universitaire équivaut bien souvent à médiocrité professionnelle. Dans l'édition, les essais fournis doivent être d'excellentes traductions pour valoir un contrat à leurs auteurs. Il suffit de lire *Variations sur une omelette irlandaise* pour s'en convaincre. L'éditeur, auteur de cet ouvrage, y présente une traduction du premier chapitre d'un roman de Patrick McGinley en commentant les principales maladresses relevées dans les essais de douze traducteurs confirmés[9]. Dans l'édition, c'est zéro ou vingt. Le treizième, Glenn Férou a signé la traduction de *Le Corbeau des tourbières*.

9 Markus, *Variations sur une omelette irlandaise*, Paris, Marval, 1996.

DÉCONSTRUIRE POUR POSER D'AUTRES BASES

Indépendamment des disciplines, la tâche des intervenants en master est aussi de préparer le passage de la culture universitaire à la culture professionnelle. Dans notre domaine, les traducteurs formateurs retrouvent ici la fonction de médiation entre deux cultures qu'ils connaissent bien. Le premier objectif est d'amener les étudiants à s'interroger sur ce que traduire veut dire. Énoncer les nouvelles règles du jeu est aisé mais obtenir leur mise en pratique est difficile. L'adhésion théorique ne donne pas la compétence. L'adoption de critères qualitatifs pertinents pour la traduction pragmatique suscite une forte résistance chez les aspirants traducteurs, une minorité d'étudiants pourtant séduits par cette activité au point de vouloir en faire leur métier. C'est qu'ils ont une conception littéraliste de la traduction dont on peut craindre qu'elle soit celle des titulaires de licence en langue(s). Or ce sont ces jeunes diplômés qui, dans le cadre d'une future activité professionnelle dans de nombreux secteurs susceptibles de recruter des étudiants sans formation spécifique – commerce, hôtellerie, tourisme –, traduiront ou simplement utiliseront une langue étrangère pour communiquer.

QUELQUES SUGGESTIONS POUR FACILITER LA TRANSITION ENTRE LES CYCLES ET VERS LE MARCHÉ DE L'EMPLOI

Les institutions font preuve d'une force de résistance considérable ; les évolutions se font… lentement. Il faut saluer les traductologues qui avec Michel Ballard s'emploient à promouvoir une « traduction réaliste ». Toutefois, les départements de langues ne confient pas tous le soin de développer les cursus de thème et version à un traductologue. Ces enseignements sont marqués par la forte présence de spécialistes de linguistique et de littérature, disciplines qui ne prédisposent peut-être pas à une approche pragmatique de la traduction. Clarifier le discours sur la nature et les objectifs des exercices de premier cycle s'impose car la lecture des rapports des jurys de concours fait craindre la persistance d'une confusion entre les épreuves utilisées pour sélectionner les enseignants et l'activité de traduction tournée vers la communication avec les lecteurs, qui n'a rien à voir avec le thème ou la version.

CLARTÉ DU MÉTA-DISCOURS PÉDAGOGIQUE

En premier cycle, on fait de la traduction pédagogique et pas de la traduction littéraire, même si les textes de départ sont littéraires. Indépendamment de la nature du texte, la manière dont il est traduit participe à définir la nature de sa traduction : pédagogique, pragmatique, technique, spécialisée ou littéraire. Les étudiants désireux de satisfaire aux critères de notation privilégiant la traduction linguistique et littéraliste, n'inscrivent pas leurs traductions dans une démarche communicative. De plus, les conditions d'examen interdisent aux candidats l'accès à tout document alors que la compétence à se documenter est fondamentale pour traduire.

Puisque le traitement traductif des textes littéraires attendu des candidats est plus linguistique que littéraire, pourquoi ne pas les initier à la traduction en passant d'abord par des textes pragmatiques ? Faut-il rappeler la méthode de traduction publiée par Jean Delisle[10] ? Plus proche de la langue de tous les jours, la langue de textes ni techniques, ni spécialisés, à visée communicative, est sans doute plus accessible à nos étudiants que celle des auteurs dont l'écriture en fait une œuvre. Plus en phase avec les besoins de la majorité des étudiants qui ne vise pas les concours, aborder la traduction par le biais de textes pragmatiques à visée communicative permettrait peut-être de réduire le taux d'échecs très élevé en premier cycle et de réduire le décalage constaté en deuxième cycle entre les comportements traductifs développés par les étudiants et ceux attendus en milieu professionnel.

COMPARER DES TRADUCTIONS AVANT DE TRADUIRE

Même dans le cadre d'une utilisation pédagogique de la traduction, il serait souhaitable d'introduire très tôt la notion de skopos en insistant sur la réception ou lecture qui sera faite du texte produit. Il s'agit de présenter la traduction, dès le stade de l'initiation, comme

10 Jean Delisle, *L'Analyse du discours comme méthode de traduction. Théorie et pratique*, Ottawa, Presses de l'Université d'Ottawa, 1984.

une forme de communication, ce que l'enseignement aujourd'hui fortement marqué par la démarche de linguistique comparative tend à négliger. Sans prétendre former des traducteurs, mais simplement des spécialistes en langues, on peut recourir à la comparaison de traductions d'un même texte, qu'il s'agisse de traductions et retraductions plus récentes, ou à visées spécifiques, comme celles d'une collection bilingue dont les lecteurs n'ont pas les mêmes attentes que ceux des collections monolingues, ou encore une édition jeunesse d'un classique et l'édition adulte. La comparaison sollicite l'esprit critique et forme le goût. Elle fait toucher du doigt les vrais problèmes de traduction souvent masqués par des difficultés de compréhension dues au manque de vocabulaire des étudiants de premier cycle. Montrer plusieurs exemples de traductions, jugées recevables et publiées, amorce une réflexion sur les critères de qualité. Cela participe d'une démarche visant à libérer la créativité des étudiants en les incitant à rédiger leur propre version et à s'approprier l'écriture.

CRITÈRES D'ÉVALUATION

Cette approche de la version demande une évaluation adaptée valorisant trouvailles et prises d'initiative au niveau de la rédaction. Tant pis si (du moins au début) des restructurations intempestives s'éloignent du style du texte de départ, du moment que son sens est restitué en bon français et qu'elles témoignent d'un véritable questionnement. L'utilisation de textes pragmatiques fait ressortir la dimension communicationnelle du message. Il sera temps, à partir du quatrième ou cinquième semestre, de réintroduire des textes littéraires et l'exigence du respect du style de l'auteur. Les critères utilisés par les correcteurs d'examens, malgré les bonifications pour les trouvailles judicieuses, participent d'une construction littéraliste de l'activité de traduction. Fréquente, la pénalisation des réagencements syntaxiques perçus comme moyens d'esquiver une difficulté et souvent jugés abusifs, dissuade de s'approprier un texte pour le réécrire en langue cible. Tolérer quelques écarts pourrait favoriser la prise de risques nécessaire à l'émergence d'un véritable savoir-faire en traduction.

EXPLIQUER, TOUJOURS

L'utilisation d'un méta-discours plus précis dissiperait la confusion entre traduction littéraire et traduction pédagogique. Bien sûr, à titre individuel de nombreux enseignants s'efforcent de clarifier mais ce n'est pas encore le discours institutionnel dominant. Il faudrait expliquer aux étudiants l'intérêt pédagogique d'un extrait, attirer leur attention sur la consolidation d'un champ sémantique. C'est ce que propose Françoise Grellet avec un modèle de fiche sur le thème de la lumière[11]. Les exercices imaginatifs de cette typologie un peu ancienne n'ont pas vieilli. Ils peuvent être adaptés et paramétrés à l'aide des exercices de la fonctionnalité « test » pour initier à la réflexion traductive, quelles que soient les deux langues en présence. La fonctionnalité « glossaire » peut être exploitée pour développer le lexique, voire introduire à la lexicologie. Elle permet de faire élaborer par un groupe d'étudiants des fiches lexicologiques enrichies de liens hypertextes et de créer des lexiques utilisables par le groupe d'étudiants.

D'UN LIVRE À UNE MÉTHODE INTERACTIVE

Françoise Grellet propose de nombreux exercices invitant les étudiants à travailler en binôme et à discuter. Il peut être irréaliste de les mettre en place dans des groupes très nombreux, mais envisageable de le faire en ligne, sous forme de contributions obligatoires à des « forums » ou « chats[12] » à effectuer entre deux cours en présentiel. L'ouverture des activités sur une période définie assure la cohésion entre le travail de préparation et les regroupements en présentiel. Ces échanges préparatoires produisent une trace écrite qui donne à lire les raisonnements des étudiants. Les plateformes proposent aussi toute une batterie d'exercices adaptée pour tous les niveaux. Bueno Garcia signale que les étudiants réservent un meilleur accueil aux activités concrètes (Françoise Grellet,

11 Françoise Grellet, *Apprendre à traduire. Typologie d'exercices de traduction*, Nancy, Presses universitaires de Nancy, 1991, p. 146.

12 Ou, suivant l'exemple québécois, « clavardage ».

1991, p. 47). La fonctionnalité « atelier » de Moodle, dispositif conçu pour guider l'évaluation par les pairs selon des critères définis par l'enseignant, est utile pour apprendre à se relire et solliciter l'esprit critique.

FAVORISER LA CRÉATIVITÉ

La possibilité de faire travailler les étudiants sans leur imposer de se réunir en même temps dans un même lieu physique ouvre de nombreuses perspectives de travail collaboratif et permet d'exploiter le temps entre deux cours ou regroupements. Ainsi dans un groupe de quatre peut-on distribuer des rôles précis et complémentaires pour obtenir une traduction : un « lexicologue » préparerait le travail du « traducteur » par une recherche lexicale approfondie, effectuée avec l'outil « glossaire » ; le « traducteur » rédigerait la traduction sur un traitement de texte collaboratif inclus sur la plateforme ; le « vérificateur » contrôlerait l'exactitude du transfert du sens, l'absence d'omission d'information et d'inexactitude ; le « correcteur » vérifierait orthographe, grammaire et syntaxe. La distribution des tâches rendrait nécessaire l'interaction entre les membres du groupe. Chacun aurait une responsabilité précise dans le travail collectif et assumerait successivement tous les rôles. L'initiative est un puissant moteur de motivation et de créativité.

> *Promote creative performance by encouraging your students to define and redefine problems and projects. Encourage creative thinking by having students choose their own topics for papers or presentations, choose their own ways of solving problems, and sometimes choose again if they discover that their selection was a mistake. Allow your students to pick their own topics, subject to your approval, on at least one paper each term. Approval ensures that the topic is relevant to the lesson and has a chance of leading to a successful project*[13].
>
> « Favoriser la créativité en encourageant les étudiants à définir et redéfinir eux-mêmes les problèmes et leurs projets. Stimuler la pensée créative en laissant les étudiants choisir leurs propres sujets de rédaction ou de présentation, leur manière de résoudre les problèmes, et parfois de recommencer quand ils s'aperçoivent que leur première solution était erronée. Permettre aux étudiants de choisir leur sujet, en le soumettant à votre approbation, au moins pour un devoir par semestre. Votre validation du choix garantit que le sujet est pertinent au vu des objectifs du cours et conduira l'étudiant à la réussite. »

---

13 Robert Sternberg et Wendy Williams, *Teaching For Creativity : Two Dozen Tips*, 2003 (consulté le 29 juillet 2017 sur le site du Center for Development and Learning – CDL).

Il suffit de substituer « textes à traduire » à la notion de sujet de rédaction ou de présentation pour adapter ces conseils aux cours de thème et version.

Par exemple, dans le cadre actuel du premier cycle, les étudiants en première année de licence choisiraient dans un corpus de textes proposés par les enseignants. En deuxième année, les étudiants pourraient puiser les extraits utilisés en thème et version dans les ouvrages étudiés en cours de littérature ou de civilisation, ce qui aurait pour effet accessoire de leur faire percevoir la cohérence des programmes d'enseignement. En troisième année, ils soumettraient à l'approbation des enseignants des passages à traduire librement choisis. La multiplicité des textes éviterait au correcteur l'ennui inévitable produit par la répétition de la lecture de thèmes ou versions d'un même extrait.

UTILISATION DES PLATEFORMES ET AUTRES OUTILS EN LIGNE

Les diverses modalités de travail en ligne permettent des échanges réflexifs. Déjà utilisées en deuxième cycle, ces pratiques pourraient être introduites dès le premier cycle. La production naturelle d'une conversation écrite fait remonter les difficultés et les moyens mis en œuvre pour les résoudre. Il existe plusieurs outils collaboratifs, du simple traitement de texte en activant le suivi des modifications et l'ajout de commentaires, au wiki. La lecture de ces compagnons de traduction peut permettre de comprendre pourquoi une erreur est commise et donc d'apporter une explication répondant précisément à chaque étudiant. Les échanges via Messenger ou par courriel rendent à l'écrit une spontanéité autrefois réservée à l'oral et remplacent avantageusement les protocoles[14] autrefois utilisés par la recherche pour tenter de saisir la réflexion traductive.

Pour conclure, à un moment où les restrictions budgétaires et l'accroissement du nombre d'étudiants entraînent une réduction des heures d'enseignement en présentiel, l'utilisation des Technologies de l'Information et de la Communication pour l'Enseignement offre un moyen de redynamiser la traduction pédagogique. Traduire est un savoir-faire dont la construction devrait permettre de développer

14 *Think Aloud Protocol* (TAP).

les capacités rédactionnelles et l'aptitude à bien communiquer dans sa langue maternelle. Le renouveau pédagogique esquissé ici vise à mieux servir les étudiants de langue, en veillant à ce que les formations développent des compétences reconnues sur le marché du travail. C'est en pensant au devenir professionnel de la majorité des étudiants, qui évoluera probablement dans la grande diversité du secteur tertiaire, et pas uniquement à la minorité de futurs enseignants et traducteurs, qu'il convient de s'interroger sur les objectifs des cours de thème et version en premier cycle. La pédagogie ne saurait être pensée indépendamment des objectifs visés par les enseignements. Dans notre perspective, un plus grand recours au travail collaboratif et l'utilisation des multiples possibilités offertes par les outils en ligne s'imposent pour développer conjointement le savoir-faire et le savoir-être nécessaires pour bien traduire ou simplement bien rédiger.

Sophie LÉCHAUGUETTE
Université de Lille, ULR 40 74
Centre d'Études en Civilisations
Langues et Lettres Étrangères
France

LE TRADUCTEUR UNIVERSITAIRE ENTRE MYTHES ET RÉALITÉS

En sociologie de la culture, on distingue en général quatre types d'approches : l'approche par le monde social (qui met en lumière les champs et les luttes de pouvoir), l'approche par les producteurs (en l'occurrence, ici, les traducteurs), par les destinataires (ici, les lecteurs, qui incluent les journalistes et les critiques littéraires), enfin l'approche par l'objet culturel lui-même (ici les textes traduits). Il est souvent intéressant d'étudier les quatre à la fois ; dans le cadre de ce chapitre, je centrerai mon propos sur les producteurs et les destinataires et m'efforcerai d'esquisser plusieurs pistes de réflexion à partir d'approches empruntant à la sociologie, à l'étude de la réception et à l'esthétique, et ce en m'appuyant sur des sources de natures diverses : enquêtes sociologiques sur la traduction, avant-propos, gloses et commentaires vidéo de traducteurs, extraits de recensions critiques. Je m'arrêterai, chemin faisant, sur quelques cas exemplaires.

Mon objectif sera multiple : m'interroger sur la pertinence du clivage entre traducteur professionnel et traducteur universitaire ; nuancer la vision en partie faussée du traducteur universitaire répandue dans les milieux de l'édition et les médias, en mettant en lumière ce qui le rapproche des traducteurs professionnels dans sa pratique ; défaire certaines idées reçues en soulignant le travail de médiation et de « visibilisation » des traducteurs littéraires, accompli par certains traducteurs universitaires à la fois en tant que formateurs en traduction, chercheurs en traductologie et acteurs de la vie littéraire ; rebattre les cartes en bousculant le binarisme qui sous-tend le couplage initial à la faveur de quelques observations sur le ménage à trois que forment traducteur professionnel, universitaire et écrivain.

On ne peut nier qu'il existe un clivage entre traducteurs littéraires universitaires et traducteurs littéraires professionnels, souligné notamment par la germaniste et traductrice Isabelle Kalinowski dans une contribution à la sociologie de la traduction intitulée « La vocation au travail de traduction[1] ». À la différence des premiers, les seconds tirent leurs revenus uniquement de la traduction et se trouvent pour la plupart dans des situations sociales et économiques précaires. On sait aussi qu'ils ne bénéficient pas de la même liberté dans le choix des œuvres à traduire et souffrent parfois d'être cantonnés à certains secteurs de l'édition. Certains pans de l'enquête et des analyses pionnières, d'inspiration bourdieusienne, menées par Isabelle Kalinowski il y a une quinzaine d'années méritent cependant d'être revus et complétés à la lumière d'évolutions récentes, notamment pour ce qui est de l'impact de la pratique de la traduction littéraire dans les carrières universitaires et du statut de la traduction littéraire à l'université.

Le clivage entre traducteurs littéraires professionnels et traducteurs littéraires universitaires dont fait état Isabelle Kalinowski se trouve nuancé tout d'abord par les résultats de l'enquête menée par la sociologue Julie Vitrac, à la demande de l'ATLF, au printemps 2000[2]. Y sont distinguées trois et non pas deux catégories de traducteurs : les traducteurs « occasionnels », dont 30 % au maximum des revenus sont issus de la traduction ; les traducteurs « à temps partiel », pour lesquels 31 à 70 % des revenus proviennent de la traduction ; et les traducteurs à « plein temps » dont plus de 70 % des revenus sont issus de la traduction. Les traducteurs universitaires appartiennent de toute évidence à la première catégorie, mais ils ne sont pas explicitement désignés par Julie Vitrac comme une source de tension à l'intérieur de la profession. Le clivage souligné par Isabelle Kalinowski avait cependant le mérite de mettre en évidence des tensions jusque-là invisibles, ou du moins dont il n'était guère fait mention en place publique. Ces tensions se sont régulièrement manifestées depuis à la faveur d'enquêtes et réflexions d'un autre type, celles qui ont porté sur la formation des traducteurs[3].

1 Isabelle Kalinowski, « La vocation au travail de traduction », *Actes de la recherche en sciences sociales*, n° 144, 2002, p. 47-54.

2 Julie Vitrac, « Profession : traducteur », *TransLittérature*, n° 18-19, Paris, ATLF, 2000, p. 70-82.

3 Sans revenir ici sur ce débat, je me permets de renvoyer aux Actes des 27e Assises de la traduction littéraire d'Arles qui se sont tenues en 2010, lesquels incluent la transcription d'une table ronde intitulée « Formation à la traduction, où allons-nous ? » (*Vingt-Septièmes Assises de la traduction littéraire (2010)*, Arles, Atlas / Actes Sud, 2011, p. 141-173).

Cependant, si l'on met de côté ici les réserves qu'on peut avoir sur certaines formations à la traduction littéraire, force est de constater que l'accent mis sur la formation du traducteur depuis une trentaine d'années et l'essor des formations qui en découle ont largement contribué au rapprochement entre les deux catégories, à l'échelle de leurs pratiques. Cet essor, qui s'accompagne en outre parfois de la création de modules introduisant les étudiants aux enjeux de la traduction littéraire dès la licence, contribue à sensibiliser des publics autrefois familiers uniquement du thème et de la version, à la spécificité de la traduction professionnelle et à la place cruciale occupée par la traduction et par les traducteurs dans le paysage éditorial.

Il importe, par ailleurs, à ce stade, de défaire quelques préjugés sur le traducteur universitaire, en s'attaquant tout d'abord à ce singulier quelque peu problématique. Existe-t-il un type du traducteur universitaire ? On peut en douter. Sans aborder d'emblée les caractéristiques possibles de leur pratique de la traduction, je m'attarderai d'abord sur l'hétérogénéité de leurs parcours et sur les manières diverses qu'ils ont d'articuler leurs différentes activités. On notera pour commencer que certains universitaires ont été des traducteurs professionnels avant d'être des traducteurs dits « universitaires ». C'est le cas de Jean-Yves Masson, par exemple, traducteur de l'allemand, de l'anglais et de l'italien, et professeur de littérature comparée à la Sorbonne après avoir renoncé à la traduction professionnelle pour des raisons économiques[4]. C'est aussi le cas, par exemple, de Jean-Pierre Richard, traducteur de l'anglais et du swahili, qui a rejoint l'université Paris-Diderot tardivement, où il a d'ailleurs dirigé le master de traduction littéraire professionnelle pendant quelques années. Il faudrait, du reste, distinguer, parmi les universitaires qui pratiquent la traduction, ceux qui se sont engagés activement dans la formation des traducteurs. De même, si le traducteur universitaire travaille en solo la plupart du temps et publie sous son nom, il lui arrive d'animer des collectifs de traducteurs, constitués de traducteurs professionnels, d'universitaires traducteurs et d'étudiants de master ou de doctorat. On pourrait aussi différencier les universitaires qui traduisent exclusivement des ouvrages appartenant à leur domaine de spécialité et ceux qui traduisent parfois ou plus systématiquement

4 *Cf.* Pierre Assouline, *La condition du traducteur*, Paris, CNL, 2011, p. 58.

des corpus extraordinairement étrangers à leur domaine, sans avoir ni le souci de faire en sorte que recherche et traduction se fertilisent réciproquement, ni celui de valoriser leur activité de traducteur dans leur carrière universitaire. De même, les traducteurs universitaires sont loin d'être tous des traductologues, l'inverse étant également vrai.

Le clivage entre traducteurs professionnels et traducteurs universitaires doit sans doute également être examiné conjointement à celui qui existe entre les traducteurs de langues modimes et les autres. Si certains traducteurs de l'anglais choisissent eux-mêmes de rejoindre l'université, pour des raisons en grande partie économiques comme on l'a signalé plus haut, il existe de nombreux traducteurs de langues moins traduites en France qui n'ont d'autre choix que de mener une carrière universitaire. On est frappé, en lisant le numéro 50 de la revue *TransLittérature*[5], de constater que les trois traducteurs universitaires sur les seize traducteurs interrogés dans le cadre du dossier « Portraits de traducteurs » traduisent tous des langues dites « rares » : l'arabe pour Richard Jacquemond, l'estonien et le finnois pour Antoine Chalvin, le catalan, le corse et le grec moderne, notamment, pour François-Michel Durazzo.

L'opposition entre traducteur universitaire et traducteur professionnel trouve fréquemment sa source dans la représentation commune de l'universitaire coupé des réalités du métier, du savant exclusivement défini et préoccupé par les notions d'expertise et de technicité, au détriment de l'engagement dans la défense de la profession. Sans méconnaître la persistance d'un tel clivage, il paraît bon de le nuancer, en mettant notamment en évidence le rôle de médiateur du traducteur universitaire. Car, si certains traducteurs universitaires œuvrent à multiplier les passerelles entre la profession et le milieu universitaire, ils tiennent aussi souvent lieu, pour certains d'entre eux, de passeurs entre la profession et le grand public, voire entre la profession et les collectivités territoriales, dès lors qu'ils acceptent de concevoir ces missions annexes à leurs missions premières d'enseignant-chercheur comme inhérentes à leur vocation de traducteur littéraire nécessairement engagé dans la promotion et la défense du métier.

Au-delà même de son implication dans la formation universitaire à la traduction littéraire, qui constitue naturellement une première

5 « Portraits de traducteurs », *TransLittérature*, n° 50, Paris, ATLF, 2016, p. 17-175.

forme de médiation, l'expertise de l'universitaire traducteur se trouve de plus en plus fréquemment sollicitée au sein de l'université. À l'heure de l'internationalisation de la recherche et des formations, il renseigne l'institution et les collègues désireux de faire traduire des textes (articles, pages de site, dossiers de candidature à l'ANR, à l'IUF, à des programmes européens, etc.) sur les tarifs et les modes de rémunération et encourage ses collègues à intégrer des budgets dédiés à la traduction dans leurs programmes de recherche.

L'expertise du traducteur universitaire est aussi fréquemment sollicitée en dehors de l'enceinte de l'université. À la faveur de collaborations avec des librairies, des médiathèques, des festivals littéraires, nombre de traducteurs universitaires s'efforcent de rendre visible et audible pour l'auditoire le travail des traducteurs littéraires. La traduction intéresse les lecteurs et, aux côtés des traducteurs professionnels rendus eux-mêmes plus visibles depuis quelque temps, le traducteur universitaire peut sans mal rétablir quelques vérités, éclairer, illustrer, éduquer.

La position privilégiée du traducteur universitaire, à l'interface de trois mondes (la formation, la recherche, les métiers de la traduction et de l'édition), rend possible, pourvu qu'il s'en donne les moyens et soit véritablement force de proposition, non seulement une évolution des cursus eux-mêmes, faisant toute sa place à la traduction comme composante essentielle de l'histoire intellectuelle et moteur majeur de la diffusion des savoirs et de la circulation des idées, mais aussi une présence accrue des traducteurs professionnels dans les cursus universitaires, en langues étrangères et en littérature comparée notamment, comme dans les manifestations scientifiques. La multiplication de colloques, revues, ouvrages et collections universitaires dédiés à la traduction, faisant pour certains une large place aux contributions de traducteurs professionnels et/ou à des études centrées sur la pratique de la traduction, participe au même effort de « visibilisation » et de promotion du travail des traducteurs dans leur ensemble.

Diplomate, voire agent double, par vocation, dans l'exercice même du métier de traducteur, il fait aussi fréquemment office d'ambassadeur de la profession à l'université et sur diverses scènes de la vie littéraire et culturelle, s'efforçant d'œuvrer, aux côtés des traducteurs professionnels et en tirant parti de sa double légitimité, à la défense et à la valorisation du métier, voire à la transformation des rapports de pouvoir existants au sein de la profession comme dans les relations qu'elle entretient avec son environnement social.

Qu'en est-il à présent de ce clivage à l'échelle des pratiques ? Je me propose d'avoir ici une approche diachronique et synchronique, en évoquant d'abord, à travers trois exemples, la première moitié du XXe siècle avant de m'arrêter, dans un second temps, sur la période contemporaine. Dans *Un Art en crise*, l'écrivain et théoricien russe de la littérature Efim Etkind s'en prend aux « universitaires qui ne voient dans la poésie étrangère que des objets d'étude, des prétextes à érudition[6] » et oppose « l'exactitude universitaire » au « mirage de la traduction artistique » (*ibid.*, p. 126). Est-ce à dire que l'exactitude serait toujours du côté des universitaires et uniquement de leur côté ? Et qu'est-ce, du reste, que l'exactitude en traduction ?

Les préfaces de traducteurs sont un bon point de départ pour examiner la légitimité de ces clivages, dès lors qu'elles énoncent la « position traductive[7] » des auteurs. On peut ainsi utilement comparer l'introduction de Louis Postif et Paul Gruyer à leur traduction de *Croc-Blanc* de Jack London et l'avant-propos de Louis Cazamian à sa traduction de *Sartor Resartus* de Thomas Carlyle, qui peuvent paraître symptomatiques, à première vue, de la manière dont, dans la première moitié du XXe siècle, traducteurs universitaires et non universitaires s'opposaient dans leurs pratiques. Mais l'on verra, en évoquant aussi Victor Bérard, qu'un troisième type vient d'emblée brouiller les frontières.

Louis Postif et Paul Gruyer, à qui l'on doit d'avoir introduit l'œuvre de Jack London en France, n'étaient pas des universitaires. Louis Postif (1887-1942) avait appris l'anglais en Angleterre dans sa jeunesse grâce à une bourse d'études et avait découvert London dans un camp de prisonniers pendant la Première Guerre mondiale. Avant les retraductions au Masque des années 90, il a aussi été le principal traducteur d'Agatha Christie dans les années 30 et 40. Dans leur introduction à l'édition de *Croc-Blanc* parue en 1923 aux éditions G. Crès & Cie, Postif et Gruyer

6 Efim Etkind, *Un Art en crise : essai de poétique de la traduction poétique*, trad. Wladimir Troubetzkoy, Lausanne, L'Âge d'homme, 1982, p. X-XI.

7 « La position traductive est, pour ainsi dire, le compromis entre la manière dont le traducteur perçoit, en tant que sujet pris par la pulsion de traduire, la tâche de la traduction, et la manière dont il a internalisé le discours ambiant sur le traduire (les "normes") » (Antoine Berman, *Pour une critique des traductions : John Donne*, Paris, Gallimard, 1995, p. 74).

défendent une conception interventionniste de la traduction, dépréciant le littéralisme :

> [Jack London] est un émotif de premier ordre, mais la solide culture classique des races latines lui a manqué. Le rôle du traducteur devient alors infiniment délicat. Sans s'attacher obstinément à un mot à mot littéral, que rend plus difficile encore la différence de génie des langues anglo-saxonnes et de la langue française, celle-ci éprise avant tout de netteté et de clarté, le traducteur doit s'efforcer de faire jaillir, le plus fidèlement possible, la pensée éclose dans l'original [...][8].

Leur position traductive, telle qu'elle se fait jour dans cette introduction, vise sans doute à flatter les penchants des milieux littéraires de l'époque et, pour mieux imposer London, à épouser les attentes d'un espace littéraire porté à valoriser l'acclimatation des œuvres étrangères aux dépens de la restitution de leurs idiosyncrasies, notamment stylistiques. Faute de connaître suffisamment bien la littérature américaine qui s'écrivait à l'époque et s'était écrite avant London, Postif et Gruyer ont, semble-t-il, pris pour le produit de contraintes linguistiques structurelles ce qui relevait plutôt de choix stylistiques délibérés de la part de l'auteur. Leur introduction signale clairement que leur interventionnisme résulte du sentiment d'avoir à traduire le génie d'une langue plus que la singularité d'un style. Au-delà de ce défaut d'appréciation, ce sont aussi les normes discursives et esthétiques, l'écosystème stylistique dans lequel ils baignent, qui les conduisent à déformer le style de London. L'examen de leurs traductions permet de mettre en lumière leur conception très libre de la traduction, notamment dans le traitement des répétitions, du niveau de langue ou encore du point de vue, de sorte qu'on peut parler à leur propos de « transfiction[9] ».

On retrouve une conception très libre de la traduction chez l'helléniste Victor Bérard, contemporain de Louis Postif et traducteur de *L'Odyssée*, dont les stratégies d'édition et de traduction, qui font la part belle à l'interpolation, sont l'objet d'un livre de Sophie Rabau, dont le titre même, *B. comme Homère*, rend facétieusement compte, le « B. » renvoyant naturellement à Bérard et l'analogie signalée par le comparant

8 Cité par Pierre-Pascal Furth (« Traduttore, traditore », *Europe*, nº 54, 1976, p. 129).

9 Voir Véronique Béghain, « Transfictions of Jack London », *Transfiction 3 : The Fictions of Translation*, Judith Woodsworth ed., Amsterdam, John Benjamins, 2018, p. 171-183.

« comme » à l'authentique réinvention d'Homère par son traducteur. *L'Odyssée* retraduite par Victor Bérard paraît en 1924 et celui-ci, traquant, dit Sophie Rabau, les « ajouts hétérogènes qui seraient le fait de rhapsodes interventionnistes, de copistes maladroits ou d'éditeurs se mêlant du texte[10] », y nettoie le texte d'Homère, complétant l'expurgation du récit par sa dramatisation, dès lors qu'il y perçoit au premier chef une « œuvre de théâtre » (cité par Rabau, *ibid.*). Or, Bérard était, lui, un universitaire, qui prétendait s'appuyer sur son expertise et sur une « science homérique » (*ibid.*, p. 41 *sqq.*) en définissant une « homéricité » du texte, qui tenait dans son harmonie, son urbanité et sa clarté (*ibid.*, p. 49), à partir de quoi il repérait les « interpolations », les passages qu'il appelait « bâtards », et procédait à leur épuration. C'est donc ici le bagage universitaire qui paraît légitimer au premier chef la double entreprise d'édition et de traduction du texte, alors même que, comme le montre bien Sophie Rabau, sous les dehors de la « méthode philologico-géographique » (*ibid.*, p. 33) de Victor Bérard, se dissimule une œuvre d'imagination et de recréation à la rigueur contestable et où la fameuse « exactitude universitaire » occupe une place limitée.

Tout autre est la mise en œuvre de l'« exactitude universitaire » chez quelqu'un comme Louis Cazamian, critique littéraire, professeur à la Faculté des lettres de Paris et spécialiste de littérature anglaise, auteur d'un « Avant-propos » accompagnant sa traduction de 1958 d'une œuvre majeure du romancier et historien anglais Thomas Carlyle, *Sartor Resartus. La philosophie du vêtement*, publiée en 1836. Voici quelques extraits de cet avant-propos :

> Les très nombreuses répétitions qui ponctuent le style : « en vérité » – « à proprement parler » – « pour dire vrai », etc., etc. – ont été scrupuleusement respectées. De même, l'insistance sur les moindres nuances, les restrictions, les qualificatifs de chaque affirmation ; et l'accentuation des articulations logiques de la langue qui, répétées à satiété, traduisent une impérieuse volonté de certitude et de sincérité, ne pouvaient être sacrifiées à l'élégance.
>
> Le « nous » éditorial ; le tour alambiqué et cérémonieux souvent adoptés, sont également significatifs et intentionnels à un double égard. Malgré l'obscurité ou les longueurs qui peuvent en résulter, on en a suivi les détours. Car ils contribuent à la présentation humoristique des milieux et des comparses esquissés [...].

10 Sophie Rabau, *B. comme Homère. L'invention de Victor B.*, Toulouse, Anacharsis, 2016, p. 24.

> Surtout, la construction des phrases, inséparable de la progression de la pensée, reflète fortement [l']influence [germanique]. Elles sont généralement d'une longueur tout à fait inhabituelle, composées d'une multitude d'incises qui s'ajoutent, se surajoutent et se composent, rejetant le verbe souvent jusqu'au bout du paragraphe. [...] Si contraire que soit l'originalité de ce style au génie propre du français – plus encore, sans doute, qu'à celui de l'anglais – tout en élaguant, déplaçant quelques propositions, et en utilisant les artifices de la ponctuation pour assurer le plus de clarté possible, la traduction s'est efforcée de préserver quelque chose de cette puissance et de ces brusques envols.
> Pas plus que le texte, elle ne se lira sans effort. C'eût été un crime de lèse-Carlyle que de lui donner la facilité. On ne l'a pas tenté[11].

Il conviendrait naturellement d'évaluer la traduction de Cazamian à l'aune du projet qu'il présente ici, de voir dans quelle mesure il tient ses promesses et d'examiner de près, en outre, les manifestations concrètes de ce « tout en élaguant, déplaçant quelques propositions ». Quoi qu'il en soit, le texte de l'avant-propos est en lui-même éclairant. Le seul fait que Cazamian éprouve le besoin de se justifier en ces termes indique assez les craintes qu'il peut avoir de voir sa traduction éreintée par les partisans de l'acclimatation, dont les prescriptions ethnocentristes dominent à l'époque[12].

Quelques exemples pris dans l'actualité littéraire récente permettent de nuancer plus encore les antagonismes abusifs, qu'il s'agisse de l'irréconciliabilité supposée entre traducteurs universitaires et traducteurs professionnels ou entre traducteurs universitaires et écrivains-traducteurs. L'écrivain François Bon, qui depuis quelques années traduit ou retraduit de grands écrivains américains, comme Hemingway, Melville, Bierce ou Lovecraft, a ainsi récemment exposé ce que l'on pourrait appeler son projet traductif, lequel retient l'attention à deux titres : parce que les écrivains-traducteurs ne sont pas coutumiers du fait, la plupart d'entre eux se reposant bien plus souvent sur leur notoriété et leur capital symbolique, en termes bourdieusiens, que sur une quelconque glose pour légitimer leurs choix ; mais aussi pour ce que cet exposé nous dit de l'approche de l'écrivain-traducteur qu'est François Bon.

---

11 Louis Cazamian, « Avant-propos », *in* Thomas Carlyle, *Sartor Resartus. La Philosophie du vêtement*, trad. Louis Cazamian, Paris, Aubier, 1958, p. 5-6.

12 London et Carlyle n'ont pas non plus le même statut dans la première moitié du XXe siècle (écrivain populaire / écrivain sérieux), ce qui peut expliquer les différences d'approche et les choix différenciés des éditeurs qui les confient l'un à un autodidacte, l'autre à un universitaire.

Dans une chronique du Tiers Livre portant sur sa retraduction d'une nouvelle de H. P. Lovecraft, François Bon réfute ainsi l'idée qu'il puisse improviser et « utiliser sa prérogative d'auteur pour jongler avec l'original », reproche qui lui est fait, dit-il, par un ami « traducteur de premier plan[13] ». Il accompagne sa retraduction d'un commentaire lumineux sur la nouvelle de Lovecraft, dans lequel il affirme notamment vouloir « garder le scandale d'une traduction phrase à phrase, qui ne *lisse* pas le saut d'une phrase à une autre » (*ibid.*) et revendique, par ailleurs, de répéter quand Lovecraft répète. Il défend aussi un parti pris de fidélité radicale, notamment dans le respect de l'ordre du surgissement des adjectifs et adverbes. Quelques jours plus tard, dans une vidéo intitulée « L'instant Lovecraft, 38 : c'est quoi traduire[14] ? », François Bon, chagriné par les critiques formulées par une universitaire traductologue à l'endroit de sa retraduction de Lovecraft, défend ce qu'il appelle « un parti-pris d'artificialité » pour répondre aux reproches qui lui sont faits notamment de conserver des points-virgules et de produire des calques syntaxiques (qu'il rebaptise joliment « masques syntaxiques », du reste). Il lance à l'adresse de son auditoire virtuel un rappel résumant en quelque sorte son projet traductif : « N'oubliez pas, amis lecteurs, que vous êtes en train de lire un texte en littérature étrangère ! » (*ibid.*). Dans le débat qui oppose sourciers et ciblistes, Bon semble ainsi se situer du côté des premiers, dont la démarche n'est pas étrangère à cette « exactitude universitaire » qu'évoquait Etkind. Au temps pour le « mirage de la traduction artistique » !

À l'opposé de la démarche d'un François Bon, on trouve, chez les écrivains-traducteurs, celle d'une Julie Wolkenstein. Il se trouve que Julie Wolkenstein est, elle, par ailleurs, également une universitaire, spécialiste de Henry James. Or, lorsqu'on lit sa retraduction de *The Great Gatsby* de Francis Scott Fitzgerald ou qu'on l'écoute en parler[15], on est rien moins qu'impressionné par son souci de l'exactitude. Le seul choix du titre *Gatsby* en lieu et place de *Gatsby le magnifique*, belle trouvaille de Victor Llona, reprise notamment par Michel Viel, Jacques Tournier et Philippe Jaworski, a de quoi surprendre[16]. Frédéric Beigbeder,

13 François Bon, « H. P. Lovecraft | L'étranger (*The outsider*) », Le Tiers Livre, 27 mars 2017.

14 François Bon, « L'instant Lovecraft, 38 : c'est quoi traduire ? », vidéo postée sur YouTube le 1er avril 2017.

15 Julie Wolkenstein, « Traduire "Gatsby", 1 », YouTube, 8 janvier 2011.

16 Je renvoie le lecteur aux remarques de Philippe Jaworski dans la notice qui accompagne sa traduction en Pléiade pour mesurer à quel point la disparition de l'adjectif est bel et

dans un éditorial du *Figaro magazine* facétieusement intitulé « Touche pas au Gatsby ! », régla assez brutalement son compte à la traductrice à la sortie du livre, mais il le fit curieusement en épinglant en elle l'universitaire plus que l'écrivain, lui reprochant une traduction « scolaire » et commentant : « Le travail de cette universitaire est sûrement très respectable, mais il donne la même impression que d'entendre un standard des Beatles massacré dans un karaoké par un étudiant en musicologie ne tenant pas le gin-tonic[17]. » Et ce alors que sa traduction n'a rien d'« universitaire », si l'on en juge par exemple par la torsion du niveau de langue et d'autres partis pris relevant plus du ciblisme mal compris et de l'accommodement au goût du jour que de la justesse ou de la fidélité. Un autre critique parle plutôt lui, du reste, de jeunisme de la traduction, de réécriture de Fitzgerald dans la langue de Zazie, de « lifting bling-bling[18] ». Ce qui frappe dans les propos que tient sur son travail l'écrivaine-universitaire-traductrice, c'est qu'elle assoit entièrement sa légitimité de traductrice sur sa proximité déclarée avec le texte, sa reconnaissance dans la langue de Fitzgerald de sa propre langue. Elle dit ainsi, interrogée par Florence Noiville pour *Le Monde des livres* : « [*Gatsby*] me donnait l'impression d'avoir été écrit dans ma langue, une langue intérieure, personnelle, comme si je n'avais pas besoin de me le traduire[19]. » Ce n'est plus la représentation assez banale du traducteur marionnette de l'auteur ventriloque ; cette fois, c'est en quelque sorte l'auteur qui devient la marionnette du traducteur, ce qui n'est pas sans présenter certains risques et explique qu'on lui ait reproché notamment sa trop grande modernisation du texte.

Tout éloigne, à ce titre, la conception développée par Julie Wolkenstein de la vision d'un Jean-Pierre Lefebvre. C'est que le traducteur de Marx, Hegel, Celan, Freud, Hölderlin, Zweig, Kafka s'est intéressé, dans un article éloquemment intitulé « Écrire être soi et traduire être un autre », à la synergie possible entre travail de traduction et production personnelle, quand les deux activités sont simultanées, lui-même s'étant lancé dans un roman une première fois au moment même où il entreprenait

---

bien ici un « crime de lèse-majesté » (Philippe Jaworski, « Notice », *in* F. S. Fitzgerald, *Romans, nouvelles et récits*, t. I, Paris, Gallimard, 2012, p. 1545-1547).

17 Frédéric Beigbeder, « Touche pas au Gatsby ! », *Le Figaro*, 31 décembre 2010.

18 André Clavel, « Fallait-il retraduire *Gatsby le magnifique* ? », *L'Express*, 16 février 2011.

19 Florence Noiville, « Julie Wolkenstein : "'Gatsby' était écrit dans ma langue" », *Le Monde*, 13 janvier 2011.

de traduire Hegel, et plus récemment tandis qu'il traduisait Kafka. Il nous propose ainsi de penser cette « apparente fuite dans la production personnelle » comme le moyen de « figer l'idiosyncrasie langagière du traducteur dans une œuvre propre pour mieux le préparer à la perception de la différence, voire à sa restitution, ou, si l'on veut, à l'acceptation de la nécessité d'une écriture autre, dès lors que le problème bien connu du traducteur littéraire est d'éviter la projection continue d'une même langue littéraire [...] dans les traductions d'auteurs aussi différents que Goethe, Hölderlin, Döblin, Jelinek ou Peter Handke[20] ». Ici, la production personnelle fait office de rempart contre l'intrusion de la langue ou de l'écriture propre dans celle de l'autre.

Il ne fait cependant pas bon être un traducteur universitaire en France, si l'on en juge par l'accueil que réservent certains médias aux traductions réalisées par des universitaires. Un peu plus d'un an après la polémique autour de la retraduction de *Gatsby le magnifique* signée par Julie Wolkenstein, à la sortie des œuvres de Fitzgerald dans la Bibliothèque de la Pléiade, la recension critique parue dans *Le Monde des livres* et signée de Cécile Guilbert, essayiste et journaliste, éreinte certains choix faits par les traducteurs, tous universitaires, de la nouvelle édition, leur reprochant notamment à tort de prétendus contresens quand elle-même n'est ni angliciste ni traductrice[21]. De son côté, Olivier Mony, journaliste à *Sud Ouest*, reproche aux nouvelles traductions leur « excès de fidélité » qui empêcherait « de pleinement percevoir la musique » et assène un étonnant : « Bien traduit, Fitzgerald avait été bien trahi. Il n'était pas nécessaire d'y revenir[22]. »

Fidèle ou infidèle, le traducteur universitaire prête ainsi fréquemment le flanc à la critique. D'emblée pèse sur lui le soupçon d'être un « versionniste » déguisé en traducteur, celui aussi d'être trop savant pour bien faire. Ces attaques, non dénuées de relents anti-intellectualistes, paraissent d'autant plus illégitimes que c'est tout ignorer de la pratique des traducteurs professionnels que de les croire moins savants, moins scrupuleux dans leur lecture, moins soucieux d'accompagner et

20 Jean-Pierre Lefebvre, « Écrire être soi et traduire être un autre », *Théorie*, n° 57 (*La traduction comme création. Translation and Creativity*), éd. Martine Hennard Dutheil de la Rochère et Irene Weber Henking, Lausanne, Centre de traduction littéraire, 2016, p. 181.

21 Cécile Guilbert, « Seul contre tous. Scott Fitzgerald entre dans "La Pléiade" », *Le Monde*, 28 septembre 2012.

22 Olivier Mony, « Fitzgerald ou l'éternel retour », *Sud Ouest*, 30 septembre 2012.

de nourrir leur traduction d'une solide recherche documentaire. Tandis que les médias continuent parfois à les différencier, voire à donner une vision caricaturale de leurs différences, les traducteurs universitaires et les traducteurs professionnels, à l'échelle de leur pratique et de leurs méthodes, sont ainsi désormais moins dissemblables qu'ils ont pu l'être par le passé, pour des raisons diverses, parmi lesquelles l'accent mis sur la formation du traducteur littéraire, l'évolution générale de la pratique de la traduction littéraire en France, liée en partie aux apports théoriques, la modification de la perception de la traduction littéraire et des attentes qui sont celles de l'édition et du lectorat.

C'est sans doute aussi l'idéalisation de la figure de l'écrivain-traducteur, figure chérie de l'édition et des médias français, qui explique que le traducteur universitaire reste ici ou là encore un repoussoir, créateur perçu comme nécessairement laborieux au lieu d'être « inspiré ». La conception bien française du génie n'y est pas pour rien. Jean-Paul Enthoven est sans doute l'une des rares figures médiatiques à avoir clairement attaqué ce fétichisme bien français de l'écrivain-traducteur et défendu les traductions des universitaires par la même occasion, lorsqu'il écrivait notamment que « le *Hamlet* en version Gide, par exemple, est exécrable si on le compare à celui de Jean-Michel Déprats – mais Gide est chic. [...] Même chose pour le *Moby Dick* de Giono qui est définitivement inférieur au même livre (en Pléiade) ravivé par la grâce de Philippe Jaworsky [*sic*][23] ».

En sociologie, on cherche la variété dans le temps et dans l'espace pour démontrer l'existence d'une construction sociale. Ma conclusion provisoire serait qu'un faisceau de constructions sociales a contribué à figer en France une représentation du traducteur universitaire, saisi, selon une logique binaire et réductrice, dans sa double opposition au professionnel forcément plus pragmatique et engagé, d'un côté, et à l'écrivain nécessairement plus inspiré, de l'autre, quand il convient plutôt d'en examiner les incarnations diverses et multiples dans la réalité. En définitive, les traducteurs universitaires, comme sans doute du reste l'ensemble des traducteurs, pâtissent parfois, comme catégorie, du même excès d'immobilisation et de pétrification que les originaux qu'ils traduisent, qu'on voudrait à tout prix croire stables et figés pour

23 Jean-Paul Enthoven, « Gatsby – Polémique autour de sa nouvelle traduction », *Le Point*, 22 février 2011.

l'éternité. Je dirais pour finir, à leur propos, ce que disait Larbaud, en 1946, à propos du texte imprimé : leur « immobilité » est « une illusion d'optique[24] » et « c'est du vivant que nous pesons » (*ibid.*, p. 85).

Véronique BÉGHAIN
Université Bordeaux Montaigne
France

24 Valéry Larbaud, *Sous l'invocation de Saint-Jérôme*, Paris, Gallimard, 1946, p. 84.

LA FORMATION UNIVERSITAIRE À LA TRADUCTION LITTÉRAIRE SERAIT-ELLE PARADOXALE ?

Notre réflexion portera sur la nature et l'état actuel de la formation universitaire à la traduction littéraire (ci-après T. L.) afin de souligner certains problèmes auxquels se heurtent les formateurs. Pour développer la question initiale le plus efficacement possible, nous procéderons en trois temps : tout d'abord, en analysant certaines considérations d'Edgar Morin sur l'éducation qui renvoient à la nature de la formation à la T. L., puis en faisant le point sur la situation de l'enseignement en Europe, en analysant les résultats de l'enquête menée par le CEATL sur la formation à la T. L. Notre troisième partie présentera à titre d'exemple l'enseignement de la traduction en Slovaquie.

EN GUISE D'INTRODUCTION
Apprendre à bien penser

Edgar Morin[1] a rédigé et publié, à la demande de l'Unesco, un traité intitulé *Les sept savoirs nécessaires à l'éducation du futur*[2]. Parmi les sept

1 Edgar Morin (1921), sociologue et philosophe français.

2 Disponible sur http://unesdoc.unesco.org/images/0011/001177/117740fo.pdf. Ce texte a été conçu dans le cadre du « Programme international sur l'éducation, la sensibilisation du public et la formation à la viabilité », lancé en 1996. L'objectif du programme, comme l'affirmait dans sa préface Federico Mayor, alors directeur général de l'Unesco, était d'inciter à « prendre rapidement des mesures afin de mettre en pratique un nouveau concept d'éducation pour un avenir viable, et donc de réformer en conséquence les politiques et programmes éducatifs nationaux. Dans ce but, l'Unesco a été appelée à exercer un rôle moteur pour mobiliser l'action internationale » (Morin, 1999, sans p.).

leçons présentées, certains propos traitent de la formation à la T. L. – directement ou par le biais de plusieurs corollaires.

Le concept d'homme possède, selon Morin « [...] une double entrée : une entrée biophysique, une entrée psycho-socio-culturelle, les deux entrées se renvoyant l'une à l'autre » (Morin, 1999, p. 25).

Partant de ce constat, les leçons développées dans son traité peuvent être résumées de la manière suivante : les cécités de la connaissance (l'erreur et l'illusion) ; les principes d'une connaissance pertinente ; l'enseignement de la condition humaine ; l'enseignement de l'identité terrienne ; la confrontation avec les incertitudes ; l'enseignement de la compréhension ; l'éthique du genre humain. Chacune de ces sept leçons suppose également un recours à la pensée critique.

Si nous nous intéressons de plus près aux matières enseignées dans le cadre d'un cursus de T. L., notamment à celles relevant du savoir linguistique, de la littérature, de la compréhension de textes écrits ou de l'analyse de tous les aspects du texte, en tant que parties intégrantes d'une formation interdisciplinaire, il est évident que leur enseignement développe la pensée critique et contribue ainsi à l'acquisition de connaissances et compétences dont Edgar Morin souligne la nécessité. Les va-et-vient du traducteur littéraire entre deux cultures, deux langues et deux littératures correspondent au besoin, comme l'affirme Morin, « d'introduire et de développer dans l'enseignement l'étude de caractères cérébraux, mentaux, culturels des connaissances humaines, de ses processus et de ses modalités, des dispositions tant psychiques que culturelles qui lui font risquer l'erreur et l'illusion » (*ibid.*, p. 1). Par la suite, Edgar Morin constate également que :

> Toutes les perceptions sont à la fois des traductions et reconstructions cérébrales à partir de stimuli ou de signes captés et codés par le sens. ... La connaissance, sous forme de mot, d'idée, de théorie, est le fruit d'une traduction/reconstruction par les moyens du langage et de la pensée, et par là, elle connaît le risque d'erreur... (*ibid.*, p. 5).

Ajoutons à cela le risque d'erreur de perception, d'erreur intellectuelle et d'erreur à l'intérieur de la subjectivité du connaissant. L'éducation doit donc, selon Morin, « se vouer à la détection des sources d'erreurs, d'illusions et d'aveuglements » (*ibid.*, p. 6) et, par conséquent, à l'enseignement de la compréhension qui doit « être l'une des finalités de l'éducation du futur » (*ibid.*, p. 51). Les activités mentales et cognitives déployées lors du processus de traduction sont d'une complexité évidente : acquisition de connaissances générales et spécifiques, apprentissage des processus de raisonnement, de compréhension, d'organisation lexicale et sémantique de la mémoire, de comparaison, de vérification ; ou bien encore enchaînement des opérations mentales de perception, de compréhension, de réflexion et d'imagination créatrice. L'enseignement de la traduction correspond par conséquent à l'enseignement de la compréhension. Edgar Morin y distingue deux types : la compréhension intellectuelle ou objective qui porte sur « l'aptitude à appréhender intellectuellement l'ensemble, de saisir le texte et son contexte, les parties et le tout, le multiple et l'un, ce qui passe par l'intelligibilité et l'explication ; en second lieu la compréhension humaine intersubjective qui inclut nécessairement un processus d'empathie, d'identification et de projection » (*ibid.*, p. 51, 52).

Ces deux types de compréhension s'avèrent indispensables pour un traducteur littéraire. Les programmes de formation à la T. L. – comportant des unités d'enseignement telles que l'analyse textuelle, la critique de la traduction, l'écriture créative ou encore la traduction analysée en tant que procédé textuel – sont susceptibles d'amener les apprenants à développer ces deux types de compréhension structurée, par l'entraînement constant de la pensée analytique et de l'aptitude à la comparaison. Ce processus ne se déroule cependant pas pour autant sans problèmes, comme le prouvent les récits d'expériences recueillis auprès d'enseignants un peu partout en Europe : les formateurs se heurtent de nos jours à une incapacité croissante des apprenants à comprendre l'ensemble du texte à traduire, à saisir son autorité, à y déceler les liens logiques de son contenu sémantique, à les restituer dans le texte traduit et à se mettre dans la peau du personnage littéraire et/ou du narrateur pour en rendre la véracité sur le plan de l'expression et du registre (étape connue de tout traducteur littéraire, en tant que procédé d'identification). L'enseignement de la compréhension apparaît de ce fait comme un défi toujours plus ardu.

OÙ EST DONC LE PROBLÈME ?

Convaincu que malgré les progrès constants des techniques de communication (« la planète est traversée par des réseaux, fax, téléphones portables, modems, Internet… » *ibid.*, p. 51) l'incompréhension demeure générale, Edgar Morin procède à un inventaire des obstacles à la compréhension. Hormis la conviction généralisée que la compréhension peut être numérisée, l'un des problèmes majeurs détectés est l'esprit « réducteur » de l'enseignement universitaire actuel, symbolisé par deux facteurs principaux : le premier est lié à la prédominance de « l'entrée biophysique » au détriment de « l'entrée psycho-socio-culturelle » morinienne (qui a pour effet de négliger complémentarité et complexité) tandis que le second se cristallise autour d'une perception erronée de la mondialisation. E. Morin précise que :

> La seule vraie mondialisation qui serait au service du genre humain est celle de la compréhension, de la solidarité intellectuelle et morale de l'humanité. Les cultures doivent apprendre les unes des autres, et l'orgueilleuse culture occidentale, qui s'est posée en culture enseignante, doit devenir aussi une culture apprenante. Comprendre, c'est aussi, sans cesse, apprendre et réapprendre (*ibid.*, p. 57).

La culture n'existe qu'à travers les cultures, affirme également Morin.

En observant les deux problèmes évoqués précédemment à travers le prisme des humanités et des disciplines enseignées à l'université – près de vingt ans après la parution des *Sept savoirs nécessaires à l'éducation du futur* appelant à renforcer l'éducation des humanités – on constate que la situation ne cesse de se dégrader. La position des humanités est menacée, tant parmi les professionnels que dans la sphère publique, influencée par un discours technocrate qui considère les programmes et les recherches liées aux humanités comme étant obsolètes, non rentables, et donc inutiles[3].

3 Plusieurs initiatives sont en cours dans les universités tchèques et slovaques afin d'agir sur l'opinion publique, à savoir *L'initiative pour des universités vivantes* (Université Comenius de Bratislava) disponible sur http://ziveuniverzity.sk ou bien la *Déclaration de Prague* (Université Charles de Prague), disponible sur https://uniba.sk/fileadmin/ruk/ovv/2016/160602_Prague_Declaration_signed.pdf, datant de 2016 et signée par plusieurs universités

Juste avant la parution de son essai *Homo academicus* (1984), Pierre Bourdieu a souligné les caractéristiques des universités et des changements intervenus au fil du temps. Ces changements de vision se manifestent à l'heure actuelle avec une intensité inouïe. Pour n'en citer que quelques-uns, nous évoquerons l'invasion du quantitatif, de l'uniformisation généralisée, l'instrumentalisation de l'université, l'influence de plus en plus forte de l'économie productive et l'évolution du marché du travail qui mène à une diminution du volume des enseignements – notamment dans le domaine des humanités – tout cela obéissant à une logique de raréfaction actuelle de l'emploi. Cette évolution entraîne une qualification factice produisant des chômeurs, faute d'emplois effectifs pouvant correspondre à leur profil. Les étudiants sont en outre de plus en plus souvent considérés comme des « clients » de l'université. Ceci nous renvoie à la prédominance de la logique mercantile actuellement en vogue dans la gestion des universités : les politiques ministérielles exigent de modifier le rapport offre-demande des programmes proposés dans le domaine des humanités en se fondant presque uniquement sur le prétendu besoin d'expérience pratique tributaire de la demande des étudiants-clients, tantôt influencés par la « mode », tantôt indécis mais surtout sans projet personnel[4]. C'en est désormais fini de la nécessité de perpétuer et de développer la culture qui se mue au fil du temps en patrimoine et représente un système vivant, obéissant à des codes sociétaux et politiques différents à chaque époque. De surcroît les enseignants sont invités à concevoir leurs programmes dans un esprit de « divertissement » afin de les rendre plus attractifs pour le jeune public, ce qui s'avère loin d'être ludique (du moins d'après la définition de Comenius[5]), sans parler de la fragilisation du rapport enseignant/apprenant.

---

européennes de premier plan. Une discussion d'experts sur l'évaluation de la recherche et de l'enseignement des humanités est actuellement en cours afin d'élaborer un système européen compréhensible et acceptable par tous. La transformation globale du champ universitaire et ses conséquences constituent le cœur des débats.

4 Les résultats de diverses enquêtes menées auprès d'étudiants afin d'évaluer les programmes universitaires en témoignent.

5 Dans ses traités pédagogiques, notamment dans son ouvrage *Schola ludus* (1656 [1653-1654]), Comenius, considéré comme le père de la pédagogie moderne et l'un des précurseurs de la pédagogie active, a développé des principes d'enseignement par le « jeu ». Il s'agit des principes de l'éducation interactive, qui recourent soit à la pièce de théâtre représentant le contenu des matières scolaires, soit à des illustrations. Cette méthode avait pour objectif d'aider les enseignants à susciter l'intérêt des élèves en les faisant participer de manière

OÙ EN SOMMES-NOUS EN MATIÈRE DE FORMATION À LA TRADUCTION LITTÉRAIRE ?

Dans l'optique d'une société multiculturelle et d'une population multilingue, la traduction se présente comme une activité indispensable, exercée par des professionnels qui sont très recherchés. Par conséquent la spécialité ne devrait pas manquer de débouchés. Or, dans l'imaginaire collectif, il ne s'agit pas d'une profession nécessitant une formation spécialisée et continue. Les stéréotypes ont la vie dure : chaque personne parlant une langue étrangère est considérée comme un traducteur potentiel et la maîtrise de la langue maternelle serait une évidence qui n'exige aucune formation. Cette logique a malheureusement toujours le vent en poupe : que ce soit parmi les apprenants et les professionnels du milieu éditorial, ou encore auprès des décideurs dans le domaine universitaire.

Entre 2009 et 2014, le CEATL a réalisé une enquête concernant la formation à la T. L. universitaire et non académique dont les résultats et la description sont disponibles sur son site Internet[6]. Les résultats de cette enquête ont également été intégrés dans le rapport PETRA et ses recommandations[7].

L'enquête avait pour but principal de dresser un état des lieux : une cartographie des enseignements dispensés et de leur spécificité. Parmi ses objectifs, on trouvait principalement l'évaluation de la formation à la T. L. dans le but de valoriser la traduction littéraire en tant que profession nécessitant des études et une formation spécialisées de haut niveau. Le second objectif était de sensibiliser les professionnels de la traduction à l'importance d'une formation, étant donné qu'une collaboration efficace entre le monde éditorial et les formateurs s'avère vitale et constitue le moteur de l'insertion des jeunes traducteurs dans le monde du travail.

Afin de démontrer l'ampleur de l'enquête, il convient de rappeler que les établissements de 24 États européens ont été consultés[8] et que

active à la matière enseignée (en leur faisant par exemple tenir le rôle des personnages dans la pièce de théâtre etc.) et à stimuler leur désir naturel d'apprendre.

6 https://www.ceatl.eu/wp-content/uploads/2015/02/Synthese_formation_finale.pdf

7 http://taalunieversum.org/sites/tuv/files/downloads/les_recommandations_petra_1. pdf

8 Allemagne, Autriche, Belgique, Croatie, Danemark, Espagne, Finlande, France, Grèce, Hongrie, Irlande, Italie, Lituanie, Norvège, Pays-Bas, Portugal, République tchèque, Roumanie, Royaume-Uni, Slovaquie, Slovénie, Suède, Suisse et Turquie.

le questionnaire, élaboré à l'intention des établissements universitaires publics, a été envoyé à 254 personnes susceptibles de fournir des réponses pertinentes. Le rapport final contient l'ensemble des données recueillies ainsi que des conclusions rédigées sur la base des informations fournies par 99 répondants. Après l'évaluation des deux premières étapes (2009-2012) relatives à l'enseignement universitaire, la troisième phase (2012-2014) s'est intéressée à l'enseignement non académique ainsi qu'aux divers types de formation continue.

QUE PEUT-ON DÉDUIRE DES RÉSULTATS DE L'ENQUÊTE ?

On constate premièrement une prolifération des programmes de formation en traduction. 95 lieux de formation furent ainsi recensés au moment de la clôture (en 2012) mais ce nombre n'est pas tout à fait révélateur puisqu'il faut également prendre en compte les non-réponses et les programmes mis en place après l'enquête. Le caractère des programmes conçus dépend, d'une part, de la place des langues maternelle et étrangère dans chaque pays mais aussi de la tradition et de l'ancienneté du domaine traductionnel, et d'autre part des tendances plus ou moins fortes à concevoir des programmes en fonction de la demande, dans le but d'attirer les étudiants et d'augmenter les effectifs. Cette attitude des universités contribue à accroître le taux de formation factices – à cela s'ajoutent également d'autres facteurs comme le manque de diversité des littératures traduites, les dangers pesant sur la littérature elle-même et la tendance du milieu de l'édition à privilégier l'aspect économique au détriment de la qualité.

En deuxième lieu, on constate une disparité des contenus et des types de formation, disparité due à la diversité des situations linguistiques et culturelles déjà évoquées. L'éventail des formes d'enseignement s'étend de pays n'offrant aucune formation universitaire à la T. L. (carence souvent compensée par la formation non académique et/ou continue) à des pays, peu nombreux, dans lesquels la formation est essentiellement axée sur la traduction littéraire et sanctionnée par un diplôme spécifique. Entre ces deux extrêmes se situent des territoires où l'on trouve des formations partiellement axées sur la traduction littéraire et sanctionnées par un diplôme de traduction générale. Dans la majorité des cas, la formation est surtout dispensée sous forme de modules optionnels dans le cadre d'études de lettres, de philologie, de langues vivantes et de langues appliquées.

Troisièmement, il convient de signaler ce qui s'avère problématique : la valeur accordée au diplôme et le répertoire des langues enseignées.

Un diplôme devrait représenter une certaine forme de garantie des compétences nécessaires à la profession de traducteur littéraire, même si cette garantie n'indique en rien le niveau de validation des acquis ou le talent des diplômés, comme on le constatera en lisant le rapport. Il est cependant fort probable que les professionnels du livre ne s'intéressent pas aux diplômes. Les récits d'expériences de diplômés confirment la logique mercantile des éditeurs qui recourent souvent aux services de non-initiés, rémunérés aux tarifs les plus bas. Ceci est particulièrement visible dans des domaines comme l'audio-visuel ou la traduction de littérature à succès pour lesquels le critère de rapidité (dans la réalisation de la traduction et la fabrication du livre à coûts réduits) prime sur le diplôme et sa valeur.

Le problème le plus délicat est celui du répertoire des langues enseignées : un rapide bilan permet de constater l'omniprésence de l'anglais, le basculement du français et de l'allemand au nombre des langues rares ainsi que la disparition progressive des langues de faible diffusion comme les langues slaves, autres que le russe. Ce constat renvoie à la thèse de Morin selon laquelle « la culture n'existe qu'à travers les cultures » : les cultures non anglophones sont donc en péril. Les langues modimes ne peuvent indubitablement pas compter sur un grand nombre d'apprenants mais le système de l'université instrumentalisée ne permet malheureusement pas de maintenir des programmes ayant des effectifs restreints.

Nous conclurons ce bref aperçu de la situation de la formation à la T. L. par quelques considérations sur la troisième partie de l'enquête du CEATL, consacrée à la formation non académique. Ce type de formation existe dans la plupart des pays interrogés. D'après les données recueillies, les formes les plus répandues sont celles de manifestations culturelles ponctuelles ou périodiques à visée éducative, et d'ateliers de traduction. Certains pays proposent également une formation structurée au sein d'écoles, dont le nombre reste néanmoins très restreint. La formule du tutorat n'existe que dans très peu de pays. Elle englobe le travail en tandem d'un traducteur chevronné avec un néophyte sur un ouvrage de traduction, situation permettant à l'apprenant d'être formé par un professionnel. La formation non académique est principalement rendue possible par les fondations littéraires, les associations de traducteurs et d'écrivains, les collèges de traducteurs ainsi que par les institutions culturelles qui coopèrent pour former des réseaux et structures visant à perpétuer la transmission des savoir-faire et dès lors à assurer la perpétuation du métier.

LA SITUATION EN SLOVAQUIE
Un cas isolé ?

Les pays d'Europe centrale sont considérés comme des pays à langues de faible diffusion. Conformément à la tradition et au statut des langues dans la culture européenne et mondiale, la traduction y est primordiale pour que soit maintenu le dialogue entre les cultures, non seulement du point de vue de « l'in-traduction » mais aussi de celui de « l'ex-traduction ».

L'importance de la traduction littéraire et le volume du capital traductionnel dans les pays d'Europe centrale est attesté par les statistiques. Dans le cas de la Slovaquie, nous citerons par exemple le *Dictionnaire des traducteurs littéraires en Slovaquie – XXe siècle*[9] qui recense plus de 400 traducteurs et 127 littératures traduites, soit 49 langues de départ.

La formation universitaire à la T. L. en Europe centrale a vu le jour dans les années 1970, en Pologne d'abord, puis en Tchécoslovaquie. Jusque-là la reconnaissance de la légitimité et de l'utilité de ce type de formation n'avait pas été considérée comme étant prioritaire. La mise en place des programmes est intervenue, à l'époque, à la suite des travaux des écoles de pensée traductologiques de chaque pays concerné : pour la Slovaquie, ce processus avait eu lieu dès les années 1960 grâce aux travaux de Dionýz Ďurišin, Anton Popovič et František Miko.

9 *Slovník slovenských prekladateľov umeleckej literatúry – 20. storočie.* Tome 1(A-K) et Tome 2 (L-Ž).

Si la formation à la T. L. est devenue, dans les années 1970, une spécialisation à l'Université du 17 novembre de Bratislava, sanctionnée par un diplôme de traduction littéraire ou de traduction spécialisée et d'interprétariat, il n'en va pas de même aujourd'hui : après la dissolution de l'Université du 17 novembre vers la fin des années 1970 pour des raisons politiques, la filière « Traduction-interprétariat » a été hébergée par la Faculté des Lettres de l'Université Comenius de Bratislava, avec des modalités variant au fil des ans.

Le diplôme délivré à l'Université Comenius jusqu'à la fin des années 1980 sanctionnait encore la spécialisation « Traduction littéraire » mais a été supprimé par la suite au profit d'un diplôme général – « Traduction et interprétariat ». La spécialisation en T. L. a donc disparu avec le diplôme. L'argument étant alors d'élargir le champ des débouchés avec, pour conséquence, la suppression d'une formation principalement axée sur la traduction littéraire. Cette formation existe aujourd'hui sous la forme de modules obligatoires et optionnels, intégrés au cursus de la filière. Malheureusement, le diplôme ne cesse de se dévaloriser après l'harmonisation des études universitaires entraînée par les accords de Bologne. Étant donné que la traduction est enseignée aux niveaux Licence, Master et Doctorat, avec un diplôme à l'issue de chaque cycle, il est pour le moins irresponsable de délivrer un diplôme de Licence intitulé « Traduction et interprétariat » après seulement trois années d'études, période insuffisante pour obtenir une formation adéquate au métier.

Dans la logique actuelle de multiplication des programmes traductionnels, il existe en Slovaquie quatre centres universitaires[10] offrant des programmes spécialisés en traduction et interprétariat ainsi qu'un centre de recherche spécialisé en traductologie dispensant aussi des enseignements au niveau Doctorat. Aucun programme n'est principalement axé sur la T. L.

L'offre de langues la plus variée est proposée à la Faculté des Lettres de l'Université Comenius de Bratislava[11]. On y enseigne 22 langues

---

10 Faculté des Lettres de l'Université Comenius de Bratislava – filière « Traduction et interprétariat », Faculté des Lettres de l'Université de Prešov – Institut de traductologie, Faculté des Lettres de l'Université Matej Bel de Banská Bystrica – Département de traductologie, Faculté des Lettres de l'Université Constantin le Philosophe de Nitra – Département d'Études traductologiques et Institut de littérature étrangère de l'Académie slovaque des Sciences à Bratislava avec l'équipe de recherche en traductologie.

11 Le nombre d'étudiants à la Faculté des Lettres lors de l'année universitaire 2016/2017 était de 4000. Parmi eux, 583 étudiants de la filière « Traduction-interprétariat » dont 49

modernes[12] à différents niveaux. Les langues enseignées en combinaison changent d'une année à l'autre en fonction de divers critères qui dépendent surtout des effectifs – l'anglais y est prépondérant. La filière « Traduction-interprétariat » consiste en l'étude de deux langues étrangères ou d'une langue étrangère et du slovaque, enrichi d'un tronc commun (disciplines théoriques de traduction et disciplines relatives à la langue et la littérature d'arrivée). Les enseignants font partie de différents départements de langues et littératures étrangères ou du département de langue et littérature slovaques. Concernant les matières de traductologie, les ateliers de traduction littéraire et les enseignements d'interprétariat sont assurés par des professeurs qui exercent parallèlement une activité de traducteur et/ou d'interprète[13].

Pour ce qui est des études de français, après plusieurs modifications des programmes, la traduction littéraire n'est finalement enseignée qu'en module obligatoire en 2e année de licence (un semestre, 2 heures/semaine) afin d'évaluer les capacités et les prédispositions des apprenants. Cette offre est ensuite complétée par des modules optionnels en 3e année de Licence et en Master pour les étudiants qui se destinent au métier de traducteur littéraire et souhaitent approfondir leurs compétences et leur savoir-faire. Malheureusement, force est de constater que l'intérêt pour la traduction littéraire enseignée en module optionnel est en baisse tout comme l'intérêt général pour le français lui-même[14].

Les contours d'un autre problème se dessinent : depuis 2005, aucun diplômé ayant étudié le français n'exerce une activité professionnelle liée à la traduction littéraire. Si un certain intérêt s'est manifesté de façon isolée, aucun étudiant ne travaille dans la sphère éditoriale. La majorité

étudiants de français en combinaison avec une autre langue sur l'ensemble des 5 années de cursus à partir de l'année universitaire 2012/2013 jusqu'à 2016/2017.

12 Allemand, anglais, arabe, bulgare, chinois, coréen, croate, espagnol, finnois, français, grec, hongrois, islandais, italien, japonais, néerlandais, norvégien, polonais, portugais, suédois, roumain, russe.

13 Le statut des professionnels leur permet de cumuler un poste universitaire dans l'enseignement et une activité de traducteur et/ou interprète en parallèle.

14 Si l'on compare l'année 2010/2011 avec 28 étudiants inscrits en section française et l'année 2016/2017 avec 12 étudiants, l'effectif a été réduit de moitié en 7 ans. Depuis, le nombre des étudiants inscrits en première année de Licence s'est plus ou moins stabilisé : 14 étudiants en 2017/2018 et en 2018/2019, 12 étudiants en 2019/2020. La combinaison de langues la plus prisée est français-anglais. Les combinaisons français-allemand, français-croate et français-bulgare, proposées lors des années précédentes n'ont recueilli aucune inscription.

des diplômés trouve un emploi dans une entreprise multinationale, certains effectuent un stage à la DGT à Bruxelles et d'autres travaillent dans l'audio-visuel. La raison en est double :

Primo : face à la domination des médias modernes, et des médias de l'image en particulier, des programmes axés sur la communication interculturelle et les médias sont introduits de façon croissante dans les universités slovaques et proposent également des cours de traduction générale. Il existe aussi des programmes axés principalement sur la traduction audio-visuelle. De même, on observe une forte tendance à privilégier l'enseignement du français en tant que langue de spécialité, ce qui a pour conséquence une formation à la traduction spécialisée et technique. Sur le fond de l'offre de programmes évoquée, la traduction littéraire se présente comme un axe intéressant, « exotique », et surtout à éviter car elle renvoie, bien sûr, à la littérature et à la menace d'une quantité de matières théoriques, jugées « trop éloignées de la réalité ».

Les programmes que nous venons d'évoquer sont conçus pour attirer les étudiants et répondre aux exigences actuelles d'effectifs imposés. Ils sont « dans l'air du temps » mais risquent de rapidement saturer le marché du travail, si ce n'est déjà le cas, car ils ne représentent qu'une solution à court terme (sans parler de la qualité de l'enseignement proposé, de son volume horaire et de la nature des connaissances acquises).

Secundo : même si les descriptifs des programmes d'études mentionnent des débouchés professionnels tel que le secteur *Métier du livre*[15], certains métiers sont, en réalité, en voie de disparition, comme par exemple le métier de rédacteur à plein temps. Il n'est pas rare de nos jours de trouver des publications qui n'ont pas été soumises à la révision et aux corrections pourtant nécessaires. Les professionnels ne manifestent quasiment aucune volonté de collaborer avec les universités afin de remédier à cette situation : il devient même très problématique de trouver un stage.

15 Sont considérés comme métiers du livre les professions de traducteur spécialisé et technique, traducteur littéraire, rédacteur, rédacteur-concepteur, éditeur, assistant éditorial, chargé de communication interne ou externe, assistant de communication et attaché de presse.

EN QUOI CONSISTENT LES PARADOXES DE LA FORMATION UNIVERSITAIRE À LA T. L. ?

Prolifération des programmes d'études versus déclin de leur viabilité. Structure raisonnée et réfléchie de ces programmes versus attentes des instances et des étudiants. Limites du diplôme versus champ d'application plus large des études. Ces antinomies constituent le nœud principal des problèmes actuels.

Nous venons de constater l'émergence de nouveaux programmes traductionnels comprenant des modules censés être plus attractifs. Il convient donc de rappeler une nouvelle fois que la viabilité des programmes et le maintien d'une exigence de qualité sont précarisés. Tout programme traductionnel devrait être dûment composé d'un bloc d'enseignements théoriques et d'un bloc dédié à la pratique. La tendance actuelle est à la méfiance envers les disciplines théoriques qui sont pourtant indispensables à une étude approfondie des humanités dans le cadre universitaire. Le discours dominant considère ces disciplines comme inutiles dans la pratique et jette le doute sur les humanités en général. Certains conseils ministériels chargés de l'accréditation des programmes universitaires sont favorables à l'idée de remplacer en bloc les matières théoriques par des matières pratiques « plus adaptées aux besoins de la vie réelle », de diminuer la dotation horaire attribuée aux modules d'enseignements théoriques afin de mettre en place des critères d'évaluation du programme en fonction des emplois réellement obtenus par les diplômés. Ce type de raisonnement se généralise peu à peu dans tous les établissements. En ne respectant pas ces critères quantitatifs, il devient, de facto, presque impossible de mettre en place une offre d'enseignement permettant un choix d'études qui viserait à préserver la continuité culturelle. Les conséquences pour la formation à la T. L. sont graves : la formation en elle-même se retrouve fortement limitée et le niveau des diplômés devient insuffisant, ce qui met sérieusement en péril le passage de relais à de nouveaux professionnels de la traduction littéraire.

Une synergie de volonté et d'ambition réunissant formateurs et apprenants s'avère indispensable en vue de perpétuer des programmes d'études de qualité malgré les nombreux obstacles administratifs. On constate malheureusement, et de plus en plus nettement, une absence de responsabilité de la part des apprenants qui négligent l'épanouissement de leur propre personnalité. Autrement dit, la volonté d'obtenir un diplôme universitaire (quel qu'il soit) prend le dessus sur le désir de s'instruire et de se former de façon pleine et consciente.

Le problème s'avère encore plus complexe si l'on se penche sur les prérequis : les apprenants arrivent à l'université avec des connaissances déjà lacunaires en littérature et en culture générale (la nouvelle génération d'Européens connaît mal son héritage culturel, les enseignants s'en plaignent constamment). Leur sensibilisation à la lecture est insuffisante, ce qui occasionne des difficultés lorsqu'il s'agit de comprendre et de procéder à l'herméneutique d'un texte. Ceci se traduit, entre autres, par une ignorance de la logique interne des rapports textuels ou par un affaiblissement de la sensibilité linguistique.

Dans le cas de la traduction littéraire, il est impossible de combler ces lacunes sans étudier la littérature (histoire, théorie, critique, analyse) et la linguistique comparée. Le profil du traducteur littéraire/rédacteur/éditeur est fondé sur des savoirs complexes liés à la littérature étudiée (histoire, théorie, approche critique). De plus, les études se dédoublent car elles s'intéressent autant au contexte de départ qu'à celui d'arrivée, ce qui représente un volume important de matières enseignées.

Face à cette situation, une question se pose : comment parvenir à répondre aux exigences ministérielles et à leurs critères et conditions entravant la conception de programmes d'études approfondis et structurés ? Le but est ici de préparer correctement des étudiants non seulement à traduire, mais surtout à bien penser car l'être humain, au départ, n'est pas un être pensant – il est apte à penser et obligé de travailler pour y parvenir, au sens du roseau pensant pascalien. Comment y arriver face à des étudiants qui boycottent la littérature en la considérant comme obsolète et inutile, puis sont surpris de voir que les études littéraires font partie du cursus choisi – ne serait-ce qu'à titre informatif dans le cadre de l'acquisition de compétences axées sur la culture générale, indispensables à tout traducteur ou interprète ? Où va pouvoir se situer, dans cet état de fait, un étudiant ayant un objectif personnel et désirant développer sa propre personnalité ?

La question de l'utilité de programmes traductionnels de qualité peut être appréhendée de façon plus globale – comme un programme efficace visant à acquérir une pensée critique et une compréhension, ainsi que le souhaite Edgar Morin : la compréhension doit être l'une des finalités de l'éducation du futur.

EN GUISE DE CONCLUSION

Il est certain que l'on ne naît pas « bon traducteur » : on le devient. Cela nécessite notamment des prédispositions, comme le talent et la sensibilité à la perception linguistique ainsi qu'à l'écriture. À cet ensemble de qualités viennent s'ajouter des études choisies et suivies de façon adéquate, le tout sans oublier, bien évidemment, la volonté et la détermination de l'apprenant.

Face à la situation décrite au fil de ces réflexions, un nouveau défi apparaît : repenser les principes de la formation ainsi que sa didactique. Il serait certainement souhaitable de s'atteler tout d'abord à une réforme des études littéraires – si souvent décriées – en concevant un module d'histoire littéraire (consacré aux acquis indispensables) et un second module de pratique de la traduction dans lequel on choisirait les textes à traduire en fonction de critères micro-thématiques (pluie, orage, circonstance de la naissance, couleurs, habitudes, comportement, repas, description, portrait, autoportrait, photo etc.). Le style et la poétique de plusieurs auteurs traitant motifs et micro-thèmes similaires seraient ensuite comparés et analysés en suivant l'axe diachronique ou synchronique de leur contextualisation dans le système littéraire, ce qui permettrait d'approfondir les connaissances en littérature. Viendraient ensuite s'ajouter des modules de théorie de la littérature et d'autres disciplines, notamment linguistiques, où l'exemple choisi pourrait être appréhendé, là aussi, par le biais des textes choisis. Si tout le programme pouvait être bâti sur le socle de la littérature, les auteurs et les textes choisis seraient approchés et étudiés à travers les différents prismes du programme général, ce qui supposerait un décloisonnement systématique des modules entre eux et une coopération stricte et étroite des enseignants concernés. Il serait alors possible d'obtenir une image plus complexifiée de la littérature étudiée. On pourrait aussi poursuivre cette réflexion en adoptant tour à tour la perspective de chacune des composantes des études traductionnelles, à savoir la langue, la littérature et la traductologie. Plusieurs « bonnes pratiques[16] » ont déjà été élaborées.

Sans vouloir nier le rôle de l'université dans la formation à la T. L., une possible résolution du paradoxe évoqué se dessine probablement à l'extérieur. De plus en plus de spécialistes sont convaincus que le caractère et la complexité de la formation à la T. L. – notamment son fonctionnement et sa réussite – nécessitent la contribution d'une communauté plus restreinte et déterminée de participants : autrement dit, des études postuniversitaires correspondant à l'idéal de Thélème.

Katarína Bednárová
Faculté des Lettres
Université Comenius de Bratislava
Slovaquie

16 Un aperçu des bonnes pratiques préconisées figure également dans le rapport du CEATL.

TRADUIRE LA TRADUCTOLOGIE

Une didactique réflexive

INTRODUCTION

La traductologie joue un rôle fondamental dans la formation des traducteurs. Depuis l'émergence des *Translation Studies* dans les années 1970, de nombreux universitaires ont souligné les avantages d'une didactique de la traduction comprenant un volet théorique[1]. La traductologie est indispensable à l'enseignement de la traduction selon ces chercheurs, car l'apprentissage théorique offre aux traducteurs un plus grand nombre de solutions parmi lesquelles choisir lorsqu'ils traduisent (Baker, 1992, p. 2). De plus, la théorie attire l'attention des apprentis traducteurs sur d'éventuels problèmes traductifs (Nord 2005, p. 2) et leur fournit le métalangage leur permettant d'expliquer leurs choix (Pym, 2010, p. 4). En d'autres termes, la traductologie aide les traducteurs à prendre des décisions avisées.

Pourtant, dans la plupart des programmes de master de traduction au Royaume-Uni, les modules de théorie et de pratique de la traduction sont dispensés séparément, notamment pour pallier les inquiétudes des étudiants qui pensent que la traductologie n'a rien à offrir dans la

1 Voir James Holmes, « The Name and Nature of Translation Studies », *Translated ! Papers on Literary Translation and Translation Studies*, Amsterdam, Rodopi, [1972] 1988, p. 68-80 ; Mona Baker, *In Other Words. A Coursebook on Translation*, Londres, Routledge, 1992, p. 1-2 ; Andrew Chesterman, *Memes of Translation : The Spread of Ideas in Translation Theory*, Amsterdam, John Benjamins, 1997, p. 147-149 ; Basil Hatim, *Teaching and Researching Translation*, Harlow, Longman, 2001, p. 3 ; Christine Nord, « Training Functional Translators », *Training for the New Millennium : Pedagogies for Translation and Interpreting*, ed. Martha Tennent, Amsterdam, John Benjamins, 2005, p. 1-2 ; Dorothy Kelly, *A Handbook for Translator Trainers : A Guide to Reflective Practice*, Manchester, St. Jerome, [2005] 2012, p. 11 ; et Anthony Pym, *Exploring Translation Theories*, New York, Routledge, 2010, p. 1-4.

pratique. Beaucoup d'étudiants ont une mauvaise opinion des cours théoriques, qu'ils trouvent souvent trop éloignés de la pratique[2]. Ce rapport négatif des étudiants à la théorie est largement documenté par les chercheurs[3]. S'appuyant sur son enquête auprès d'étudiants de master à la London Metropolitan University en 2011, Akiko Sakamoto (2014, p. 11) explique cette tendance des étudiants à rejeter la théorie par le fait que beaucoup d'entre eux ont le sentiment de ne rien apprendre lorsqu'ils ne sont pas concrètement en train de traduire.

Or, comme le souligne à juste titre Anthony Pym (2010, p. 1), « les traducteurs théorisent tout le temps [...] dans le cadre de leur activité traductive ». Lorsque les traducteurs identifient des problèmes de traduction, ils doivent choisir parmi les différentes solutions qui s'offrent à eux. Ils sont donc déjà en train de théoriser à travers les décisions qu'ils prennent en traduisant. C'est pourquoi, selon Pym (*ibid.*, p. 5), il est essentiel d'intégrer l'enseignement théorique au sein même de l'apprentissage pratique de la traduction. Tel est l'objectif du présent essai : proposer une didactique réflexive de la traduction située au-delà de l'opposition théorie/pratique qui domine une grande partie des programmes de formation des traducteurs aujourd'hui.

Cette nouvelle approche pédagogique consiste à traduire des textes traductologiques de manière réflexive, c'est-à-dire en mettant en application les concepts développés dans le texte à traduire. Cette méthode est inspirée de la démarche performative de Jacques Derrida dans « Des Tours de Babel[4] », texte dans lequel Derrida entreprend de traduire l'illustre essai de Walter Benjamin « La tâche du traducteur[5] » de manière benjaminienne afin d'actualiser et explorer la portée de la théorie de

2 Voir Christina Schäffner, *The Role of Discourse Analysis for Translation and in Translator Training*, Clevedon, Multilingual Matters, 2002, p. 64.

3 Voir Baker, 1992, p. 3 ; Mark Shuttleworth, « The Role of Theory in Translator Training : Some Observations about Syllabus Design », *Meta : journal des traducteurs / Meta : Translators' Journal*, vol. 46, n° 3, 2001, p. 498 ; Sameh Hanna, « Exploring MA Sudents' Attitudes to Translation Theory and Practice », *The Sign Language Translator and Interpreter*, vol. 3, n° 2, 2009, p. 142 ; et Akiko Sakamoto, *Translators Theorising Translation : A Study of Japanese/English Translators' Accounts of Dispute Situations and Its Implications for Translation Pedagogy*, Leicester, University of Leicester, 2014, p. 11.

4 Jacques Derrida, « Des Tours de Babel », *Difference in Translation*, éd. Joseph F. Graham, Ithaca, Cornell University Press, 1985, p. 165-207.

5 Walter Benjamin, « The Task of the Translator », *The Translation Studies Reader*, éd. Lawrence Venuti, Londres, Routledge, [1923] 2000, p. 75-85.

Benjamin. Mise au point au cours de mes recherches de doctorat sur la traduction des textes traductologiques, la méthode réflexive présentée dans cet essai prolonge le geste déconstructif de Derrida pour tenter d'en sonder le potentiel innovant et créatif dans le cadre de la formation des traducteurs.

L'hypothèse qui sous-tend cette approche est la suivante : traduire un texte traductologique de manière réflexive rendrait l'enseignement de la traductologie plus ludique, dynamique et critique, et aiderait du même coup les étudiants à mieux comprendre les théories développées dans les textes traduits. Si l'on suit cette hypothèse, traduire *The Translator's Invisibility* de Lawrence Venuti[6] de manière étrangéisante par exemple – l'étrangéisation (*foreignization*) étant le principal concept prôné par Venuti dans ce texte – permettrait aux étudiants d'appréhender la théorie de Venuti de manière plus concrète et de mieux en apprécier la portée. Dans quelle mesure une didactique réflexive de la traduction fondée sur la traduction des textes théoriques permettrait-elle de réconcilier les étudiants avec la traductologie ? Quels en seraient les principaux avantages et inconvénients ? Et dans quel contexte pédagogique cette approche serait-elle la plus efficace ?

Le présent essai tâchera d'apporter un début de réponse à ces questions en s'appuyant sur deux séminaires pilotes dispensés dans le cadre du master de Théorie et Pratique de la traduction (*MA in Translation Theory and Practice*) à University College London (UCL) en février et mars 2015. Dans un premier temps, j'expliquerai les modalités selon lesquelles ces deux séminaires ont eu lieu et comment la méthode réflexive y a été déployée. Je présenterai ensuite les retours des étudiants, ainsi qu'une analyse de leurs réponses au questionnaire que je leur ai demandé de remplir après les séminaires. Je dresserai enfin une liste des principales caractéristiques et contributions d'une telle didactique dans le cadre plus large des *Translation Studies*.

---

6 Lawrence Venuti, *The Translator's Invisibility : A History of Translation*, Londres, Routledge, New York, [1995] 2008.

MÉTHODOLOGIE

Les 27 février et 6 mars 2015, j'ai dirigé deux séminaires de traductologie en m'appuyant sur la méthode réflexive. Les séances, d'une durée d'une heure chacune, faisaient partie du module de tronc commun du master de Théorie et Pratique de la traduction (*MA in Translation Theory and Practice*) à l'UCL. Les deux cours étaient intégralement filmés avec l'accord des quatorze étudiants participants – deux des étudiants présents ayant accepté de prendre part à la discussion mais ne voulant pas apparaître à l'écran. Les cours étaient dispensés en anglais, mais les combinaisons de langues des étudiants variaient en fonction de leur langue cible (chinois, portugais, thaïlandais, espagnol, français, etc.).

Intitulés « *Translation and Deconstruction* », les cours portaient sur la théorie traductive de Jacques Derrida. Leur principal objectif était d'encourager les étudiants à explorer les applications concrètes d'une approche postmoderne de la traduction telle que celle esquissée par Derrida dans « Des Tours de Babel » (*op. cit.*). Pendant les séminaires, j'ai demandé aux étudiants de faire trois exercices relatifs à cet extrait tiré de la version anglaise de « Des Tours de Babel[7] », texte que je leur avais demandé de lire en préparation au cours :

> *This singular example [the word Babel], at once archetypical and allegorical, could serve as an introduction to all the so-called theoretical problems of translation. But no theorization, inasmuch as it is produced in a language, will be able to dominate the Babelian performance. This is one of the reasons why I prefer here, instead of treating it in the theoretical mode, to attempt to translate in my own way the translation of another text on translation* (Derrida, 1985, p. 175).
>
> « Cet exemple singulier [le mot Babel], à la fois archétypique et allégorique, pourrait introduire à tous les problèmes dits théoriques de la traduction. Mais aucune théorisation, dès lors qu'elle se produit dans une langue, ne pourra

7 La version anglaise de « Des Tours de Babel » a été publiée en même temps et dans le même ouvrage que le texte français (éd. Joseph F. Graham, 1985), conférant au texte traduit un statut équivalent à celui de l'original. Notons par ailleurs que ce que Derrida présente comme une traduction de « La tâche du traducteur » de Benjamin est en réalité une double traduction (la traduction d'une traduction) puisqu'elle prend pour point de départ la traduction française (depuis l'allemand) de l'essai de Benjamin par Maurice de Gandillac.

> dominer la performance babélienne. C'est une des raisons pour lesquelles je préfère ici, au lieu d'en traiter sur le mode théorique, tenter de traduire à ma manière la traduction d'un autre texte sur la traduction » (Derrida, 1985, p. 226).

J'ai choisi de centrer le cours sur ce paragraphe du texte de Derrida car il énonce à la fois les principaux aspects de la traductologie derridienne et les éléments clés de la méthode réflexive – à savoir la performativité (simultanément dire et actualiser un texte en le traduisant), l'inséparabilité de la théorie et de la pratique (théoriser la traduction à travers l'acte traductif lui-même) et la réflexivité (la subjectivité à l'œuvre dans l'activité traduisante).

L'exercice était composé de trois volets. Dans un premier temps, j'ai demandé aux étudiants de traduire l'extrait de Derrida dans une autre langue (de l'anglais vers leur langue cible) : traduction inter-linguistique. Puis, je les ai invités à traduire le passage de manière derridienne (en fonction de ce qu'ils entendaient par-là) : traduction réflexive. Enfin, je leur ai demandé de retraduire l'extrait dans la même langue (de l'anglais vers l'anglais) : traduction intralinguistique. L'objectif de cet exercice était de faire éprouver aux étudiants les trois points centraux de la traductologie derridienne, mis en relief par la méthode réflexive : d'une part, que traduire est une activité fondamentalement réflexive qui requiert un certain degré d'engagement théorique (puisque forme et contenu y sont codépendants) ; d'autre part, que le traducteur ne peut échapper à sa propre subjectivité (puisque la sélection des concepts à mettre en application est en soi un parti pris) ; et enfin, que toute théorie (même réflexive) a ses propres limites (puisque sa mise en application implique une recontextualisation qui souligne la singularité de chaque acte traductif, et donc la difficulté de généraliser cette pratique).

Après les séminaires, j'ai réalisé une petite enquête pour inspecter les réactions des étudiants face à la méthode réflexive : l'avaient-ils trouvée ludique et stimulante ; les avait-elle aidés à mieux comprendre la théorie de Derrida ; le fait de traduire réflexivement le texte de Derrida les avait-il encouragés à théoriser leur propre pratique traductive ? L'enquête était divisée en deux parties : d'une part, une liste de quinze affirmations à choix multiples (réponses possibles : tout à fait d'accord ; d'accord ; ni d'accord, ni pas d'accord ; pas d'accord ; pas du tout d'accord) ; d'autre part, une section dans laquelle les étudiants étaient invités à commenter librement les aspects les plus intéressants, utiles et difficiles de l'exercice. Dans les pages qui suivent, je présente les résultats du questionnaire ainsi qu'une courte analyse de leurs implications.

RÉSULTATS

Parmi les quatorze étudiants qui ont assisté aux séances, tous ont accepté de répondre au questionnaire (taux de réponse de 100 %). Par ailleurs, tous ont répondu à la liste d'affirmations dans la section 1 (taux de réponse de 100 %). En revanche, dans la section 2, trois étudiants n'ont pas répondu aux questions 1 et 2 relatives aux aspects les plus intéressants et utiles du cours (taux de réponse de 78 %), et quatre étudiants n'ont pas répondu à la question 3 relative à ses aspects les plus difficiles (taux de réponse de 71 %).

Dans l'ensemble, les réponses des étudiants confirment l'hypothèse de départ selon laquelle la méthode réflexive offrirait une didactique stimulante et efficace. 71 % des répondants ont déclaré trouver l'activité intéressante et aimer traduire la traductologie. Cette approche traductive aurait permis à 71 % des étudiants d'aborder le texte théorique de manière plus concrète, à 64 % d'entre eux de mieux en comprendre les concepts clés et à 71 % d'entre eux d'adopter une attitude plus critique vis-à-vis de la théorie examinée. De plus, 85 % des étudiants ont affirmé que la méthode réflexive les a incités à se positionner théoriquement par rapport à la pensée derridienne et à développer leur propre approche de la traduction en réaction à celle-ci. Dans leur globalité, les réponses des étudiants ont corroboré mon intuition initiale, à savoir que la méthode réflexive présente un outil pédagogique effectif, à la fois ludique et critique.

Toutefois, les étudiants ont aussi unanimement exprimé leur désarroi face à cette méthode. À l'affirmation « J'ai trouvé que traduire réflexivement était une activité difficile », 50 % d'entre eux ont répondu « Tout à fait d'accord » et 50 % « D'accord ». Les défis décrits par les étudiants dans la section de commentaires libres montrent en effet que, dans plusieurs cas, la méthode réflexive n'a pas abouti à une meilleure compréhension du texte traduit, mais à une remise en question profonde de sa portée et de ses limites, c'est-à-dire à plus d'incertitude. Lors de notre discussion en cours, plusieurs étudiants ont explicitement formulé leurs doutes quant à leur interprétation du texte de Derrida, soulignant que leur lecture était inévitablement subjective et partielle. Un étudiant a particulièrement insisté sur la sensation de vertige qu'il a éprouvée pendant l'exercice, avant de conclure que pour lui traduire de manière réflexive rend l'acte traductif fondamentalement impossible.

L'incertitude et l'effet paralysant qui accompagnent parfois la méthode réflexive sont sans aucun doute les principaux défis de cette approche pédagogique ; mais ils représentent aussi à mon sens l'un de ses plus grands atouts. Traduire de manière réflexive montre en effet que si l'enseignement d'une pratique réflexive de la traduction et d'une attitude critique vis-à-vis des théories existantes est possible, cette didactique ne peut consister en une simple transmission des savoirs dans la mesure où la réflexivité et l'esprit critique ne peuvent être directement transmis de professeur à élève. Comme l'explique Danica Seleskovitch[8], « enseigner à traduire ce n'est ni transmettre des connaissances, ni faire assimiler des notions régurgitables à souhait, mais faire comprendre des principes et y associer des exercices ». Sous le prisme de la méthode réflexive, la réflexivité ne semble pouvoir être appréhendée que dans l'expérience de l'incertitude même du traduire, c'est-à-dire à travers le processus traductif lui-même.

En tant que pédagogie centrée sur l'activité traduisante, la méthode réflexive permet d'enseigner les atouts et les limites d'un rapport réflexif à la traduction à travers une didactique qui n'a justement pas pour ambition de transmettre aux étudiants des connaissances prédéfinies, mais de leur faire éprouver les limites de leur propre réflexivité, c'est-à-dire de les confronter aux limites de leur propre capacité à appréhender et à surpasser leur subjectivité. En cela, cette méthode semble dissiper plusieurs problèmes pédagogiques qui préoccupent les traductologues depuis quelques décennies, à savoir le fossé entre pratique et théorie[9], l'insistance sur la traduction comme produit plutôt que comme processus[10]

8 Danica Seleskovitch, « Introduction », *Études de linguistique appliquée*, n° 12, Paris, Éditions Didier, 1973, p. 6.

9 Donald Kiraly, « Occasioning Translator Competence : Moving Beyond Social Constructivism toward a Postmodern Alternative to Instructionism », *Translation and Interpreting Studies*, vol. 10, n° 1, 2015, p. 30.

10 Daniel Gile, *Basic Concepts and Models for Interpreter and Translator Training*, Amsterdam, Rodopi, 1995, p. 10.

et la prédominance des approches prescriptives qui ne favorisent pas l'esprit critique[11]. Ces aspects sont exposés et analysés plus en détail dans la section qui suit.

CONTRIBUTIONS

La méthode réflexive présente une manière créative d'enseigner la traductologie, qui vise à dépasser le fossé pratique/théorie dénoncé par de nombreux spécialistes ces dernières années[12]. En combinant les aspects théoriques et pratiques de la traduction, la méthode réflexive fournit des exercices stimulants qui encouragent les étudiants à aborder la traductologie de manière plus concrète. Traduire les textes théoriques de manière réflexive leur permet de traiter les théories traductives et les concepts qui y sont élaborés par la pratique. Elle les incite à interagir avec la traductologie aussi bien au niveau du contenu que de la forme, et accentue ainsi un aspect important de cette activité : le fait que toute pratique traductive implique aussi un certain degré d'engagement théorique, puisqu'il est difficile de traduire un texte sans se positionner vis-à-vis de lui, sans développer en réponse sa propre vision de la traduction.

Dans le cadre de la formation des traducteurs, la méthode réflexive se révèle un outil particulièrement utile pour amener les étudiants à réfléchir au concept de fidélité en traduction. En essayant de mettre en application la théorie développée dans le texte à traduire, les étudiants se rendent vite compte des difficultés qui entourent l'exigence de fidélité au texte source. La méthode réflexive exacerbe les incertitudes du traducteur quant à l'univocité du message de l'original et aux intentions de son auteur. Traduire un texte théorique de manière réflexive incite les étudiants à aborder le concept de fidélité en traduction non pas par opposition à celui d'infidélité ou de trahison, mais en termes

11 Mona Baker et Carol Maier, « Ethics in Interpreter and Translator Training : Critical Perspectives », *The Interpreter and Translator Trainer*, vol. 5, n° 1, 2011, p. 4.

12 Voir Jean Delisle, *La traduction raisonnée*, Ottawa, Presses de l'Université d'Ottawa, [1993] 2013, p. 18 ; Hatim, 2001, p. 3 ; et Hanna, 2009, p. 142.

de performativité[13], c'est-à-dire comme la tentative simultanée de dire et faire ce que l'original dit/fait. La méthode réflexive défie l'idée que l'on puisse traduire sans transformer, incarner sans déplacer : elle met le traducteur face à l'impossibilité d'actualiser une théorie ou un concept sans le recontextualiser.

La réflexivité à l'œuvre dans la traduction d'un texte traductologique met également en évidence les limites des théories traduites. Elle montre aux étudiants que si la connaissance des théories de la traduction peut les aider à prendre des décisions avisées, une utilisation efficace de leur apprentissage théorique requiert aussi une remise en question continue de ces théories à la lumière de leur expérience personnelle de la traduction. Essayer de traduire un texte selon l'approche traductive qu'il préconise souligne la contingence de toute théorie (le fait qu'elle est elle-même ancrée dans un contexte précis), et invite les étudiants à résister à la tentation de mettre en application les théories aveuglément d'un texte à l'autre. La méthode réflexive encourage au contraire les étudiants à appréhender les concepts examinés d'un œil critique et à explorer les possibilités de la traduction au-delà des approches existantes – l'élément indispensable d'une formation réussie selon Anthony Pym, qui considère que plus les traducteurs sont créatifs et novateurs, plus ils sont compétents (Pym, 2010, p. 4).

En aiguisant leur esprit critique, la méthode réflexive encourage les apprentis traducteurs à plus de vigilance. Elle leur montre qu'une prise de décision responsable s'opère dans la singularité de chaque tâche traductive, et présente la prise de décision comme le résultat d'un moment d'incertitude, comme l'effet d'un questionnement. Lorsqu'on traduit réflexivement, la décision qui doit être prise relève presque de l'invention. Elle ne peut pas être simplement appliquée comme une loi ou une règle préalable à l'activité traduisante, puisqu'elle émerge de l'interprétation même du texte source par le traducteur et de la sélection des concepts qui vont guider sa démarche. La méthode réflexive met les étudiants face à plusieurs incertitudes : avoir bien compris le texte original, avoir choisi les concepts les plus pertinents et pouvoir exprimer ces concepts dans une autre langue sans en déformer la portée théorique. En même temps, le moment de prise de décision interrompt

13 Voir John Langshaw Austin, *How to Do Things with Words*, Oxford, Clarendon Press, [1962] 1975, p. 1-12.

cette incertitude puisqu'un choix doit être fait, une traduction décidée, et les autres possibilités éliminées. La méthode réflexive n'est pas un exercice purement analytique ou hypothétique ; elle requiert que les étudiants fassent de vrais choix traductifs, qu'ils décident sans certitude et par-delà leurs certitudes.

À travers la méthode réflexive, les étudiants font l'expérience de leur propre subjectivité et partialité en tant que traducteurs. En les faisant traduire Derrida « à leur manière », selon l'approche de Derrida lui-même dans « Des Tours de Babel » (*op. cit.*, p. 175), la méthode réflexive met les étudiants face à leur subjectivité. S'ils sont responsables de leurs traductions, c'est parce qu'elles reflètent leur interprétation personnelle du texte source, et leur rapport subjectif à celui-ci. La méthode réflexive pousse ainsi les étudiants à prendre conscience du rôle crucial qu'ils jouent en tant que lecteurs et interprètes du texte à traduire, l'objectif central d'une formation accomplie selon Donald Kiraly[14]. Pour Kiraly, le *self-concept* du traducteur (la perception qu'il a de lui-même et de son rôle) est essentiel à l'acquisition de compétences traductives solides car c'est ce qui lui permet d'exécuter ses tâches avec discernement[15]. La réflexivité à l'œuvre dans la méthode réflexive favorise cette conscience de soi dans le rapport du traducteur au texte source, mais elle favorise une conscience de soi qui reconnaît son propre aveuglement. Car si la méthode réflexive est capable de générer de la connaissance, cette connaissance est avant tout celle de ses propres limites, de l'impossibilité de se défaire de sa subjectivité.

Dans *Becoming a Translator*[16], Douglas Robinson souligne l'importance d'une didactique de la traduction axée sur l'apprenant, et qui respecte les modalités d'apprentissage de chaque étudiant :

> *[T]ranslation is intelligent activity involving complex processes of conscious and unconscious learning ; we all learn in different ways, and institutional learning should therefore be as flexible and as complex and rich as possible, so as to activate the channels through which each student learns best* (Robinson, [1997] 2003, p. 49).

14 Donald Kiraly, *Pathways to Translation : Pedagogy and Process*, Kent, Ohio, Kent State University Press, 1995, p. 110-112.

15 Voir aussi Ricardo Muñoz Martin, « Situating Translation Expertise », *The Development of Translation Competence*, éd. Aline Ferreira, Newcastle, Cambridge Scholars Publishing, 2014, p. 31.

16 Douglas Robinson, *Becoming a Translator*, Londres, Routledge, [1997] 2003.

> « [L]a traduction est une activité intelligente qui repose sur des processus d'apprentissage conscients et inconscients complexes ; chacun apprend de manière différente, c'est pourquoi la formation universitaire doit être la plus flexible, complexe et variée possible, de manière à activer les différentes modalités grâce auxquelles les étudiants apprennent le mieux » (traduction de l'auteur).

La méthode réflexive permet aux étudiants d'aborder la traduction à leur façon, à la fois dans leur singularité et dans leur diversité. Traduire Derrida de manière réflexive sera interprété de manière différente selon les étudiants. Pendant les deux cours pilotes, par exemple, certains ont choisi de mettre en avant le caractère ironique de l'approche de Derrida ; tandis que d'autres se sont sentis démunis face à son auto-réflexivité ; alors que d'autres encore ont appréhendé la tâche de manière pragmatique. La méthode réflexive permet cette pluralité d'approches dans la mesure où il s'agit d'une pédagogie centrée sur l'opération traduisante. La nécessité d'axer l'enseignement sur le processus est largement reconnue par les spécialistes[17]. Pour Gile par exemple, « l'idée est de concentrer l'enseignement en cours non pas sur le résultat, c'est-à-dire sur la traduction produite à la fin du processus traductif, mais sur le processus lui-même » (*op. cit.*, p. 10). La méthode réflexive répond à cette exigence en présentant une didactique qui n'enseigne pas en montrant ou en transmettant, mais à travers le processus traductif lui-même, en faisant éprouver aux étudiants la difficulté de mettre en pratique une approche théorique dans sa globalité.

En tant que méthode qui change selon le texte à traduire, la méthode réflexive met en lumière la singularité de chaque acte traductif comme s'inscrivant dans une expérience historique et individuelle unique. Elle montre qu'actualiser un concept traductif en le traduisant est une ambition difficilement réalisable puisque la signification du concept en question est elle-même fluctuante, contingente et susceptible de changer selon le contexte. Traduire de manière réflexive accentue l'imprévisibilité de l'activité traductive, l'impossibilité d'anticiper tous les problèmes traductifs possibles, de prévoir sa propre réaction face à un obstacle traductif précis. En essayant de traduire un texte de manière performative, les étudiants se rendent compte que nombre de leurs décisions

17 Voir Christiane Nord, *Text Analysis in Translation*, Amsterdam, Rodopi, 1991, p. 177-179 ; Delisle, [1993] 2013, p. 18 ; et Gile, 1995, p. 10.

sont imprévisibles, difficiles à anticiper en dehors du processus traductif. Ils réalisent ainsi qu'en tant que traducteurs professionnels, ils seront confrontés à des situations imprévues, à des problèmes traductifs qu'ils n'auront jamais rencontrés auparavant et pour lesquels ils n'auront pas été formés.

Utiliser la méthode réflexive requiert aussi, du point de vue de l'enseignant, de reconnaître ses propres limites en tant que formateur. Tout enseignement de la traduction, même le plus minutieusement planifié, possède des zones d'ombre, non seulement parce qu'il est lui aussi en partie modelé par l'expérience subjective et partielle de son instructeur[18], mais aussi parce qu'il ne peut rendre compte de toutes les situations traductives possibles, ni anticiper l'évolution de la traduction dans les années à venir. La part d'imprévisible qui entoure la profession de traducteur est devenue d'autant plus apparente ces dernières années avec l'évolution rapide des technologies de la traduction et leur impact accru sur la manière dont on traduit. C'est pourquoi il est indispensable que la formation des traducteurs intègre des éléments pédagogiques qui aident les traducteurs à faire face à cette évolution et à la part croissante d'inconnu qui entoure la profession. La méthode réflexive répond en partie à ce défi sous la forme d'un enseignement qui substitue aux solutions toutes faites et aux stratégies traductives prédéfinies un processus de réflexion, d'interrogation et d'exploration par la pratique. À travers elle, les étudiants sont incités à constamment réévaluer leur démarche traductive et à rester ouverts aux possibilités offertes par le contexte spécifique de chaque acte traductif qu'ils entreprennent.

CONCLUSIONS

D'après cette courte étude, la méthode réflexive semble satisfaire les principaux objectifs d'une formation de traducteurs accomplie qui associe pratique et théorie (Kiraly, 2015, p. 30); est axée sur le processus (Gile, 1995, p. 10) et l'apprenant (Kelly, [2005] 2012, p. 17); est flexible et

18 Rosemary Arrojo, « Deconstruction, Psychoanalysis, and the Teaching of Translation », *TranScribe : The Teaching Translation Journal*, vol. 1, 2005, p. 25-35.

individualisée (Robinson, [1997] 2003, p. 49) ; et aiguise la conscience de soi (Kiraly, 1995, p. 101) ainsi que l'esprit critique (Baker & Maier, 2011, p. 4).

Mona Baker et Carol Maier résument les principaux objectifs d'une formation traductive efficace en ces termes :

> *First, training should aim to provide students with the conceptual tools they need to reason critically about the implications of any decision. This means engaging with some of the theoretical literature on ethics that can provide a coherent terminology and a means of reflecting on the pros and cons of particular ways of justifying behaviour [...]. Second, training should enable students to identify a range of potential strategies that may be deployed to deal with ethically difficult or compromising situations [...]. And third, educators need to develop a set of pedagogical tools that can be used to create an environment in which students can make situated ethical decisions, rehearse the implications of such decisions, and learn from this experience* (Baker & Maier, 2011, p. 5-6).

> « Premièrement, la formation doit avoir pour objectif d'offrir aux étudiants les outils conceptuels dont ils ont besoin pour réfléchir aux conséquences de leurs décisions de manière critique. Cela nécessite de se familiariser avec une partie de la littérature théorique consacrée aux questions éthiques en vue d'acquérir la terminologie adéquate et les instruments leur permettant d'évaluer les avantages et les inconvénients des différentes justifications décisionnelles possibles [...]. Deuxièmement, la formation doit aider les étudiants à identifier une palette de stratégies auxquelles ils peuvent avoir recours face à une situation difficile ou compromettante d'un point de vue éthique [...]. Enfin, les enseignants doivent développer un ensemble d'outils pédagogiques pour créer un environnement dans lequel les étudiants sont mis en situation de prendre des décisions éthiques, évaluer les conséquences de ces décisions et en tirer des leçons. » (traduction de l'auteur)

La méthode réflexive répond à chacun des aspects décrits ci-dessus, et plus encore. Elle offre aux étudiants les outils conceptuels dont ils ont besoin pour réfléchir aux conséquences de leurs décisions de manière analytique, mais les invite aussi à porter un regard critique sur ces outils. Elle les encourage à identifier une palette de stratégies pour solutionner des problèmes, mais aussi à questionner l'applicabilité de ces stratégies dans un autre contexte. Elle invite les étudiants à mesurer les conséquences éventuelles de leurs choix et à tirer les leçons de leurs expériences passées, mais aussi à se rendre compte qu'une décision traductive responsable dépasse les lois et les règles établies. En d'autres termes, elle leur enseigne à être à la fois vigilants et audacieux.

En tant qu'outil pédagogique privilégiant une approche flexible et axée sur l'apprenant, la méthode réflexive est elle-même soumise à l'incertain et au contingent. Cette étude s'est focalisée sur la formation des traducteurs au niveau master car c'est le niveau de formation le plus largement dispensé au Royaume-Uni, selon la *European Society for Translation*[19]. Or dans plusieurs établissements, la formation est également dispensée au niveau licence ou dans le cadre des cours de langue. Ainsi, une partie des objectifs pédagogiques de la méthode réflexive (en particulier ceux qui portent sur l'incertitude) peuvent se révéler plus difficiles à réaliser pour des étudiants de niveau moins avancé, et conduire à un sentiment d'impuissance ou à l'inaction au lieu d'une prise de conscience responsable (Pym, 2010, p. 111).

Pour compléter cette étude, un examen approfondi des avantages et des limites de la méthode réflexive au niveau licence est nécessaire. Dans le cadre de telles recherches, on pourra, par exemple, utiliser la méthode réflexive comme un exercice d'écriture académique à travers lequel les étudiants apprendraient à rédiger des dissertations en traduisant et en imitant d'autres textes académiques. On pourra aussi l'utiliser comme un outil de lecture attentive, dans la mesure où traduire est une tâche minutieuse qui requiert un engagement lent, précis et rigoureux avec le texte source. On pourra également recourir à la méthode réflexive pour attirer l'attention des étudiants sur le fait que les théories qu'ils étudient sont parfois elles-mêmes des traductions de textes étrangers, et aiguiser ainsi leur esprit critique vis-à-vis de ces textes. On pourra enfin employer la méthode réflexive pour défaire des années d'apprentissage fondé sur l'équivalence stricte[20], et encourager les étudiants à plus de liberté et de créativité dans leur approche de la traduction. On pourrait par ailleurs comparer la manière dont les étudiants réagissent face à la méthode réflexive selon qu'ils sont au niveau licence ou master, afin d'identifier les différents besoins pédagogiques des apprenants à chacun de ces différents stades de la formation.

L'élaboration d'objectifs d'apprentissage en amont des leçons est un élément essentiel dans la formation des traducteurs (Kelly, [2005] 2012, p. 20-41). Or, les réponses variées et parfois contradictoires des étudiants à la méthode réflexive suggèrent que la réalisation des objectifs pédagogiques d'une telle didactique est elle-même instable et contingente, puisque la

19 La liste complète des établissements est disponible sur le site de l'EST : https://www.est-translationstudies.org/old/resources/tti/tti.htm.

20 Daniel Gile, « Integrated Problem and Decision Reporting as a Translator Training Tool », *The Journal of Specialised Translation*, vol. 2, 2004, p. 5.

réflexivité sur laquelle elle s'appuie ne peut être totalement assurée ou maintenue dans le temps. Provoquer un regard critique n'est pas quelque chose que le professeur puisse contrôler ou garantir à 100 % car enseigner est une activité tout aussi soumise à l'incertain et à l'imprévisible que l'expérience du traduire. En tant qu'instructeur, je peux énoncer des objectifs de formation explicites de manière à guider les étudiants et à influencer leur approche, mais je ne peux pas contrôler la façon dont ils comprennent, intériorisent et s'approprient ces enseignements dans le temps. Ce défi, qui se pose dans toute approche didactique qu'elle soit ou non réflexive, ne signifie pas que les bienfaits de cette méthode sont invalides ou insignifiants, mais que leur concrétisation est elle-même sujette à l'instabilité, au changement et à l'incertain. Du point de vue de l'enseignant, cette méthode met en avant la nécessité d'une réévaluation et d'un réajustement constant des objectifs de la formation.

La méthode réflexive n'est pas (et ne cherche pas à être) une didactique exemplaire qui résoudrait tous les problèmes survenant dans le cadre de la formation des traducteurs. Reconnaître l'incertitude qui sous-tend l'activité traductive, et s'en servir pour dispenser une formation critique, nécessite au contraire que l'on s'interroge sur les limites mêmes de la méthode réflexive. Tout comme les didactiques non réflexives, la méthode réflexive est elle aussi lacunaire. Le processus d'interrogation qu'elle déclenche doit donc aussi s'appliquer à elle-même, dans la mesure où certains de ses objectifs peuvent se révéler superflus dans certains contextes pédagogiques, ou même échouer dans certaines situations éducatives. L'un des principaux dangers d'une didactique réflexive est d'être perçue par les étudiants et les formateurs comme dénouant les contradictions qu'elle soulève, au lieu d'être utilisée pour y faire face. Car s'il est indéniable que la contingence qui caractérise la méthode réflexive pose des difficultés traductives et éducatives majeures, elle offre aussi une didactique innovante dont le potentiel créatif et autocritique gagnerait à être exploré dans de nouveaux contextes.

Silvia KADIU
University of Westminster
Royaume-Uni

DEUXIÈME PARTIE

UNE POÉTIQUE DU TRADUIRE

CANONIQUE, LE CANON ?

Retraduire *La Montagne magique*

Un des aspects fascinants de la *Montagne magique* est que Thomas Mann y joue au traducteur : il plagie, parodie, et finit par se traduire lui-même en bricolant des dialogues en français à coups de dictionnaire, à mi-chemin entre décalcomanie et invention poétique. C'est, dit-il, pour « parler sans parler » qu'il se livre à cet exercice de version française, pour parler cru et sexuel avec moins de gêne que dans sa propre langue ; est-ce aussi afin de se dérober à son traducteur en se substituant à lui, comme pour endosser provisoirement son identité en inversant les rôles ? Par cet aspect et tant d'autres, cette œuvre du canon n'est guère conforme aux canons littéraires : pour s'en convaincre, il suffit d'envisager son jeu sur un langage réinventé, son télescopage de plusieurs hypotextes, son décloisonnement des genres littéraires qui interroge les limites de la prose et de la poésie, son humour corrosif, son insertion d'images de l'androgynie qui illustrent les fluctuations et l'ambivalence du désir. La tâche du traducteur, qu'il soit le premier ou le second, est d'emboîter le pas au magicien des mots, de privilégier l'adéquation à un texte hors normes qui se présente comme une immense fantasmagorie encyclopédique.

Quels principes peuvent, en effet, guider la retraduction de cette œuvre magistrale, et, tout simplement, pourquoi retraduire ? Il y a d'abord le besoin d'actualiser le texte en vertu du facteur dit « historique[1] », mais aussi la volonté de fournir une version plus juste que la précédente, de donner à ce classique moderne un visage neuf et une perspective critique. La retraduction sert de révélateur : sur le plan herméneutique, son entreprise même est due à l'inassouvissement, puisque chaque retraduction est une nouvelle interprétation toujours partielle et susceptible d'être améliorée. Comme les rêves, les retraductions naissent

1 Voir à ce sujet Elżbieta Skibińska, « La retraduction, manifestation de la subjectivité du traducteur », *Doletiana, Revista de traduccio literatura i arts* (en ligne, consulté le 3 janvier 2020).

de l'insatisfaction, même si elles s'efforcent de procurer le sentiment contraire. Une retraduction est aussi nécessaire qu'éphémère. Elle est, en premier lieu, nécessaire parce que vivifiante : elle redonne une existence à un texte en le plaçant au cœur de l'actualité d'un espace culturel. En second lieu, elle tire sa nécessité de sa fidélité, lorsqu'elle tente d'être plus exacte et, grâce aussi à son paratexte, d'ouvrir la voie à une autre exégèse d'un ouvrage justifiant qu'on le remette sans cesse sur le métier. Et c'est ce qui constitue son enjeu, fondé sur l'émulation et une volonté de recréation. Une nouvelle version n'annule pas la précédente, elle la complète si cette dernière suscite un sentiment d'inaccompli, lié à des raisons historiques et aux conditions de son élaboration. L'urgence est une contrainte temporelle qui a joué dans le sens d'une restriction pour le premier traducteur de *La Montagne magique*, Maurice Betz, qui a disposé d'une seule année pour effectuer son travail, juste après le prix Nobel de Thomas Mann, sans avoir bénéficié des moyens d'information actuels, dont on ne saurait se passer pour traduire un roman aux allures d'encyclopédie. D'où la présence, dans cette première version, de nombreuses omissions de termes et de phrases entières, sans parler des gauchissements du sens[2].

Puisqu'une traduction se superpose à la précédente, la retraduction a souvent été comparée à la réécriture du palimpseste noirci et nourri par d'autres, au cours d'un processus d'assimilation[3]. Elle peut s'articuler plus facilement à une série de traductions antérieures qui présentent un caractère de relative fiabilité, mais dont on peut encore pallier les insuffisances. On ne saurait pourtant souscrire sans réserve au postulat progressiste voulant que les versions successives annoncent l'émergence d'une traduction qui fera autorité. Une traduction très honorable peut

2 Pour donner un exemple de contresens, la locution idiomatique « *eine Mißidee, die ihn ritt* » (Thomas Mann, *Der Zauberberg*, Große kommentierte Frankfurter Ausgabe, *Werke – Briefe – Tagebücher*, Band 5. 1, éd. Michael Neumann, Frankfurt, Fischer Verlag, 2002, p. 1037, l. 20 – référence remplacée dans les notes suivantes par l'abréviation « *Zbg* ») avait été rendue par « la fausse idée qui le chevauchait » (Thomas Mann, *La Montagne magique*, trad. Maurice Betz, Paris, Fayard, [1931] 1961, p. 739). Ce contresens est aussi une sous-traduction, puisqu'il s'agit de l'antisémitisme que fustige l'auteur. Dans la nouvelle traduction, cette occurrence est rendue par « l'abominable lubie dont il était affligé », *La Montagne magique*, trad. Claire de Oliveira, Paris, Fayard, 2016, p. 710 (référence désignée dans les notes suivantes par l'abréviation « *MM* »).

3 André Hurst, « Les langues et les lettres anciennes face au monde moderne : une question de "traduction" ? », *Autour de la retraduction : perspectives littéraires européennes*, éd. E. Monti et P. Schnyder, Paris, Orizons, coll. « Universités », 2011, p. 67.

être suivie d'une traduction médiocre, faite à la hâte par un non-spécialiste pour des raisons d'ordre économique. Il est également temps de soumettre à une révision la fameuse « hypothèse de la retraduction » lancée par Antoine Berman : pour lui, la retraduction d'une œuvre littéraire se distingue de la première version par une fidélité au texte source qui serait plus grande, voire servile[4]. Selon cette hypothèse, les premiers traducteurs sont infidèles, ils tirent le message vers la culture cible pour aider le lecteur et lui faciliter la tâche par des suradaptations, au risque de normaliser le texte par une approche ethnocentriste. Les retraducteurs, en revanche, sont censés être plus respectueux des intentions de l'auteur, mais délivrer un texte trop sourcier et moins enchanteur. Ce postulat selon lequel plus on retraduit, plus on est littéral, est un cliché déduit d'une généralisation hâtive, car rien n'empêche de se situer à la croisée de l'exactitude et de la beauté : retraduire à la suite de quelques autres peut donner de l'aisance, une fluidité débarrassée du carcan de la traduction *princeps* qui, par la force des choses, essuie les plâtres, ce qui permet aux traducteurs suivants d'être plus attentifs à des détails sémantiques.

Il m'a toutefois semblé superflu de changer le titre de l'œuvre, qui avait été choisi avec discernement. Ce titre doit s'entendre dans toute sa polysémie, dont la plupart des facettes sont exposées dans la postface : le terme « *Zauberberg* » n'a rien d'un néologisme, il vient d'un conte de Grimm[5] et réapparaît dans une nouvelle d'Eichendorff puis dans la *Naissance de la tragédie* de Nietzsche, qui donne ses lettres de noblesse à la « montagne magique de l'Olympe[6] ». Le terme est d'abord à rapprocher de l'hypertexte faustien, puisque Settembrini cite un vers de la « Nuit de Walpurgis » : « *der Berg ist heute zaubertoll* » (« la montagne est aujourd'hui folle de magie »). Autant dire qu'il s'agit là de magie noire, et que la montagne n'est pas enchantée mais enchanteresse, puisqu'elle est non pas l'objet de l'envoûtement, mais son agent. C'est l'adjectif « magique » qui correspond le mieux à ces repères intertextuels, et ouvre

4 Antoine Berman, « La retraduction comme espace de la traduction », *Palimpsestes*, n° 4, « Retraduire », Paris, Publications de la Sorbonne nouvelle, 1990, p. 1-7.

5 Dans le *Joueur de flûte de Hamelin*, le terme « *Zauberberg* » désigne une montagne maléfique engloutissant des enfants qui périssent, victimes d'un envoûtement. Par référence à ce conte, Eichendorff réemploie le mot dans sa nouvelle *Das Marmorbild* (1819) où des jeunes, attirés par un musicien, trouvent la mort dans une montagne dévoratrice.

6 Friedrich Nietzsche, *La Naissance de la tragédie*, § 3.

au maximum l'éventail de l'ambiguïté, incluant aussi des clichés sur la magie des paysages ou des pratiques magiques douteuses, telles les expériences de spiritisme, qui peuvent prêter à rire.

Comme l'humour doit toujours être pris au sérieux, il n'était plus question d'escamoter des calembours qui peuvent aussi avoir une portée philosophique déterminante, comme la figure étymologique « *die Zeit zeitigt* » (*Zbg*, p. 521, l. 10 ; p. 550, l. 14 ; p. 543, l. 22 ; p. 821, l. 17) : « le temps sous-tend… » (*MM*, p. 358, 380, 361 et 759). Autre exemple de jeu de mots philosophique : l'assonance déjà heideggerienne sur « *Wesen* et *Verwesen* » (*Zbg*, p. 419, l. 7), véritable gageure pour le traducteur. La solution m'est venue grâce à une relecture d'*À rebours*, où Huysmans emploie un synonyme un peu suranné du mot « putréfaction », le terme « putrescence » qui s'allie bien au mot « essence ». Un simple calembour, vite lu par le lecteur, demande au traducteur un long travail de réflexion. Peeperkorn dit ainsi de sa frivole compagne qui a eu beaucoup d'amants : « *man muß mit solchen Vorgängen rechnen, ich meine eigentlich Vorgängern* » (*Zbg*, p. 921, l. 21) (litt. « il faut s'attendre à ce genre d'incident, c'est-à-dire tomber sur ses anciens amants »). Pour faire passer ce jeu de mots et rapprocher des paronymes, comme dans le texte source, j'ai procédé à un glissement sémantique sur le premier terme : « il faut s'attendre à ce genre d'examen, ou plutôt d'ex-ami » (*MM*, p. 632). Pour Thomas Mann, la paronomase est une façon d'attaquer la langue, de dévoiler ses amphibologies, tout comme l'ambiguïté psychique des personnages : restituer ces traits d'esprit était donc indispensable.

Rétablir la force expressive du texte source, c'est aussi refuser les édulcorations. Un traducteur d'aujourd'hui peut certainement reprendre à son compte la métaphore musicale que Samuel Johnson a appliquée à la traduction d'Homère par Alexander Pope : « quand l'auteur joue du basson, le traducteur ne doit pas jouer de la flûte à bec[7] ». Au traducteur de suivre la diversité des registres – du plus soutenu au plus ordurier (par exemple, dans la bouche de Mme Stöhr, l'expression licencieuse « *sich jemanden beibiegen* » (*Zbg*, p. 360, l. 3) peut et doit se rendre par « s'envoyer quelqu'un ». Lorsque Settembrini dit « *wir sind Horizontale* » (*Zbg*, p. 114, l. 8 et *passim*), le traduire par le masculin « nous sommes

7 « It may be the same tune, but it has not the same tone. Homer plays it on a bassoon, Pope on a flagelet », James Boswell, *The Life of Samuel Johnson, Comprehending an Account of His Studies and Numerous Works*, Londres, Wordsworth Editions, 1987, p. 259.

des horizontaux », comme l'a fait mon prédécesseur, gomme l'allusion à la prostitution des « horizontales ». Un mot comme « *beschissen* » (*Zbg*, p. 935, l. 9), qui signifie « de merde », avait effrayé le précédent traducteur qui l'avait rendu par « breneux[8] », terme rabelaisien ou régional que peu de gens comprennent. Ici comme ailleurs, il serait dommage d'édulcorer une allusion érotique ou scatologique qui est un clin d'œil au lecteur, et constitue aussi un contrepoint salutaire aux réflexions métaphysiques. Plutôt que d'affadir, mieux vaut confronter le lecteur à l'esthétique de la distanciation ironique.

Une traduction plus accomplie est contenue en germe dans la première traduction, au sein d'un vaste cycle d'amélioration : elle n'est pas duplication, car elle devient au fur et à mesure consciente de l'acte de traduire. Goethe, dans le *Divan d'Orient et d'Occident*[9], a fait des observations éclairantes à cet égard. La retraduction prend notamment conscience que sa cohérence doit égaler celle de l'original. Si le désir d'écrire avec toute la liberté d'un auteur prend le pas sur cette quête de cohérence, un texte est exposé à des altérations… De nos jours, on sait mieux se garder de certaines illusions qui ont fait leur temps, comme l'idée que le traducteur d'un texte littéraire doit être également poète ou romancier : l'acte de traduction reste un artisanat, quoique sa visée artistique et scientifique crée un lien inoubliable avec le texte source. La valeur d'une retraduction se mesure ensuite à son impact sur la culture cible, au fil du temps, car il s'agit de donner accès et envie à un public plus jeune, de lui faire découvrir une œuvre emblématique du XXe siècle, sans pour autant se prêter à la compromission de l'anachronisme. La transmission de l'œuvre au public actuel peut se faire dans une langue compréhensible par le lecteur d'aujourd'hui, mais qui ne modernise pas à outrance, si elle veut être adéquate à son objet[10].

8 Thomas Mann, *La Montagne magique*, trad. Maurice Betz, *op. cit.*, p. 667.

9 Johann Wolfgang von Goethe, *Le Divan d'Orient et d'Occident*, trad. Laurent Cassagnau, Paris, les Belles Lettres, 2012, § 309. Selon Goethe, l'acte de traduction, profondément humain, a besoin de répétition pour se parfaire, dans le processus de la *Bildung*. Afin d'accomplir tout un cycle organique, il passe par trois stades successifs, dont un qui est celui de la simple parodie. Seule la dernière phase permet de naturaliser une écriture en respectant ses composantes, sans pour autant s'identifier à elle, le but ultime étant la *Annäherung des Fremden und Einheimischen*, rapprochement de l'étranger et de l'autochtone.

10 On consultera utilement Patrizia Pierini, « La ritraduzione in prospettiva teorica e pratica », *L'atto del tradurre. Aspetti teorici e pratici della traduzione*, Rome, Bulzoni, 1999, p. 51-72.

S'atteler à une œuvre majeure du canon littéraire, c'est un peu comme restaurer un chef-d'œuvre pictural[11]. Savoir ne rien arranger, ne rien occulter, mais recréer dans un esprit d'empathie doublé de connaissances solides. Le véritable enjeu est de comprendre quel cheminement artistique et intellectuel a conduit le créateur à un tel aboutissement. On peut s'approprier le geste de l'artiste par une sorte d'osmose qui va laisser s'exprimer son génie et lui rendre sa vérité, lui redonner sa lisibilité sans créer de décalages gênants. Une retraduction devrait montrer qu'on avance de pair avec le romancier, qu'on s'autorise la même audace, quoique autrement, pour reconstituer le fragile équilibre voulu par l'auteur, entre sincérité et mise à distance par l'ironie. Pourquoi, dès lors, ne pas conserver cette patine que Thomas Mann qualifie joliment de *Edelrost* (*Zbg*, p. 9), de « coloration qui ennoblit » ? Pour serrer de près la facture de l'époque, j'ai veillé à ne pas employer de termes ayant vu le jour après 1925. Le temps a passé sur l'œuvre, et à l'avenir, on jettera sur elle des regards conscients de son ancienneté. Opter pour une langue classique et intemporelle permet d'éviter des distorsions et d'assurer une certaine durabilité à son travail.

Un aspect majeur de la retraduction de *La Montagne magique* est le choix de fournir une édition critique dont les éclaircissements viennent s'ajouter à l'élucidation sémantique. Un tel choix s'impose naturellement au traducteur qui, pour comprendre la moindre allusion du texte, comme il en a le devoir, fait des recherches et les communique aux lecteurs de la culture cible – comparatistes, chercheurs issus d'autres disciplines, ou tout simplement curieux désireux de s'instruire. Une édition critique est toujours un dialogue avec le lecteur, elle l'inclut dans l'élaboration du travail en répondant à son besoin d'approfondissement[12]. Ici, le travail de recherche a été effectué dans une perspective intertextuelle, permettant de décrypter davantage que les sous-entendus philosophiques et l'hypertexte goethéen. De nos jours, une polémique futile cherche à opposer les traducteurs universitaires aux traducteurs « professionnels ».

---

11 Par exemple, la restauration de la *Sainte Anne* de Léonard par Cinzia Pasquali a représenté un vrai défi longuement mûri par des recherches scientifiques. Voyant la restauration de tableaux comme un « acte critique », elle a raconté comment elle a acquis, à force d'exercices, le geste précis et sensuel de Léonard qui, par endroits, pouvait être négligent, sans tenter de l'améliorer.

12 Sur le rapport au récepteur, voir Lance Hewson, « Images du lecteur », *Palimpsestes*, n° 9, 1995, p. 151-164.

Est professionnel tout traducteur, universitaire ou non, qui observe un code de déontologie rigoureux, a un goût prononcé pour la recherche et procède avec soin et lenteur, en améliorant le premier état du texte cible par de multiples phases de correction, sans compter ses efforts. Que le traducteur se double d'un chercheur est de toute évidence utile à l'établissement de l'apparat critique, pour autant que ce chercheur suscite également toute la puissance évocatrice du texte source.

Maître de la supercherie, Thomas Mann s'arroge le droit sans limites du créateur et pille certains spécialistes dont il aborde les domaines en dilettante. Il s'approprie des pages en les modifiant à peine, attitude très proche de la traduction par son caractère de plagiat. Le prestige de l'imitation comme art littéraire est encore vivace à l'époque, malgré la notion de propriété intellectuelle qui s'est imposée à la fin du XIXe siècle. Pour se faire une idée des investigations requises par tous les emprunts, il suffit de prendre l'exemple du mot italien *guazzabuglio* (*Zbg*, p. 698, l. 7 ; p. 747, l. 17 et l. 21 ; p. 882, l. 8), dont aucun chercheur allemand ou italien n'a trouvé l'origine. Tout en sachant qu'il désignait « un fouillis », on se demandait toujours où l'auteur avait pu dénicher ce terme. J'ai d'abord pensé à *La Divine Comédie* ou aux poèmes de Pétrarque, mais c'était une fausse piste, et l'idée m'est venue qu'il l'avait sans doute emprunté au best-seller du romantisme italien, *I promessi Sposi* de Manzoni. Le directeur des archives Thomas Mann à Zurich m'a confirmé que cet ouvrage se trouvait bien dans la bibliothèque de l'auteur, qui y est conservée par ordre alphabétique, et j'ai donc pu faire une note à ce sujet (*MM*, p. 771 – note 1 de la p. 513), comme pour une vingtaine de trouvailles de ce genre, en escomptant un apport à la recherche internationale. Des références à la culture française ont pu être élucidées, notamment au chapitre 7 où Mann fait allusion à un ouvrage français de parapsychologie sans citer son auteur. On trouve simplement, en allemand, une bribe de citation qui est « *wie die Feder einer verdorbenen Uhr* », « comme le ressort d'une horloge détraquée » (*MM*, p. 561). Face à cette allusion obscure décrivant l'état second de l'opiomane, sans indication de l'auteur ni de l'ouvrage, les commentateurs allemands ont déclaré forfait. En consultant des ouvrages de parapsychologie, j'ai fini par trouver celui de Léon d'Hervey de Saint-Denys, *Les Rêves et les moyens de les diriger* (1867) que tout le monde dévorait à la Belle Époque, où l'on peut lire cette phrase : « Il me semblait que quelque chose fût parti de mon cerveau, comme le ressort d'une horloge détraquée[13]. » C'est bien ce que Mann a rendu en allemand par « *wie die Feder einer verdorbenen Uhr* » (*Zbg*, p. 817, l. 33). Cet opuscule avait beaucoup circulé en traduction allemande avant d'être mis aux oubliettes. Il n'empêche que Freud le cite dans *L'Interprétation des rêves* : une trentaine d'années après sa parution, ce livre a donc retrouvé la faveur du public et sa réception a pu se poursuivre jusqu'à nos jours. Cette découverte en apparence mineure présente d'une part l'intérêt, pour les exégètes, de mieux comprendre le rapport de Thomas Mann à la psychologie ; d'autre part, pour la réception de Léon d'Hervey de Saint-Denis, il n'est pas anodin d'apparaître dans un des dix romans majeurs du XXe siècle – certes, incognito, dans le texte original, mais avec l'explicitation d'une note, dans l'édition française. J'ai communiqué mes résultats à la *Revue Thomas Mann*[14], en plaidant pour que les futures éditions critiques allemandes soient préparées dans un esprit plus international.

Grâce à ses notes philologiques et aux axes interprétatifs qu'elle propose, cette édition critique souhaite aussi modifier la réception de l'œuvre en France, encore compromise par des clichés germanophobes de l'entre-deux-guerres (postface de *MM*, p. 760), bien que son importance soit indéniable. C'est l'*opus magnum* où Thomas Mann se réconcilie avec sa propre humanité, au début des années vingt, et montre qu'une œuvre moderne se doit de prendre position contre la violence, l'intolérance et la « sympathie pour la mort ». La nouvelle *Montagne magique* met l'accent, dans sa postface, sur ce revirement de l'auteur dont on a trop souvent minimisé le rôle ; en fournissant un état des connaissances actuelles sur le sujet, elle s'inscrit dans la continuité des traductions de l'œuvre dans toutes les langues et à diverses époques.

Retraduire un classique moderne au XXIe siècle implique, à mes yeux, de tirer profit des apports de la traductologie qui rationalise l'approche de la traduction dans la mesure où elle nomme et définit ses mécanismes. Certains chercheurs comme Tania Collani ont soutenu que plus une traduction est exacte, plus elle est durable[15] ; sans citer les

---

13 Léon d'Hervey de Saint-Denys, *Les Rêves et les moyens de les diriger*, Paris, Amyot, 1867, p. 480.

14 « „Ein enzyklopädisches Werk…"– Neue Fundstücke zum *Zauberberg* anlässlich der ersten kritischen Ausgabe in französischer Sprache », *Thomas-Mann-Jahrbuch* Bd 29, Klostermann, 2016, p. 230-243.

15 Telle est l'hypothèse de Tania Collani à propos des retraductions italiennes du *Vathek* de William Beckford (Monti et Schnyder, *op. cit.*, p. 156).

contre-exemples qui pourraient réfuter cette thèse, ajoutons que c'est la valeur esthétique d'une retraduction qui est une plus-value essentielle et un facteur de durée. Tenter de restituer la beauté sans pratiquer d'enjolivements est conciliable avec l'objectif de précision, qui amène à soigner le rythme et les sonorités, à savoir respecter les échos internes, et, dans la mesure du possible, la structure des champs lexicaux. L'exigence de fidélité sourcière à laquelle on s'astreint, par principe, peut aussi être à l'origine d'une grande liberté, le sourcier devenant cibliste au cours des relectures, ou l'inverse. On a beau s'efforcer de procéder à des équations minutieuses, ce qui prime, au bout du compte, c'est le désir de communiquer le texte autrement que par un transcodage laborieux ; car traduire ne sera jamais seulement passer d'un code linguistique à un autre, mais amener deux cultures à se comprendre, jeter entre elles un pont durable, à la fois émouvant et solide. Sans aller jusqu'à déformer, il est bon de passer de la simple transmission à une forme discrète de transgression – le paradoxe étant qu'à certains moments, aller au-delà de l'assertion permet d'en atteindre le cœur. Quand il dépeint la nature ou traite des fins dernières, deux sujets qui l'inspirent au plus haut point et sont corrélés dans son écriture, Thomas Mann a des envolées lyriques : la traduction tente de dépeindre avec des moyens analogues mais non similaires ce que Romain Rolland appelait le « sentiment océanique[16] » et Bachelard la « conscience d'agrandissement[17] », chose qui, dans l'œuvre de Mann, prend la forme d'un sentiment exalté de fusion avec l'éternel, de dépassement de notre finitude. Il s'agit surtout de recréer le souffle poétique du texte source, démarche qui exige à la fois de la minutie et une aptitude à servir de truchement à un auteur de renom : comment parvenir à donner au texte cible l'ampleur stylistique nécessaire, sans alimenter sa prose par des écritures françaises, et plus largement européennes, dont l'auteur s'est lui-même senti proche ?

Un aspect fondamental de la phrase mannienne est l'intention de mimesis, qui consiste à produire un simulacre de réalité montrant qu'on est en pleine fiction. Il faut livrer un corps à corps avec un langage singulier, qui fait fi des normes langagières et ose tout : les parodies,

16 Dans une lettre à Freud, Romain Rolland oppose ce sentiment océanique aux analyses freudiennes de la religion. Voir à ce sujet Dominique Bourdin, *La Psychanalyse de Freud à aujourd'hui : Histoire, concepts, pratiques*, Paris, Bréal, 2007, p. 133.

17 Gaston Bachelard, *La Poétique de l'espace*, Paris, PUF, coll. « Quadrige », [1957] 2001, p. 169.

les archaïsmes, les substantivations inédites, le style additif de l'oralité, les emprunts étrangers ou dialectaux, les maniérismes… L'allemand est déjà complexe à rendre en français, vu ses structures syntaxiques, mais que dire de cette langue que j'appellerais « l'allemannien » ! Comment rendre l'idiosyncrasie de Thomas Mann qui, avec son tempérament d'esthète, lance de grands éclats de couleur, dans des fulgurances ? Pour *Joseph et ses frères*, il avait dit à l'une de ses premières traductrices, Louise Servicen, que si elle hésitait entre deux termes, il préférait non pas le plus exact, mais celui qui était « *farbvoll* », haut en couleur[18]. Le styliste Thomas Mann, je pourrais le qualifier de « *Verwandlungskünstler* » – mime incarnant plusieurs personnages dans un spectacle de music-hall, mais aussi artiste de la métamorphose qui n'est jamais là où on l'attend. Son inventivité peut dérouter le traducteur au même titre qu'elle provoque parfois la perplexité du lecteur germanophone. Pour inventer un style correspondant, ayant à la fois une épaisseur charnelle et cette virtuosité subtile, j'ai alimenté mes ressources par des lectures de Proust, Huysmans, Romain Rolland, Charles-Louis Philippe, l'auteur de *Bubu de Montparnasse* que Thomas Mann avait lu avec beaucoup d'intérêt, tout comme les frères Goncourt dont le *Renée Mauperin* a inspiré *Les Buddenbrook* – et j'ai relu Dorgelès, Céline et Blaise Cendrars pour les scènes de guerre, sur lesquelles se clôt le roman. Malgré toutes leurs différences, ces auteurs ont ceci de commun qu'ils revendiquent une liberté de langage et illustrent, pour certains, la congruence de la musique et de l'écriture.

Parmi les surprises du texte, liées à sa musicalité très ancrée dans la chair, il y a des allitérations frappantes, comme « *vermengt und verschwunden* » (*Zbg*, p. 1084, l. 22) qui signifie mot à mot « fondus l'un dans l'autre et disparus », au sens militaire de « mort au champ d'honneur ». Mann l'emploie pour nous montrer, pendant la Grande Guerre, deux soldats allemands qui, en voyant une grenade leur tomber dessus, ont le réflexe de s'enlacer : ils sont déchiquetés au moment même de leur étreinte. Une vision extraordinaire de l'absurdité de la guerre, et de l'ambivalence du combat, où l'instinct de mort s'apparente au désir sexuel. Pour tenter d'avoir la même force de déflagration, j'ai rendu ce « *vermengt und verschwunden* » par « soudés et dessoudés » (*MM*, p. 742),

18 Alexis Tautou, « Louise Servicen », notice biographique publiée sur le site de partage Wikipedia.

avec un changement de registre, en le tirant vers des auteurs comme Céline ou Dorgelès. Ne pas rendre l'effet choc qui montre deux vocables en train de s'embrasser eux aussi, aurait risqué d'aplatir le texte, d'autant que cette formule est un leitmotiv dont j'ai signalé la récurrence, dans les notes. Aller au-delà de la littéralité, ce n'est pas trahir l'auteur, c'est mieux le servir, car traduire suppose de faire passer dans une autre langue des potentialités d'écriture et de réinterpréter, parfois avec audace, des séquences auxquelles on veut donner une liberté et une intensité spéciales.

Seule une attitude mimétique est en mesure de restituer la musicalité de l'écriture mannienne, ses consonances et ses harmoniques, son phrasé novateur, n'excluant pas la dissonance. Rendre justice aux innovations stylistiques, pour le couple de langues allemand-français, est une entreprise ardue, opérant une restitution qui ne peut être totale. On sait un peu mieux, au fil du temps, être à l'écoute de l'étrangeté, ne pas trop normaliser les différences culturelles et les écarts langagiers[19] ; l'idée illusoire de la traduction parachevée devrait céder la place à celle d'exercices successifs, sous-tendus par des exigences élevées, rectifiant le tir à la fois par rapport aux précurseurs et aux attentes de l'époque, pour que l'exactitude ne supplante pas la visée esthétique. Traduire implique aussi de jouer, de contrefaire, d'imiter à tel point qu'on produit un simulacre, un faux-semblant donnant une impression d'authenticité : tout le bonheur est dans cette construction d'un artifice qui, par ses tours de passe-passe, rejoint l'imposture de l'écriture – Thomas Mann lui-même ne se voyait-il pas comme un grand illusionniste ? Loin d'être une simple réécriture, la nouvelle traduction de ce roman initiatique s'efforce d'atteindre l'essence de sa vision du monde, au cœur même de son verbe, pour révéler ses arcanes et redonner vie à sa magie.

Claire DE OLIVEIRA
Université Paris-Sorbonne
France

19 Jean-René Ladmiral, *Traduire : théorèmes pour la traduction*, Paris, Payot, 1979. Réédition augmentée d'une préface, Paris, Gallimard, coll. « Tel », nº 246, 2002.

SAINT-JOHN PERSE EN DIALOGUE AVEC SES TRADUCTEURS

Pour une poétique du processus traductif

L'œuvre hermétique et inclassable de Saint-John Perse (1887-1975), poète, diplomate et lauréat du prix Nobel en 1960, a toujours exercé sur ses pairs une véritable fascination. T. S. Eliot, Denis Devlin, Giuseppe Ungaretti et Rainer Maria Rilke se sont ainsi inspirés de l'éclatante nouveauté de ses poèmes et de leur univers imaginaire, et ont transposé l'œuvre persienne dans leur langue maternelle – expérience qu'ont partagée des traducteurs éminents tels que Walter Benjamin et Hugh Chisholm. Ainsi Benjamin est-il, avec Eliot et Ungaretti, l'un des premiers traducteurs allemands du poème *Anabase* (1924) de Saint-John Perse. De même, comme en témoigne la théorie de la traduction qui tient lieu de préface à ses traductions des *Tableaux parisiens* de Baudelaire, Benjamin se consacre avec talent aux grandes questions traductologiques, puisqu'il nous livre une définition de la fameuse « tâche du traducteur » :

> *Jene reine Sprache, die in fremde gebannt ist, in der eigenen zu erlösen, die im Werk gefangene in der Umdichtung zu befreien, ist die Aufgabe des Übersetzers*[1].
>
> « Libérer dans sa propre langue ce pur langage exilé dans la langue étrangère, libérer, grâce à la transposition[2], ce pur langage emprisonné dans l'œuvre, telle est la tâche du traducteur[3] ».

Par son aspiration à recréer un « langage pur », la traduction, selon Benjamin, participe d'une transcendance. Liant la génétique à la philosophie, cette conception idéale du « pur langage » et de l'acte traductif dans son ensemble investit d'une vocation métaphysique le travail de transposition linguistique.

1 Walter Benjamin, *Gesammelte Werke* I, Francfort, Zweitausendeins, 2011, p. 391.
2 Ou plutôt « transpoétisation », pour *Umdichtung*.
3 Pour tous les passages en anglais ou en allemand cités dans cette étude, c'est nous qui traduisons.

Celle-ci s'accompagne à l'évidence d'une dimension réflexive : c'est en réfléchissant au processus de traduction que le traducteur devient critique de son propre travail et, par la vertu souvent exemplaire de son témoignage, théoricien de l'art traductif en général. Le témoignage du traducteur peut donc se définir comme un discours consacré aux questions de la traduction, que ce soit dans une perspective linguistique, stylistique, génétique, ou culturelle.

Un tel témoignage incarne souvent, en dehors de la traditionnelle *captatio benevolentiae*, un passage conventionnel où se noue un pacte de lecture entre le traducteur et son lecteur. Voici ce qu'écrit le poète T. S. Eliot dans la préface de sa traduction anglaise (1930) du poème *Anabase* de Saint-John Perse :

> *I am by no means convinced that a poem like* Anabase *requires a preface at all. It is better to read such a poem six times, and dispense with a preface. But when a poem is presented in the form of a translation, people who have never heard of it are naturally inclined to demand some testimonial. So I give mine hereunder*[4].
>
> « Je ne suis nullement convaincu qu'un poème comme *Anabase* ait besoin d'une préface. Il vaut mieux le lire six fois et se passer de préface. Mais lorsqu'un poème est présenté sous forme de traduction, ceux qui n'en ont jamais entendu parler sont naturellement enclins à demander un témoignage. Voici le mien. »

La nature même de l'acte traductif et l'étrangéité qu'il produit dans le texte d'arrivée semble requérir ce témoignage, dont la valeur exégétique est également motivée par l'obscurité énigmatique de l'œuvre à traduire. De fait, dans le cas de Saint-John Perse, rares sont les traducteurs qui relèvent le défi de transposer une œuvre qualifiée d'intraduisible par essence. Aussi l'auteur est-il le premier à affirmer, non sans quelque fierté, le caractère intraduisible de son œuvre, indiquant par là même les principales caractéristiques de sa poétique :

> Je ne sais d'ailleurs si une telle œuvre peut être publiée aux États-Unis en français. Et elle serait intraduisible : non pas tant intellectuellement, dans ses abstractions, ses ellipses et ses ambiguïtés voulues, que physiquement, dans ses allitérations, ses assonances et ses incantations (astreintes parfois au rythme de la vague) – littéralement aussi, dans les ressources étymologiques de certains de ses mots, les plus immatériels et les plus simples[5].

---

4 T. S. Eliot, « Preface », *Anabasis*, Londres, Faber and Faber, 1930, p. 7.

5 Saint-John Perse, Lettre à Archibald MacLeish, 9 septembre 1941, 1972, p. 548.

Il n'est donc pas étonnant que les témoignages des traducteurs de l'œuvre persienne, qui serviront de *corpus* à cette étude, soulèvent précisément ces richesses de la poétique persienne qui se convertissent en obstacles pour toute transposition : l'obscurité et l'ambiguïté des images, mais aussi la densité et la musicalité du verset, difficiles à recréer dans la langue d'accueil. En effet, le poète de langue allemande Hugo von Hofmannsthal, après avoir refusé de traduire *Anabase*, affirme dans sa préface à ce poème : « Je parle de l'original de M. Saint-John Perse, et non pas de la traduction. Une œuvre de ce genre est à peu près intraduisible[6]. »

On se propose d'analyser ici les discours des poètes-traducteurs T. S. Eliot, Denis Devlin, Giuseppe Ungaretti, R. M. Rilke et Walter Benjamin, dans le cadre de leur dialogue avec « l'œuvre intraduisible » de Saint-John Perse. Leurs témoignages, auxquels se joignent ceux du poète Saint-John Perse lui-même, qui collabora à toutes les traductions en langue anglaise de son œuvre[7], dévoilent une réflexion sur le parcours du traducteur, sur les obstacles qu'il doit surmonter, sur les richesses qu'il lui revient de récolter dans le texte étranger pour les reproduire dans une création nouvelle, translingue. Leurs réflexions critiques, évoquant les différentes problématiques que soulève la traduction d'un poème de Saint-John Perse, sont en effet nourries de trois constantes, structurant notre étude : l'aspect *génétique* (évocation des différentes étapes du processus de traduction), l'aspect *poétique* (identification des principaux éléments de forme-sens résistant à la traduction), et enfin l'aspect *éthique* (perception du traducteur comme auteur négociant le conflit entre les principes de littéralité et de littérarité dans son œuvre de traduction).

6 Hugo von Hofmannsthal, « Préface pour une édition allemande d'Anabase », Honneur à Saint-John Perse, Paris, Gallimard, 1965, p. 424-425.

7 En ce qui concerne ce phénomène de co-traduction, voir Levillain, 1987, et Hartmann, 2007.

ANALYSE DU PROCESSUS TRADUCTIF
Considérations génétiques

Selon les témoignages des traducteurs de l'œuvre persienne, le processus de traduction comprend deux étapes principales : le déchiffrement philologique et la transposition créatrice. Ainsi, en parlant du travail de Hugh Chisholm, traducteur attitré de son poème *Vents* (1945), Saint-John Perse, qui a fortement collaboré à cette traduction[8], évoque précisément ces deux étapes génétiques. Un premier déchiffrement du sens littéral, qui conviendrait au travail philologique, précède une seconde étape d'adaptation littéraire, de récréation de l'effet littéraire dans la langue d'arrivée, que Chisholm appelle le véritable travail artistique. Or, comme Saint-John Perse semble le déplorer, le traducteur de *Vents* s'était arrêté au bout de la première étape. Voici ce que l'auteur écrit à John Barrett, son interlocuteur auprès des éditions Bollingen où paraîtra le recueil *Winds* :

> J'ignore aussi bien l'état actuel du travail de Chisholm. Je l'ai aidé de mon mieux, laborieusement et la plume à la main pour les deux premières révisions et il convenait lui-même qu'elles ne portaient encore que sur le sens littéral et il devait, après son travail réel d'adaptation littéraire qu'il appelait son travail artistique, me soumettre lui-même son texte mis au point[9].

Qui plus est, cette définition des différentes phases du processus traductif va de pair avec l'affirmation d'une collaboration entre auteur et traducteur. Ainsi, dans son témoignage intitulé « Saint-John Perse à Washington », le poète irlandais Denis Devlin, traducteur du cycle poétique *Exil* (1942), raconte-t-il le déroulement d'une séance de travail avec Saint-John Perse. Il décrit, avant tout, le travail commun du déchiffrement du texte, première étape du processus de traduction :

8 Pour une analyse détaillée de cette collaboration lors de la genèse de Winds, voir Hartmann, 2009, p. 233-299.

9 Lettre de Saint-John Perse à John Barrett, mai 1951, archives de la Fondation Bollingen, Library of Congress, Manuscript Division, Washington D. C.

> Les significations étaient explorées et expliquées presque uniquement par la grammaire et la linguistique ; la matière même de la poésie était alors le langage[10].

Le début de cette entreprise commune de traduction consiste en une étude purement philologique du texte, explorant la matière linguistique comme on explorerait un paysage géographique. Ce cheminement herméneutique dans les dédales langagiers du texte de départ correspondrait – métaphoriquement – à une traversée du désert textuel, à la conquête à la fois spatiale et intellectuelle d'un monde de signes linguistiques, où se dessine, lentement, une anabase du sens, telle qu'elle est évoquée par le poème *Anabase* de Saint-John Perse. Et Devlin poursuit :

> Le poète, maître et gardien du langage [...] voilà la figure que Perse incarnait, lorsque, pareil au prêtre d'une secte ancienne, hiératique et secrète, il officiait avec des mots une nouvelle fois nés (*ibid.*, p. 71).

Cette magnifique description du poète ne peut-elle s'appliquer aussi au traducteur, et peut-être surtout au poète-traducteur ? L'allégorie du prêtre officiant avec les mots, la renaissance, voire la transfiguration des mots dans une création nouvelle : la métaphore filée employée par Devlin transforme l'art de la traduction en un art sacré. Cet art appelle une transcendance – celle du texte à naître, mais aussi celle du pouvoir poétique, démiurgique, que le traducteur-prêtre invoque grâce à sa « magie suggestive », comme dirait Baudelaire.

Cette conception sacrée de l'art de la traduction, exposée par Devlin et par Benjamin, élève cette activité de transposition créatrice au même niveau que la création poétique initiale. De fait, dans la poésie de Saint-John Perse, la figure du poète est dotée d'un don prophétique, qui lui confère le pouvoir d'interpréter le langage divin, « version » venant d'ailleurs. Le poète devient ainsi traducteur par nature, et « bilingue » par excellence, comme le dit un verset du poème *Vents* de Saint-John Perse :

> Ô poète, ô bilingue [...] homme assailli du dieu ! Homme parlant dans l'équivoque !

10 Denis Devlin, « Saint-John Perse à Washington », Honneur à Saint-John Perse, Paris, Gallimard, 1965, p. 70-71.

> Et vous pouvez me dire : Où avez-vous pris cela ? – Textes reçus en langage clair ! versions données sur deux versants[11] !

Interpréter le langage des dieux pour le traduire dans la langue des hommes, telle semble être la tâche de « transpoétisation » (*Umdichtung* selon W. Benjamin) du poète : le poème ne serait alors qu'une version d'un texte venu d'ailleurs. Or, si le poète est traducteur, le traducteur est aussi poète. C'est pourquoi Marcel Proust affirme, tout en épousant cette dialectique : « Le devoir et la tâche d'un écrivain sont ceux d'un traducteur[12]. »

TRANSPOSER UNE FORME-SENS
Considérations poétiques

Avant de pouvoir transposer, il faut comprendre. L'une des principales difficultés à laquelle se heurtent les traducteurs de l'œuvre persienne réside dans l'obscurité apparente des versets, dédale envoûtant, sibyllin et énigmatique, où les images s'enchaînent sans logique apparente. Dans la préface de sa traduction d'*Anabase*, T. S. Eliot évoque précisément cette difficulté :

> *Any obscurity of the poem, on first readings, is due to the suppression of "links in the chain", of explanatory and connecting matter, and not to incoherence, or to the love of cryptogram* (Eliot, 1930, p. 8).
>
> « Certaines obscurités du poème, aux premières lectures, sont dues seulement à la suppression de "maillons de la chaîne", à l'absence d'explications ou de liaisons, et non à de l'incohérence ou à un goût pour la cryptographie. »

Cet enchaînement paratactique, asyndétique et elliptique des images, dû à la suppression des « maillons de la chaîne » destinés à expliciter leur relation sémantique, est néanmoins régi par une logique interne, secrète, que le traducteur se doit de deviner :

---

11 Saint-John Perse, *Vents*, II, 6, 1972, p. 213.

12 Marcel Proust, *Le Temps retrouvé*, Paris, Gallimard, 1957, p. 895.

> *Such a selection of a sequence of images and ideas has nothing chaotic about it. There is a logic of the imagination as well as a logic of concepts* (*ibid.*).
>
> « Le choix de telles suites d'images et d'idées n'a rien d'incohérent. Il y a une logique de l'imagination comme il y a une logique des concepts. »

Pour qualifier cette logique secrète de l'imagination présidant à l'enchaînement des images, Walter Benjamin emploie une métaphore intéressante : selon lui, le texte poétique ressemblerait aux « éclats d'un récipient » brisé, qu'il s'agit de recomposer en tant que fragments d'une langue supérieure :

> *Treue in der Übersetzung des einzelnen Wortes kann fast nie den Sinn voll wiedergeben, den es im Original hat. [...] Wie nämlich Scherben eines Gefäßes, um sich zusammenfügen zu lassen, in den kleinsten Einzelheiten einander zu folgen, doch nicht so zu gleichen haben, so muss, anstatt dem Sinn des Originals sich ähnlich zu machen, die Übersetzung liebend vielmehr und bis ins Einzelne hinein dessen Art des Meinens in der eigenen Sprache sich anbilden, um so beide wie Scherben als Bruchstück eines Gefäßes, als Bruchstück einer größeren Sprache erkennbar zu machen* (Benjamin, 2011, p. 390).
>
> « La fidélité dans la traduction de chaque mot ne saurait presque jamais reproduire le sens qu'il possède dans l'original. [...] De même que les éclats d'un récipient, qui, pour se combiner, doivent se suivre dans les plus petits détails, sans cependant devoir se ressembler, de même la traduction doit plutôt adopter, jusque dans le détail, cette façon de signifier dans sa propre langue, afin de représenter les éclats des deux langues en tant que morceaux d'un seul récipient, en tant que fragments d'une langue supérieure. »

Mais comment saisir cette logique interne, comment trouver ce maillon manquant, comment restaurer les éclats d'un récipient brisé ? Voici la solution que propose T. S. Eliot :

> *The reader has to allow the images to fall into his memory successively without questioning the reasonableness of each at the moment ; so that, at the end, a total effect is produced* (*op. cit.*, p. 8).
>
> « Le lecteur doit laisser les images tomber, les unes après les autres, dans sa mémoire, sans mettre en doute leur pertinence en chaque instant particulier, si bien qu'à la fin l'effet d'ensemble se produit. »

Une traduction réussie doit donc reproduire cet « effet d'ensemble », recomposer cette « langue supérieure » dont parle Benjamin, cette langue nouvelle s'épanouissant dans un poème nouveau qu'est la traduction.

Or, la saisie de cette logique des images qu'il s'agit de transposer dans son ensemble dans la langue d'arrivée ne va pas de soi, mais représente le fruit d'une longue quête herméneutique :

> *I was not convinced of Mr. Perse's imaginative order until I had read the poem five or six times* (*ibid.*).
>
> « C'est seulement après avoir lu le poème cinq ou six fois que j'ai pu me convaincre de l'ordre qui règne dans le déploiement d'images de M. Perse. »

Dans une lettre inédite à Marguerite Caetani, T. S. Eliot avoue les difficultés qu'il rencontre pour mettre au jour cet ordre secret :

> *I confess that this is more difficult than I thought initially. The idea (and there decidedly is one) is conveyed by a cumulative succession of images and one cannot simply translate the images, one must find equivalents that cannot be done bit by bit, but by finding an English key to the combination*[13].
>
> « J'avoue que cela est plus difficile que je le pensais initialement. L'idée (et il en existe décidément une) est portée par une accumulation d'images successives et l'on ne peut se contenter de traduire ces images ; il s'agit de trouver des équivalences, qui ne peuvent pas être créées une par une, mais en trouvant une clé anglaise pour cette combinaison. »

Trouver la clé magique permettant de transposer l'ordre logique des images et l'idée que produit cet ordre dans la langue étrangère : là réside, selon T. S. Eliot, tout l'art du traducteur. Dans son témoignage intitulé « Histoire d'une traduction », le poète Giuseppe Ungaretti, traducteur de l'*Anabase* en italien, parle lui aussi de cette « clé » herméneutique, dont le traducteur doit s'emparer pour pouvoir transposer les images persiennes dans sa langue. Selon une conception presque théologique, cette clé ouvrirait l'accès à un « mystère » :

> Perse, dans sa lettre à Archibald MacLeish [...] nous parle d'une représentation d'*Esther* dans un îlot de la Polynésie, à laquelle il lui advint d'assister. Quelques fillettes Tonga, qui ne comprenaient pas un mot de français, avaient appris par cœur le texte difficile (en une semaine de patientes répétitions que leur faisait faire une très vieille religieuse française) comme un texte sacré. Jamais Racine ne sembla à Perse moins trahi, jamais mieux compris le miracle d'une langue « dont le pouvoir magique est souvent méconnu au bénéfice de son seul génie analytique ». Est-ce là qu'il faudrait rechercher la

13 T. S. Eliot, Lettre à Marguerite Caetani-Bassiano, octobre 1926, Archive Caetani, Rome.

> clef de la poésie de Perse ? [...] « Mystère » est peut-être le mot qui convient le mieux à la poésie[14].

Dans sa dimension métaphorique, le processus de traduction correspond donc, à l'instar de l'aventure d'*Anabase* unissant conquête territoriale et quête initiatique, à un cheminement mystique, au cours duquel il s'agit de trouver la clé magique pour percer le mystère des images à traduire. Or, si cette quête initiatique menant à la « transpoétisation » benjaminienne séduit aussi Rainer Maria Rilke, celui-ci ne saurait « bien servir que [ses] propres dieux ». Ainsi refuse-t-il, tout comme son confrère Hugo von Hofmannsthal, de traduire cet « empire » d'images persiennes, trop éloignées de son propre univers imaginaire :

> Si l'occupation avec ces pages m'a permis de me rapprocher davantage des beautés d'*Anabase*, elle m'a aussi, hélas, convaincu que je ne pourrai jamais, au grand jamais, penser à prêter mon secours à pareille entreprise. Ma langue, certes, pourrait marcher de concert pendant quelques lignes avec un texte de St. J. Perse, mais elle est tellement d'une autre race, qu'au point où elle se sépare de ce texte, elle ne se contente pas de le suivre parallèlement : d'emblée elle s'en écarte... [...] La suite de ces images me dicte une obéissance, sans me faire la moindre confidence [...]. C'est un magnifique empire, mais je ne saurais pas jeter la conquête de son image dans la profondeur transparente d'une autre langue. Si je vénère bien d'autres, je ne saurais cependant bien servir que mes propres Dieux[15]...

La difficulté, voire l'impossibilité de traduire les images persiennes procède, chez un Rilke conscient de son incapacité à servir des « dieux étrangers », d'un choix que l'on pourrait qualifier d'éthique – la langue allemande, d'une « autre race », ne saurait suivre cette logique secrète régissant les enchaînements des images persiennes que T. S. Eliot tente de saisir : elle s'en écarterait intrinsèquement. La « profondeur transparente d'une autre langue », que Rilke considère comme le résultat d'une traduction réussie, ne pourra, par conséquent, accueillir la « conquête de l'image » persienne, que T. S. Eliot espère réaliser grâce à l'invention à la

14 Giuseppe Ungaretti, « Histoire d'une traduction », Honneur à Saint-John Perse, Paris, Gallimard, 1965, p. 68-69.

15 Rainer Maria Rilke, Lettre à Marguerite Caetani-Bassiano (en français), 24 juin 1926, Archive Caetani, Rome. Voir aussi Klaus E. Bohnenkamp et Sophie Levie (éd.), Marguerite Caetani, *Briefwechsel mit deutschsprachigen Autoren*, Fondazione Camillo Caetani, Rome, Edizioni di storia e letteratura, 2012, p. 72.

fois intuitive et créatrice d'une « clé » de transposition[16]. Cette transposition, selon Benjamin, signifie aussi « libération », « transpoétisation » et recomposition des « éclats » de l'œuvre sur la rive étrangère.

L'ÉTHOS DU POÈTE-TRADUCTEUR
Entre fidélité et liberté poétique

Pour les poètes-traducteurs affrontant l'œuvre de Saint-John Perse, la traduction se transforme alors en une éclatante épiphanie, une recréation fulgurante, une nouvelle « présence proche et précise, qui s'abat sur nous, démesurée, et ne nous laisse même pas libres de nous écarter ou de nous effacer devant un tel cri » (Ungaretti, *op. cit.*, p. 70). Par conséquent, l'expérience de traduction comme création à part entière modifie le statut du traducteur, qui se saisit du don poétique de *voyance* (au sens rimbaldien) et se fait poète, tout comme le poète, dans le poème *Vents* de Saint-John Perse, devient bilingue et traducteur à son tour.

La préface de T. S. Eliot présentant sa traduction d'*Anabase* explicite ce double statut de traducteur et de poète : en traduisant *Anabase*, qui ne cesse de faire écho à son propre poème *The Waste Land*, T. S. Eliot s'affirme avant tout en tant que poète, avant d'assumer son rôle de traducteur. Une telle conception auctoriale de la tâche du traducteur entraîne, dans le poème « racheté » (W. Benjamin) dans la langue d'arrivée, un rapport dialectique entre deux principes traditionnellement opposés : la littéralité (qu'on appelle aussi la fidélité) et la littérarité (désignant la poéticité de la traduction, où se manifeste non pas le savoir-faire du traducteur, mais le génie, le style, la plume du poète). Ainsi T. S. Eliot revendique-t-il une véritable « licence poétique » :

> *As for the translation, it would not be even so satisfactory as it is, if the author had not collaborated with me to such an extent as to be half-translator. What inaccuracies remain are due to my own wilfulness, and not to my ignorance, which the author has corrected; and not to the author's ignorance, for he has, I can testify, a sensitive and intimate knowledge of the English language, as well as a mastery of his own* (*op. cit.*, p. 10-11).

16 À ce sujet, voir aussi Hartmann, 2018.

> « Quant à la traduction, elle n'aurait été aussi réussie, si l'auteur n'avait pas collaboré avec moi jusqu'à devenir un semi-traducteur. Les écarts qui restent sont le fruit de mon intention, et non celui de mon ignorance, à laquelle l'auteur a remédié ; ils ne sont pas dus non plus à l'ignorance de l'auteur, puisqu'il possède, comme je puis en témoigner, une connaissance sensible et intime de la langue anglaise, autant qu'il maîtrise sa propre langue. »

Ce passage de la préface d'Eliot illustre à merveille l'*ethos* du poète-traducteur. Les « *inaccuracies* » de traduction auxquelles T. S. Eliot fait ici allusion, et que nous avons traduites non pas par *inexactitudes* ou *incorrections*, mais par *écarts*, désignent de fait cet écart poétique, cette licence poétique dont jouit le poète-traducteur en s'appropriant l'œuvre d'autrui pour en faire son propre poème. Témoignant de la qualité artistique de la traduction, cet écart est revendiqué au nom de la liberté poétique, comme « *wilfulness* » ou *intention* auctoriale, garantie par la maîtrise linguistique du co-traducteur Saint-John Perse. *L'écart poétique* produisant la poéticité de la traduction, sa littérarité, est également invoqué ici au détriment de la littéralité, de la fidélité au texte source, qui, selon les poètes Saint-John Perse et T. S. Eliot, est l'apanage des seuls « traducteurs professionnels », dépourvus de tout don poétique et prophétique. Dans une lettre à T. S. Eliot du 8 février 1949, Saint-John Perse fait allégeance au pouvoir poétique dont se trouve investi tout véritable poète-traducteur : « Je sais trop tout ce que l'on doit au miracle de la recréation poétique, lorsqu'un Poète et un écrivain de votre rang, de votre race, veut bien y prêter de son filtre artistique. (Faudrait-il écrire "philtre"[17] ?) »

Ainsi T. S. Eliot invoque-t-il des raisons éminemment poétiques pour justifier les libertés prises dans sa traduction en vertu d'une telle « recréation poétique » :

> Les seules différences importantes sont aux endroits où j'ai délibérément falsifié la traduction afin de créer un effet de fraîcheur et de faire en sorte que le lecteur oublie momentanément qu'il lit une traduction[18].

Saint-John Perse, de son côté, semble tolérer l'infidélité, voire la « falsification », afin d'atteindre un idéal de « fraîcheur » et de « vivacité ».

17 Saint-John Perse, *Lettres atlantiques*, Paris, Gallimard, 2006, p. 103.

18 Lettre de T. S. Eliot à Marguerite Caetani du 17 mars 1929, Saint-John Perse, 2006, p. 35.

Aussi, tout en excusant son ingérence d'auteur dans cette entreprise de traduction, Saint-John Perse écrit-il à T. S. Eliot :

> Une lettre de notre excellente amie, la Princesse Caetani, me fait part de vos intentions au sujet de la révision de votre manuscrit. Je veux que vous sachiez de moi-même que vous n'avez pas à me renvoyer votre traduction révisée, ni même à vous astreindre en rien à mes indications. Je vous devais, avant tout, de vous faire savoir exactement, et en faisant abstraction de tout souci littéraire, ce que j'avais voulu dire. Ceci fait, sous réserve de quelques contre-sens à éviter, vous demeurez entièrement libre d'en prendre tout à votre aise avec les nécessités de transposition que comporte forcément toute traduction vivante – véritable recréation dès qu'il s'agit d'y sauvegarder les mystères essentiels de l'incantation, c'est-à-dire à la fois ceux de la suggestion verbale et de la suggestion intellectuelle. Je vous demande même instamment, quels que puissent être vos scrupules envers moi, de ne jamais perdre de vue cette obligation de liberté que je vous fais sincèrement. Quand on s'honore comme je le fais d'être traduit par un poète comme vous, c'est bien le moins qu'on veuille bénéficier de toute sa spontanéité[19].

Tout en accordant la plus grande liberté à son aîné, Saint-John Perse esquisse ici une idéologie de la traduction, conçue, comme l'illustre bien son adaptation créatrice de *The Hollow Men*, comme une véritable recréation, une *poiesis*. Aussi le succès de la traduction éliotienne, certainement dû à ces qualités éminemment poétiques, ne cesse-t-il de renouveler l'admiration profonde de Saint-John Perse, qui écrit en 1948, à l'occasion d'une quatrième édition : « J'ai relu, une nouvelle fois, votre traduction d'*Anabase*. J'en sors avec une admiration encore accrue pour tout ce qui s'exerce là de maîtrise, d'intuition et de tact, dans le travail de l'écrivain comme dans la re-création du poète. Et je mesure encore mieux tout ce que je vous dois de reconnaissance[20]. »

Or, selon une dialectique secrète, mais d'autant plus puissante, la revendication de la littérarité par Eliot fera humblement place, dans la note à l'édition révisée de 1949, à un retour à la littéralité. Peut-être les « *inaccuracies* » de sa première version étaient-elles davantage des *inexactitudes* que des *écarts poétiques* ? T. S. Eliot commente ainsi rétrospectivement, en parlant de lui-même à la troisième personne :

> *When this translation was made, Saint-John Perse was little known outside of France. The translator, perhaps for the reason that he was introducing the poem to the*

19 Lettre de Saint-John Perse à T. S. Eliot, datée du 24 août 1929, *ibid.*, p. 38-39.
20 Lettre de Saint-John Perse à T. S. Eliot, datée du 20 février 1958, *ibid.*, p. 187.

> *English-speaking public, was then concerned, here and there, less with rendering the exact sense of a phrase, than with coining some phrase in English which might have equivalent value; he may even have taken liberties in the interest of originality, and sometimes interposed his own idiom between author and reader*[21].
>
> « Quand cette traduction fut entreprise, Saint-John Perse était peu connu hors de France. Le traducteur, peut-être parce qu'il présentait pour la première fois le poème au public anglophone, se proposait alors, ici et là, moins de rendre le sens exact d'une phrase que de sculpter une expression en anglais qui pût avoir une valeur équivalente ; peut-être a-t-il même pris des libertés en faveur de l'originalité, et interposé parfois son propre idiome entre l'auteur et le lecteur. »

Comme si le poète regrettait ses anciens péchés, il confesse ici l'*hybris* du traducteur : la recherche de l'originalité poétique au détriment de la fidélité, l'affirmation de sa propre parole poétique, qui finit par se transformer en obstacle entre le lecteur et le texte traduit. L'évolution de l'obstacle vers la transparence serait alors la nouvelle exigence éthique que s'imposerait le traducteur lors de ses révisions[22].

Or, si l'on en croit ce qu'écrit T. S. Eliot de sa motivation et de son parcours de traducteur, les écarts commis étaient motivés par la différence culturelle que le traducteur-médiateur devait transcender, pour introduire l'œuvre de Saint-John Perse à un public anglophone. L'exigence d'acclimatation culturelle, à laquelle T. S. Eliot tentait de répondre en cherchant une « équivalence » dans la langue d'accueil, primait alors sur la restitution du sens exact. Cependant, lors de l'édition révisée de 1949, T. S. Eliot, désormais reconverti en traducteur fidèle, choisit de revenir à une plus grande exactitude dans la restitution du lexique persien, non sans y avoir été contraint par Saint-John Perse lui-même, qui a révisé une nouvelle fois sa traduction, en lui suggérant de nouvelles modifications[23]. Ainsi T. S. Eliot écrit-il :

---

21 T. S. Eliot, « Note to revised edition », *Anabasis*, New York, Harcourt, Brace and Company, 1949, p. 13.

22 En effet, T. S. Eliot continuera à réviser sa traduction d'*Anabase* pour les éditions ultérieures de 1938 (New York, Harcourt, Brace and Company), 1949 (New York, Harcourt, Brace and Company) et 1959 (Londres, Faber and Faber), assurant ainsi la renommée littéraire de Saint-John Perse dans le monde anglophone. Le poète français le constate lui-même, en 1958, dans une lettre adressée à T. S. Eliot à propos de la troisième réédition de son poème : « L'autorité de votre nom continuera de favoriser la course de ce petit livre. Ce qu'il évoque entre nous de fraternel m'émeut par-dessus tout » (Saint-John Perse, 2006, p. 211).

23 « Pour la commodité de votre travail, dont je voudrais vous grever le moins possible, je vous envoie mon exemplaire d'*Anabase* (édition américaine de 1938), avec vingt fiches

> *But at this stage it was felt that a greater fidelity to the exact meaning, a more literal translation, was what was needed. I have corrected not only my own licences, but several positive errors and mistakes. In this revision I have depended heavily upon the recommendations of the author, whose increasing mastery of English has enabled him to detect faults previously unobserved* (Eliot, 1949, p. 13).

> « Or, à ce stade, une plus grande fidélité au sens exact, une traduction plus littérale nous ont paru nécessaires. J'ai non seulement corrigé mes propres licences, mais aussi plusieurs erreurs véritables. Lors de cette révision, j'ai largement fait appel aux conseils de l'auteur, qui, grâce à sa maîtrise croissante de l'anglais, a repéré des fautes jusqu'alors inaperçues. »

Grandeur et humilité du poète-traducteur – c'est finalement grâce à ce cheminement dialectique entre « licences » poétiques et « erreurs » de traduction que les deux poètes, T. S. Eliot et Saint-John Perse, dans leur quête commune de la « meilleure » traduction[24], parviennent à libérer le texte poétique et son « pur langage » (W. Benjamin) en le restituant dans une autre langue – même si l'œuvre, dans sa version originale et traduite, garde toujours une part d'étrangeté et de transcendance.

Rapportant les points clés de ces discussions à la fois fructueuses et exaspérantes entre auteur et traducteur, Denis Devlin évoque lui aussi ce cheminement dialectique où transparaît cet *ethos* du traduire :

> Ces exigences sur la pureté des vocables, tout comme l'importance attachée au rythme, faisaient le charme de notre discussion : Perse, poète, convaincu de l'impossibilité de transposer l'œuvre dans son intégrité – ce qui est en effet, impossible – réduisait souvent son traducteur au plus comique désespoir (Devlin, 1965, p. 72).

La nouvelle forme, mais aussi la nouvelle langue que le traducteur cherche à trouver dans sa traduction, qui, plus qu'une transcription fidèle, doit être une véritable « restitution créatrice », cette langue de la traduction est, selon Devlin, une langue vivante et toujours en devenir, une « langue semblable à une œuvre en création, et cependant à chaque

intercalées. Un simple coup d'œil de votre part aura vite raison de la mise au point. Et elle en vaut la peine, car votre texte ici est devenu un "classique", soumis à toutes les exégèses habituelles des milieux universitaires américains. [...] Il est donc bien que l'autorité de votre nom ne couvre aucune faille, même pour une simple traduction – dans un pays où l'on s'attache plus à la lettre qu'à l'esprit. » (Lettre de Saint-John Perse à T. S. Eliot, Washington, 8 février 1949, Saint-John Perse, 2006, p. 103-104.)

24 À ce sujet, voir Hartmann, 2018.

pas achevée et lumineuse, qui semble échapper au temps, et cependant se crée à mesure dans le temps » (*ibid.*).

C'est grâce à cette genèse sans fin du transfert linguistique que le poème original réussit à s'embarquer pour un voyage vers l'autre rive d'une langue nouvelle. Et c'est ainsi que Devlin exprime ce voyage, qui devient une véritable transfiguration : « Le mot saisi diminuait et prenait place dans une tapisserie nouvelle, qui était immense, grave et soulevée d'un souffle venu de la nuit des âges immémoriaux. » (*Ibid.*) Ou, comme le dit encore Giuseppe Ungaretti, traducteur italien du poème *Anabase*, « par [la traduction], le mot devient apte à passer sans répit, de l'infini détour de ce labyrinthe qu'est la mémoire, au détachement des songes » (Ungaretti, 1965, p. 71).

Esa HARTMANN
Université de Strasbourg
France

LE TRADUCTEUR PHAGOCYTE

Appropriations du poème étranger

> Le poète immature imite ; le poète accompli vole ; le mauvais poète défigure ce qu'il a dérobé, quand le bon poète en fait quelque chose de mieux, ou tout au moins de différent[1].
> T. S. Eliot.

Servi par sa mémoire littéraire, alerté par quelque vacillement stylistique ou simplement avisé par une note de l'éditeur, le lecteur de poésie est parfois confronté à une pratique singulière, quoique fort ancienne : certains vers, et même certains poèmes, sont des traductions qui ne disent pas leur nom. L'escamotage du texte source ne s'y apparente que rarement à un plagiat et signale plutôt qu'un poème, mettant en œuvre une forme exacerbée d'intertextualité, semble avoir absorbé un autre poème, l'assimilant jusqu'à n'en plus laisser, d'une langue et d'un texte à l'autre, que des traces discrètes ou même imperceptibles. Cela de diverses manières, plus ou moins explicites et repérables, mais avec des enjeux souvent similaires ; au-delà du plaisir que procure au lecteur la détection fortuite ou savante d'une allusion ou d'une greffe invisible, cette pratique furtive permet et consomme la rencontre-fusion de deux langues dans le creuset du poème.

À l'échelle du poème ou du recueil, la mise en contact peut prendre diverses formes, de la plus explicite (« d'après Rimbaud » figurant en sous-titre) à la moins décelable (un vers traduit du tchèque se fond dans la masse d'un poème anglais). Certains recueils comportent un ou plusieurs poèmes traduits d'une langue étrangère ; certains poèmes renferment

1 T. S. Eliot, « Philip Massinger », *Selected Essays*, Londres, Faber and Faber, 1934, p. 206 (notre traduction).

un ou plusieurs vers traduits d'un autre poète; enfin, l'emprunt peut être signalé ou passé sous silence. Les modalités de l'accueil du poème (ou du vers) étranger étant très variables, il ne paraît pas inutile d'en esquisser brièvement une typologie élargie, illustrée d'exemples simplement cités ou analysés en détail, quitte à commencer par des pratiques moins secrètes (et sans doute moins stimulantes) que celles qui nous occuperont dans un deuxième temps.

On songe d'abord à une forme d'appropriation qui, sans dissimuler sa source à proprement parler, fait basculer le poème original dans une *auctoritas* indécise revendiquant une double paternité – tel nom d'auteur en couverture, tel autre sur la page. Sans être courante, cette pratique n'est pas exceptionnelle au XXe siècle : elle consiste pour un poète à publier des traductions de sa main dans une anthologie à son nom. Dans un épais volume, Jacques Roubaud « rassemble un certain nombre de poèmes, qui sont des essais d'approximation de traduction de poésie, disposés selon l'ordre chronologique; [...] tout cela représente une partie d'un journal de compositions-traductions[2] » ; Dante y voisine avec Gertrude Stein, Arnaut Daniel avec Louis Zukofsky, et l'enchaînement chronologique des poèmes produit une œuvre en soi que Roubaud intitule *Traduire, journal*. Yves Bonnefoy a fait paraître sous son nom un choix de *Quarante-cinq poèmes de Yeats* : sur la couverture comme dans le principe de l'ouvrage, le traducteur occupe ici la place d'ordinaire dévolue à l'auteur, dont le nom se trouve absorbé dans le titre de ce « livre de traductions[3] » ; sonnets passant de quatorze à quinze vers, omissions, ajouts : le traducteur se fait ouvertement auteur, il s'*auctorise* – et, partant, s'autorise une plus grande liberté. Selon Ezra Pound, qui dans ses *Translations* regroupe des poètes comme Catulle, Arnaut Daniel ou Guido Cavalcanti, il revient au traducteur de faire saisir à son lecteur « ce que le public ancien pouvait tirer de telle manière de parler ou de penser[4] ». Robert Lowell a publié en 1961 un recueil de traductions poétiques, intitulé *Imitations*, dans lequel il s'efforce de « faire ce qu'auraient fait [ses] auteurs, eussent-ils écrit leurs poèmes aujourd'hui et en Amérique[5] ». De même, sous un titre tout aussi

2 J. Roubaud, *Traduire, journal*, Caen, Nous, 2000, p. 7.
3 Y. Bonnefoy, *Quarante-cinq Poèmes de Yeats*, Paris, Hermann, 1989, p. 7.
4 E. Pound, *Translations*, New York, New Directions, 1954, p. 17.
5 R. Lowell, *Imitations*, New York, Farrar, Straus and Giroux, 1969, p. xi.

explicite, Derek Mahon a composé dans ses *Adaptations* un florilège de ses traductions de Sophocle, de Brecht ou de Nerval ; il y expose un projet fort lowellien puisqu'il admet avoir « pris de nombreuses libertés dans l'espoir que ces poèmes puissent passer pour des poèmes écrits en anglais[6] ». Un second volume a paru en 2011 sous le titre *Raw Materials*, qui laisse à penser que Mahon trouve dans la poésie étrangère, qu'elle soit chinoise, française ou gaélique, une sorte de « matière première ». Tel est bien, semble-t-il, le statut des poèmes traduits chez Bonnefoy, Roubaud, Lowell et Mahon : une matière disponible et malléable, riche en elle-même et plus féconde encore d'être ainsi retravaillée ; car, au-delà des différences prévisibles en ce qui concerne les poètes choisis, les langues traduites et la plus ou moins grande proximité avec l'original, ces quatre poètes-traducteurs ont en commun, avec d'autres, de *faire œuvre* avec l'œuvre étrangère ainsi remaniée, redécoupée, appropriée.

SOURCES SUES

Autre pratique apparentée, à la fois plus fréquente et plus ancienne : le poète « invite » dans son propre recueil un ou plusieurs poèmes allogènes, traduits par ses soins, dont il mentionne ou dissimule la source. Ici les exemples ne manquent pas ; nous en citerons rapidement quelques-uns avant d'examiner plus en détail l'effet que peut produire cette importation officieuse ou revendiquée. Marguerite Yourcenar a traduit à plusieurs reprises un poème orphique qu'elle considérait comme « l'un des plus purs poèmes qu'ait jamais inspirés la mort[7] » ; si l'une de ces versions figure, sans surprise, dans l'anthologie de poésies grecques *La Couronne et la Lyre* (1979), une autre a été publiée sous le titre « Vers orphiques », dans *Les Charités d'Alcippe* aux côtés de ses propres poèmes[8]. Ezra Pound insère dans son recueil *Personæ* des traductions de Du Bellay et de Charles d'Orléans, parmi quelques autres[9]. Charles

6 D. Mahon, *Adaptations*, Dublin, The Gallery Press, 2006, p. iii.
7 M. Yourcenar, *Essais et Mémoires*, Paris, Gallimard, 1991, p. 526.
8 M. Yourcenar, *Les Charités d'Alcippe*, Paris, Gallimard, 1956, p. 17.
9 E. Pound, *Personæ*, New York, New Directions, 1926, p. 40 et 111.

Tomlinson inclut dans ses *Selected Poems*, sans solution de continuité, ses traductions d'Antonio Machado et de César Vallejo[10]. Les *Complete Poems* d'Elizabeth Bishop comportent, dans une section à part cette fois, de nombreuses traductions de l'espagnol (Octavio Paz), du français (Max Jacob) et surtout du portugais[11]. Les *Collected Poems* de Derek Mahon contiennent plusieurs poèmes traduits du français et de l'italien, qui du reste se retrouvent parfois dans ses *Adaptations*. Jorge Guillén traduit en espagnol des poèmes de Claude Esteban (son traducteur français) qu'il insère dans son dernier recueil de poèmes, *Final* (1982). La place manque pour observer ici, de manière systématique, l'effet poétique produit par l'importation d'un poème étranger ; trois exemples, deux tirés de Geoffrey Hill et un autre de Seamus Heaney, devraient suffire à donner une idée des vertus poétiques que recèle cette pratique complexe.

La poésie de Geoffrey Hill est truffée de traductions secrètes, dont la source est parfois indirectement signalée par la présence du nom de l'auteur dans le titre ou dans la dédicace. Hill se montre, à chaque fois, passionnément attentif à la métamorphose des sons et des sens préservés ou perdus au cours de l'échange. Ses « Two Choral Preludes » sont une adaptation de deux poèmes de Paul Celan extraits de *Die Niemandsrose* (1963) : « Eis, Eden » et « Kermorvan ». Le second prend pour titre, sous la plume de Hill : « Te Lucis Ante Terminum[12] » :

Centaury with your staunch bloom
you there alder beech you fern,
midsummer closeness my far home,
fresh traces of lost origin.

Dans une note reléguée en fin de volume, Hill explique qu'il a voulu « mêler quelques phrases de libre traduction à des phrases de [sa] propre invention ». Un rapide survol de l'original allemand de Celan permet de constater que l'adaptation est tout à la fois personnelle et fidèle – jusque dans ses infidélités :

Du Tausendgüldenkraut-Sternchen,
du Erle, du Buche, du Farn :

10 C. Tomlinson, *Selected Poems*, Oxford, Oxford University Press, 1978, p. 140-149.
11 E. Bishop, *The Complete Poems*, New York, Farrar, Straus and Giroux, 1979, p. 231-276.
12 G. Hill, *Collected Poems*, Harmondsworth, Penguin, 1985, p. 166.

mit euch Nahen geh ich ins Ferne, –
Wir gehen dir, Heimat, ins Garn[13].

Aulne, hêtre et fougère demeurent inchangés dans la version de Hill, mais le *Tausendgüldenkraut-Sternchen* de Celan, c'est-à-dire la stellaire d'or, devient une centaurée : « *centaury with your staunch bloom* ». La traduction transporte moins le sens qu'une sonorité : *Sternchen*, petite étoile, devient en anglais "*staunch bloom*", ardente floraison : mot étrangement proche, étrangement lointain de l'original allemand, comme produit par une traduction homophonique. C'est là, du reste, la liberté que suggère le sous-titre des deux poèmes, « sur des mélodies de Celan ». Hill envisage ici la traduction dans de multiples sens, et la charge de transposer des sonorités aussi bien que des sens. Le résultat, à l'image de la persona du poème, se trouve ainsi tout à la fois *far* et *home* : langue lointaine et proche, exil linguistique où se révèlent, hors d'eux-mêmes, les mots et les sens.

Observons une autre adaptation poétique de Hill, inspirée cette fois par un poème écrit en français, « Les Offensés » d'Anne Hébert :

[...] Leur désir de parole était si urgent
Que le Verbe vint à leur rencontre de par les rues
Le faix dont on le chargea fut si lourd
Que le cri « feu » lui éclata du cœur
En guise de parole[14].

Geoffrey Hill traduit ces vers dans « Homo Homini Lupus », avec la même fidélité lointaine que pour Celan :

[...] *their speechless cry sounded so desperate*
the Word advanced upon them through the streets
so loaded with required accoutrements
in lieu of words the one word « fire »
blazed from his heart[15].

Une fois encore, le passage d'une langue à l'autre s'accompagne de pertes et de profits. Le syntagme « en guise de parole » d'Hébert devient *in lieu of words* : cette expression, à demi empruntée au français, se trouve donc

13 P. Celan, *Gedichte*, Francfort, Suhrkamp, 1975, t. 1, p. 263.
14 A. Hébert, *Le jour n'a d'égal que la nuit*, Boréal, Montréal, 1952, p. 27.
15 G. Hill, « Homo Homini Lupus », *Agenda*, vol. 15, n° 4, Londres, 1977, p. 49.

pour ainsi dire à mi-chemin entre l'une et l'autre langues ; comme si la traduction, cette métamorphose, s'était figée à l'état de chrysalide. Ce parti pris de traduire le français par d'autres mots français, déjà installés dans la langue anglaise, se manifeste également au vers précédent : le « en guise » et le « faix » sont rassemblés en un seul mot anglais… qui est un mot français : *accoutrements*. Le jeu consiste à proposer, comme équivalent à un mot français, un mot anglais qui est un mot français au sens dévoyé : l'accoutrement anglais, c'est l'équipement du soldat ; en français, c'est un déguisement[16]. La traduction-adaptation de Hill opère un va-et-vient entre les deux langues qui constitue une forme extrême de l'ambiguïté sémantique qui nourrit sa poésie.

Anne Hébert, souvent traduite en anglais, regrette que tant de traductions se fassent au prix d'un aplatissement poétique, quand elle aspire au contraire à voir ses poèmes adaptés, resitués dans la langue étrangère où on les installe : « On a parfois traité mes poèmes […] avec une grande bonne volonté, un respect extérieur évident. Mais sans qu'il ne soit jamais question d'équivalences poétiques. Et pourtant n'est-ce pas de cette façon que doit s'engager le dialogue entre le traducteur et l'auteur ? Il y a là tout un ajustage de voix et de ton, tout un jeu de balance excessivement subtil et important[17]. » Cette déclaration, antérieure à la traduction des « Offensés » par Hill, semble en justifier par avance les audaces, puisqu'elle appelle de ses vœux un « dialogue » entre les langues. Dans sa préface au petit texte d'Anne Hébert, Northrop Frye va dans le même sens, et distingue entre les éléments qui se perdent en cours de traduction et ceux qui survivent au voyage : « Robert Frost […] prétendait que "la poésie" est ce qui se perd, dans une traduction […]. J'en suis arrivé à la conviction […] que "la poésie" […] est précisément ce qui peut être traduit. Ce qui ne saurait l'être, ce sont les caprices linguistiques, la musicalité intrinsèque d'une langue[18]. » (*Ibid.*, p. 8.)

---

16 Geoffrey Hill a profité de la publication de ses œuvres complètes (2013, p. 598) pour remanier son imitation d'Anne Hébert, qui s'intitule désormais « The Oath » et d'où les *accoutrements* ont disparu.

17 A. Hébert, F. Scott, *Dialogue sur la traduction*, Montréal, Bibliothèque québécoise, 2000, p. 49.

18 L'aphorisme de Robert Frost étant presque toujours cité de manière approximative, comme c'est le cas ici, en voici la formulation exacte : « *I like to say, guardedly, that I could define poetry this way : it is that which is lost out of both prose and verse in translation.* » R. P. Warren, *Conversations on the Craft of Poetry*, New York, Holt, Rinehart and Winston, 1961, p. 7.

Il existe en allemand deux mots dont le français ne dispose pas pour désigner ce type de traduction. Stefan George nommait ses traductions des *Umdichtungen*, c'est-à-dire des poèmes transformés, des transpoèmes. Paul Celan, dans ses traductions, est un *Nachdichter* ; la *Nachdichtung* est un poème d'après un poème, entre transcription exacte et adaptation : tel est peut-être le mot qu'il nous faudrait pour désigner le poème traduit qui demeure, ou redevient, poème.

Notre troisième et dernier exemple de traduction à la fois explicite et réappropriée est emprunté à Seamus Heaney, qui n'a cessé d'incorporer à la sienne la poésie de Dante : « Cité en italien, traduit en anglais, placé en exergue, glissé dans le corps du poème, Dante habite l'œuvre de Heaney sous toutes les formes imaginables[19]. » Le passage original de *L'Enfer* met en scène, sur le Cocyte glacé, le comte Ugolin et l'archevêque Ruggieri, tous deux pris dans la glace jusqu'au cou – comme il sied aux traîtres du neuvième cercle. Sous les yeux horrifiés de Dante, l'infortuné Ugolin dévore pour l'éternité le cerveau de son voisin[20]. Voici les quatre premiers des trente-cinq tercets de Dante traduits par Heaney sous le titre « Ugolino[21] » :

Gnawing at him where the neck and head
Are grafted to the sweet fruit of the brain,
Like a famine victim at a loaf of bread.
So the berserk Tydeus gnashed and fed
Upon the severed head of Menalippus
As if it were some spattered carnal melon.
"You," I shouted, "you on top, what hate
Makes you so ravenous and insatiable ?
What keeps you so monstrously at rut ?"

Bien plus que le rythme, ce sont les images de Dante que la version anglaise fait évoluer. En montrant Ugolin dévorant l'homme qui l'a contraint à manger ses fils, Heaney condamne le cycle infernal de l'horreur

19 P. Hersant, « "Qu'ici renaisse la poésie morte" : Seamus Heaney, translateur de Dante », dans *Traduire-Écrire : de l'expérience à la théorie*, Lyon, Presses de l'ENS, 2013, p. 322. L'analyse qui suit est empruntée à cet article.

20 « *E come 'l pan per fame si manduca, / così 'l sovran li denti a l'altro pose / là 've 'l cervel s'aggiugne con la nuca : // non altrimenti Tidëo si rose / le tempie a Menalippo per disdegno, / che quei faceva il teschio e l'altre cose. / O tu che mostri per sí bestial segno // odio sovra colui che tu ti mangi, / dimmi 'l perché, diss' io.* » Dante, *La Divina Commedia*, Turin, Einaudi, 1975, p. 13.

21 S. Heaney, *Field Work*, Londres, Faber and Faber, 1979, p. 53.

vengeant l'horreur ; de ce passage, qui allégorise à ses yeux la situation politique en Irlande du Nord, il transpose certains éléments dans un cadre contemporain, adaptant l'enfer de Dante à un contexte irlandais aisément reconnaissable. Ainsi le « *bestial segno* » de Dante est-il librement développé par Heaney en « *monstrously at rut* » ; l'anthropophagie se double d'une frénésie zoophile tandis que l'étymologie anglo-saxonne (« *hate* » et sa rime « *rut* ») se joint à la latine (« *insatiable* » et « *ravenous* ») pour signaler ce que la haine et la violence ont d'universel et de cyclique. Précisons que l'adverbe « *monstrously* », certes ajouté par Heaney, n'est pas tout à fait absent de l'original puisque « monstre » et « montrer » (« *tu che mostri* » : toi qui montres) ont une étymologie commune, le monstre étant celui que l'on exhibe. Cette irlandisation de Dante se manifeste à nouveau quand la faim (« *per fame* ») se mue en une réalité éminemment irlandaise, la famine (« *a famine victim* »). Autre exemple d'irlandisation : Tydée est qualifié de « *berserk* », terme emprunté par l'anglais moderne à l'islandais ancien. On peut comprendre par là, c'est-à-dire par les écarts mêmes de la traduction, que Tydée dévore la tête de Ménalippe (et Ugolin, celle de Ruggieri) avec la férocité du guerrier-fauve des sagas islandaises. Ainsi la mythologie nordique vient-elle enrichir la grecque et rappeler l'intemporalité de la *furor* ; ainsi l'image du père dévorant ses enfants finit-elle par symboliser, de Homère à Heaney en passant par Dante, une Irlande où l'on se déchire en famille : la guerre civile comme acte cannibale. Ces modifications apportées à l'original opèrent un véritable *aggiornamento* de l'épisode dantesque ; par de subtils déplacements lexicaux, Heaney tire sa traduction hors du contexte florentin pour l'exposer à une actualité plus immédiate qui en fait « l'allégorie d'un génocide irlandais imputable, non pas à l'oppresseur anglais des années 1840 et des périodes de famine, mais [...] aux divisions politiques internes et aux violences des séparatistes[22] ». Toute littérature engagée étant à ses yeux une forme de propagande, il parvient à éviter, grâce au détour par le XIIIe siècle italien, le rapport frontal entre la réalité politique et le poème censé la commenter.

22 J. Heiniger, « Making a Dantean Poetic : Seamus Heaney's Ugolino », *New Hibernia Review*, vol. 9, n° 2, 2005, p. 60.

SOURCES TUES

Yourcenar et Tomlinson, Hill et Heaney : autant d'exemples de traductions désignées comme telles, que ce soit par un sous-titre de type « *On two melodies by Celan* » (Hill) ou par la présence de l'auteur dans le titre même : « Three Poems by Philippe Jaccottet » (Mahon). Plus rare et plus singulier nous apparaît le cas où le poème traduit, non signalé comme tel, peut passer pour une pure et simple appropriation d'un autre poète, entre hommage discret et plagiat traductif. Les deux derniers des *Sonnets* de Shakespeare, le 153 et le 154, sont ainsi une imitation non déclarée d'une épigramme latine du Ve siècle[23]. Dans une charge féroce contre les églogues de Ronsard, un accusateur de l'époque affirme que « ce n'est que Théocrite de mot à mot, ce n'est que larcin[24] ». Avant de passer à des exemples plus récents, une précision d'ordre historique : comme le relève Gisèle Mathieu-Castellani à propos des vers (ou des strophes, voire des sonnets) de Joachim Du Bellay directement imités de Pétrarque, une telle pratique est courante à la Renaissance ; « du calque à la reprise modifiée, de la traduction à l'imitation libre, du "souvenir" à la recréation, le texte imitant se construit dans la dialectique d'une reproduction/altération, et les modalités de la réécriture [...] engagent un travail d'appropriation que le poète ne craint pas d'appeler invention[25] ». Nous laisserons donc de côté les traductions-imitations d'Horace, de Virgile ou de Pétrarque par les poètes renaissants, cette pratique étant à la fois historiquement circonscrite et largement étudiée. La traduction non déclarée d'un poème intégral étant beaucoup plus rare dans la période moderne, nous n'en citerons ici que deux exemples. Marie Olivier a montré que le poème de Louise Glück intitulé « Omens » est une complexe récriture des « Приметы » de Pouchkine ; imité sans aucune référence à l'original, le poème fait l'objet d'une « manipulation » technique plutôt que sémantique ; selon Olivier, Glück utilise ici « la

23 H. E. Rollins, « Shakespeare's Sonnets : Text, Textual Notes and Commentary », dans W. Shakespeare, *The Sonnets*, Londres, Lippincott, 1944, p. 392-394.

24 Cité dans A. Eckhardt, « Ronsard accusé de plagiat : l'invention de l'églogue », *Revue du seizième siècle*, vol. 7, n° 3-4, Genève, Librairie Droz, 1920, p. 235.

25 G. Mathieu-Castellani, *Les thèmes amoureux dans la poésie française*, Paris, Klincksieck, 1975, p. 631.

prosodie comme mode d'appropriation[26] ». Dans *Les Noces* de Pierre Jean Jouve, le poème intitulé « Voyageurs dans un paysage » est en réalité, à quelques variantes près, une traduction du « Tinian » de Hölderlin[27]. Certains ont pu s'en indigner, ou tout au moins s'en étonner : « Je ne comprends pas que Jouve, qui l'a publiée aussi dans son beau recueil des *Poèmes de la folie de Hölderlin*, s'expose en omettant ici toute mention, au reproche de vouloir le faire passer pour sien[28]. » D'autres ont vu dans cette appropriation un geste poétique délibéré, Laure Himy-Piéry n'hésitant pas à en conclure que, pour Jouve, « la traduction est une reproduction langagière du geste mystique de fusion[29] ».

C'est surtout sous une forme restreinte, strophe ou simple vers, que se pratique l'assimilation du poème étranger par le biais de la traduction. L'Antiquité connaissait déjà les « centons », ces poèmes constitués de fragments empruntés aux grands auteurs. Horace, Virgile, Homère et quelques autres constituaient ainsi les pièces d'une mosaïque dont le principe même, aussi ludique soit-il, frappe aujourd'hui par sa modernité ; nos premiers exemples seront du reste empruntés à la poésie moderniste anglo-saxonne. L'œuvre poétique de T. S. Eliot se caractérise notamment par une profusion de citations de poètes classiques ou contemporains, qu'ils soient anglais ou étrangers. Soucieux de renforcer l'effet de collage, Eliot s'abstient le plus souvent de traduire ces citations, et le lecteur de *The Waste Land* est invité à découvrir en français tel vers de Baudelaire, de Verlaine ou de Nerval, en latin tel autre de Pétrone, en allemand tel autre de Wagner ; parfois, comme dans le cas de Dante, le passage emprunté est traduit en anglais, mais alors une note de l'auteur en signale la provenance exacte et en fournit l'original italien[30]. Plus rarement, la citation reste secrète, et il appartient au lecteur d'en connaître ou d'en retrouver l'origine. Dans le quatrième de ses *Four Quartets*, Eliot évoque le déluge de projectiles qui s'abat sur Londres pendant le Blitz et, par allusion-traduction, la rencontre inattendue entre Dante et Brunetto Latini au chant XV de *L'Enfer*. Eliot traduit de manière quasi littérale des vers empruntés au poète florentin : le

---

26 M. Olivier, « (D')Après Pouchkine : le jeu de la traduction dans "Omens" de Louise Glück », *Transatlantica*, n° 2, 2013, § 28.

27 P. J. Jouve, *Les Noces*, Paris, Gallimard, 1966, p. 123.

28 Ph. Jaccottet, *L'entretien des muses : chroniques de poésie*, Paris, Gallimard, 2015, p. 53.

29 L. Himy-Piéry, *Pierre Jean Jouve : la modernité et ses possibles*, Paris, Classiques Garnier, 2014, p. 313.

30 T. S. Eliot, *The Complete Poems and Plays*, Londres, Faber and Faber, 1969, p. 61.

« *cotto aspetto* » du damné, par exemple, devient « *brown baked features* » en anglais[31]. Confiné au septième cercle décrit par Dante, celui des sodomites, Latini déclare que ses compagnons d'infortune et lui-même ont pourtant été, en leur temps, d'éminents hommes de lettres :

> *In somma sappi che tutti fur cherci*
> *e litterati grandi e di gran fama,*
> *d'un peccato medesmo al mondo lerci* (Dante, *op. cit.*, p. 63).

Ces hommes sont « souillés par un même péché », que Dante ne nomme pas ; librement adapté dans le poème d'Eliot, le passage devient :

> *Since our concern was speech, and speech impelled us*
> *To purify the dialect of the tribe*
> *And urge the mind to aftersight and foresight…* (T. S. Eliot, 1969, p. 194.)

« Little Gidding » rassemble ainsi, dans une même description hallucinée, les bombardements de la Seconde Guerre mondiale à Londres et la pluie de feu qui s'abat sur les sodomites, chez Dante mais aussi dans la Genèse ; mais le poème fait aussi entendre derrière l'anglais, à l'intention de son lecteur polyglotte et cultivé, l'italien de Dante et le français de Mallarmé : s'il revient au poète de « donner un sens plus pur aux mots de la tribu[32] », le procédé laisse entendre qu'il s'agit là d'un projet à la fois universel et intemporel, et qu'en effet « la traduction se donne pour tâche de faire vivre avec notre vie quelque chose d'étranger ou de lointain[33] ».

Dans les dernières strophes de « A Man Young and Old », W. B. Yeats traduit une ode de Sophocle tirée d'*Œdipe à Colone*[34] ; le poème « When you are old » reprend sans le mentionner un sonnet célèbre de Ronsard (*ibid.*, p. 28). Une traduction littérale du chant XI de l'*Odyssée* ouvre les *Cantos* d'Ezra Pound, traducteur prolifique qui parsème de traductions secrètes l'ensemble de ce volumineux recueil[35]. « The Well of Lycopolis » de Basil Bunting comporte plusieurs passages

31 Ce même passage de Dante est cité-traduit par R. Lowell dans « Brunetto Latini » (*Near the Ocean*, 1967) et par D. Walcott dans son long poème autobiographique *Epitaph for the Young : XII Cantos* (1949). Voir M. C. Fumagalli, *The Flight of the Vernacular*, Amsterdam, Rodopi, 2001, p. 47-50.

32 S. Mallarmé, « Tombeau d'Edgar Poe », *Œuvres complètes*, Paris, Gallimard, 1945, p. 70.

33 T. S. Eliot, *Essays Ancient and Modern*, New York, Harcourt, Brace & Co, 1932, p. 67.

34 W. B. Yeats, *The Collected Poems*, New York, MacMillan Publishing, 1956, p. 237.

35 E. Pound, *The Cantos*, New York, New Directions, 1970, p. 3.

traduits des chants VII et IX de *L'Enfer*[36]. Si les modernistes, on le voit, puisent largement chez les anciens pour les raisons évoquées plus haut à propos d'Eliot, ils ne sont certes pas les seuls. Dans le long poème narratif de Robert Browning intitulé « Balaustion's Adventure », l'héroïne récite et commente l'*Alceste* d'Euripide ; aux vers du dramaturge grec, qu'il traduit en anglais, Browning mêle les siens sans solution de continuité[37]. Alan Seeger calque le mouvement de son *Tithonus* sur un hymne homérique auquel il emprunte également deux vers traduits par ses soins[38]. Plus récemment, dans l'un de ses *Onzains de la nuit et du désir*, Jean-Yves Masson a annexé un tercet de Kathleen Raine[39].

De multiples exemples ayant établi la récurrence, sinon la fréquence, de l'appropriation du poème étranger par le biais de la traduction, il reste à en observer les effets proprement poétiques. Dans la sixième section du *Station Island* de Seamus Heaney, le poète attendri se remémore ainsi sa première expérience sexuelle :

> And a window facing the deep south of luck
> Opened and I inhaled the land of kindness.
> *As little flowers that were all bowed and shut*
> *By the night chills rise on their stems and open*
> *As soon as they have felt the touch of sunlight,*
> *So I revived in my own wilting powers*
> *And my heart flushed, like somebody set free.*
> Translated, given, under the oak tree[40].

Cousus bord à bord avec les vers de Heaney, les vers de Dante ne s'en distinguent que par l'italique. La simplicité du lexique et la tonalité passeraient aisément pour modernes ; la fusion est parfaite. Dans *L'Enfer*, ce passage fait suite au discours de Virgile rapportant l'intercession de Béatrice[41] ; dans « Station Island », c'est grâce à un

36 B. Bunting, *Complete Poems*, New York, New Directions, 2000, p. 21-27.
37 R. Browning, *The Poems*, t. 4, Londres, Routledge, 2015, p. 323.
38 A. Seeger, *Poems*, New York, Charles Scribner's Sons, 1917, p. 109.
39 J.-Y. Masson, *Onzains de la nuit et du désir*, Le Chambon-sur-Lignon, Cheyne, 1995, p. 96 ; K. Raine, *Poems 1987-1991*, Ipswich, Golgonooza Press, 1992, p. 52.
40 S. Heaney, *Station Island*, Londres, Faber and Faber, 1984, p. 63.
41 « *Quali fioretti dal notturno gelo / chinati e chiusi, poi che 'l sol li 'mbianca, / si drizzan tutti aperti in loro stelo, // tal mi fec'io di mia virtude stanca / e tanto buono ardire al cor mi corse / ch'i' cominciai come persona franca.* » Dante, *op. cit.*, p. 12.

rapport sexuel enfin réussi, sans honte ni secrets, que le poète trouve la force de poursuivre son pèlerinage. Mais, en insérant sa traduction de Dante dans un poème sexuellement connoté, Heaney lui confère un sens que l'italien ne comportait que de manière diffuse : son ardeur retrouvée prend la forme, subtile mais indubitable, d'une érection. Les rares écarts par rapport à l'original tendent à étoffer cette métaphore enfouie : si Dante fait de l'ardeur une fleur renaissant au soleil, Heaney fait de cette fleur un sexe masculin. En traduisant « *imbiancare* » (blanchir) par un « *touch* » plus sensuel, en contractant « *al cor mi corse* » (me courut au cœur) par un « *flush* » évoquant un afflux de sang dans les corps caverneux, Heaney érotise si bien la scène que le « *somebody set free* » en vient à suggérer une éjaculation, les « *wilting powers* » rappelant par un jeu opportun sur l'étymologie (« *mia virtude stanca* », ma vertu ou ma virilité fatiguée) que le courage (*virtus* en latin) est une qualité virile, comme l'on dit du membre. Le passage de *L'Enfer*, traduit avec une rigueur qui n'exclut pas certains infléchissements, se trouve ainsi plaisamment décontextualisé : en remplaçant un Dante rasséréné par un adolescent frustré de plaisirs, Heaney parvient à enrichir l'intertexte d'une dimension proprement comique. En lisant Dante, en le traduisant, puis en mêlant ses vers aux siens, « Heaney, pour ainsi dire, recharge sa propre voix de nouvelles influences, tandis que ses propres constructions mythologiques sont recyclées en de nouveaux avatars[42] ».

Imitant dans « The Coastguard House » un poème d'Eugenio Montale intitulé « La casa dei doganieri », Robert Lowell se montre peu soucieux d'équivalence lexicale et traduit « *tu non ricordi* » (littéralement : « tu ne te rappelles pas ») par la formule « *you haven't taken it to heart* » (Lowell, *op. cit.*, p. 115) qui privilégie la dimension étymologique de *ricordare* : se rappeler, c'est se remettre au cœur (*cor* en latin), cet organe qui passait jadis pour le siège de la mémoire[43]. Le faux sens apparent est en réalité jeu sur l'étymologie, appropriation, traduction créatrice.

Le poème de Pierre Jean Jouve intitulé « Des déserts » incorpore un quatrain entier traduit de William Blake :

42 J. Moulin, *Seamus Heaney : l'Éblouissement de l'impossible*, Paris, Champion, 1999, p. 140.

43 Nous empruntons cette analyse à C. Ó Cuilleanáin, « Italian », *Encyclopedia of Literary Translation into English*, t. I, p. 719.

Voir un univers dans un grain de sable
Et dans une fleur sauvage le Ciel
Et dans la paume de votre main la Sacrée Infinité
Et dans une heure l'éternité[44].

Or le poème de Blake, qui compte aujourd'hui parmi les plus célèbres et les plus commentés de l'auteur, ne dit pas tout à fait la même chose en anglais :

To see a World in a Grain of Sand
And a Heaven in a Wild Flower,
Hold Infinity in the palm of your hand
And Eternity in an hour[45].

Masson commente à ce sujet : « Jouve interprète "*hold*" au troisième vers comme un adjectif, ce qu'il ne peut pas être. Il faut en effet comprendre : "*To hold Infinity in the palm of your hand*" ("Tenir l'infini dans la paume de votre main"), le premier "*To*" du poème régissant à la fois "*see*" et "*hold*". Il s'agit ici d'une évidente confusion entre "*hold*" et "*holy*". Mais c'est pour se raviser un peu plus loin : "En nous autorisant à parler de contresens nous oublions à notre tour que cette traduction ne se présente justement pas comme telle, et n'a pas à se plier aux impératifs propres à la traduction[46] !" » Éloquent repentir : le premier réflexe consiste souvent en effet, une fois la citation-assimilation repérée, à la considérer à la fois comme un plagiat et comme une traduction – alors qu'elle ne relève tout à fait ni de l'un, ni de l'autre.

C'est sans doute ce qui explique une frappante incertitude terminologique : le non-dit qui fonde cette pratique protéiforme produit un certain flottement sémantique quand il s'agit de la nommer. En traduisant un quatrain de Blake à l'intérieur de son propre poème, Jouve procède à une « réécriture[47] » selon Himy, à une « traduction cachée » selon Masson (art. cité, p. 187). À propos du même Jouve citant-traduisant Hölderlin, Himy (art. cité, p. 111) parle d'une « insertion de

44 P. J. Jouve, *Poésie*, Paris, Mercure de France, 1964, p. 50.
45 W. Blake, *The Complete Poems*, Londres, Longman, 2007, p. 612.
46 J.-Y. Masson, « Pierre Jean Jouve lecteur de Blake », dans *Imaginaires de la Bible. Mélanges offerts à Danièle Chauvin*, Paris, Classiques Garnier, 2013, p. 189.
47 L. Himy, « Poésie contemporaine et pratique symphonique : l'exemple de Pierre Jean Jouve », dans *Formes et normes en poésie moderne et contemporaine*, Rennes, Styl-m, 2001, p. 90.

traductions comme textes propres ». Analysant, chez James Wright, l'influence parfois très sensible de poètes espagnols qu'il a traduits, Barnstone parle de « traductions secrètes[48] ». Repérant dans un poème de Pablo Neruda un hymne traduit de Walt Whitman, Rumeau décrit pour sa part « une traduction qui ne dit pas son nom[49] ». Reconnaissant dans un poème d'Andrew Marvell une épigramme d'Asclépiade, Davis parle de « traduction enchâssée[50] ». Pointant l'original de Pouchkine derrière un poème de Louise Glück, Olivier parle d'« hypertexte translinguistique[51] ». Enfin, à propos de Baudelaire insérant des vers de Gray et de Longfellow dans « Le Guignon », Lombez hésite entre « piratage » et « clin d'œil[52] ». Une telle profusion lexicale reflète bien la plasticité de la pratique ainsi décrite, qu'il s'agisse d'un hommage implicite ou d'une imitation inconsciente ; la naïveté ou l'ignorance seules y feraient voir une tentative de contrefaçon, les effets poétiques qu'elle produit autorisant même à parler ici d'un procédé spécifique aux dimensions multiples – à la fois poétiques, intertextuelles et même spirituelles si l'on en croit Masson : « L'appropriation, dans ce cas, ne relève décidément pas du plagiat ; elle constitue l'indice, réservé à qui sait l'entendre, d'une commune appartenance [des deux poètes] au même Collège Invisible[53]. »

Patrick HERSANT
Université Paris 8
France

48 W. Barnstone, *The Poetics of Translation, History, Theory, Practise*, New Haven, Yale University Press, 1993, p. 108.

49 D. Rumeau, « Traduction, revendication et appropriation », dans *Traduction et partages : que pensons-nous devoir transmettre*, Université Bordeaux Montaigne, 2012, p. 353.

50 P. Davis, « Marvell and the Literary Past », dans *The Cambridge Companion to Andrew Marvell*, Cambridge University Press, 2011, p. 26.

51 M. Olivier, art. cité, § 34.

52 C. Lombez, « Dissimulation et assimilation poétiques. Traductions cachées et traductions non-déclarées en France au XIXe siècle », *Littérature*, n° 141, 2006, p. 95.

53 J.-Y. Masson, art. cité, p. 196.

ÉCHELLES ET SERPENTS

Lire en réseau pour mieux traduire

La traductrice d'origine ukrainienne Svetlana Geier, qui a retraduit en allemand les cinq grands romans de Dostoïevski, déclarait dans un film documentaire qui lui a été consacré en 2009 : « La traduction n'est pas une chenille qui se déplace de gauche à droite[1]. » Et la vieille femme, courbée sur son texte, faisait mine de suivre le parcours de l'animal du bout des doigts entre les lignes du texte. Cette mise en garde est malheureusement rarement respectée dans nos cours de traduction. L'observation des étudiants au travail révèle une bien curieuse technique : une première lecture rapide, suivie (ou accompagnée) d'un marquage au crayon des mots inconnus ou difficiles. On croirait voir à l'œuvre la chenille du dessinateur pour enfants Eric Carle, *The very hungry caterpillar*, traduit en français par « la chenille qui fait des trous ». Si la chenille de Carle se transforme finalement en papillon, c'est – rappelons-le – après une copieuse indigestion de tous les fruits et légumes dévorés au cours des sept jours passés. Pour revenir aux conseils de Svetlana Geier, elle insiste au contraire sur la nécessité pour le traducteur ou la traductrice de « lever le nez » (*« Nase hoch beim Übersetzen ! »*) et c'est cette expression que j'aimerais interroger ici. Il ne saurait s'agir bien sûr de quitter le texte, de ne le considérer que comme point de départ à une rêverie toute personnelle, vaguement inspirée de l'original. « Lever le nez » doit s'entendre ici comme mouvement répété qui va du texte vers autre chose – pour ensuite revenir au texte. Il s'agit pour un temps de quitter la traduction qu'on pourrait dire « rampante », celle de la chenille, pour développer une didactique de la traduction fondée sur une didactique de la lecture.

Pour expliquer en quoi consiste cette didactique, je me fonderai sur un corpus de textes utilisés dans un cours de traduction à destination d'étudiants en deuxième année de master professionnel. La langue source est le français,

1 Vadim Jendreyko, *Die Frau mit den 5 Elefanten*, documentaire, Suisse/Allemagne, 2009.

la langue cible est la langue étrangère[2]. Le sens de traduction n'est donc pas celui dans lequel travailleront les futurs traducteurs et traductrices.

Le corpus se compose de différents textes et types de textes : un article universitaire[3], des résumés d'articles universitaires, un article de la presse quotidienne économique[4], un article de magazine généraliste[5], des extraits de guide touristique[6], un audio-guide de visite pédestre[7], un extrait de texte littéraire ancien[8], un extrait de texte littéraire contemporain[9]. Leur point commun est thématique : tous parlent du voyage. Leur différence est générique, j'y reviendrai.

Le travail sur corpus présente divers intérêts dont le premier est d'introduire à une réflexion théorique sur les textes et leur traduction, et je distinguerai cette réflexion théorique de l'enseignement de la théorie traductologique et de ses références. Si le traducteur « lève le nez » pendant qu'il traduit, c'est bien qu'il réfléchit, qu'il interroge un savoir pour résoudre un problème. Quel est ce savoir, comment l'acquérir et comment le mettre en œuvre pour des professionnels qui ne seront pas traductologues mais praticiens de la traduction ?

Je vais donc rendre compte de ce séminaire de traduction en trois temps, qui sont autant de techniques de lecture, dont chacune exige un changement d'échelle. Je commencerai par considérer l'unité-texte, c'est-à-dire le texte à traduire dans son intégralité (la plupart du temps un extrait). Je passerai ensuite à la confrontation du texte avec la réalité textuelle à laquelle il appartient. Et j'arriverai ainsi à la lecture du mot ou du segment, la lecture la plus rapprochée. Pour finir, je dirai un mot de la transformation de notre chenille en serpent, puisque mon titre annonçait des échelles mais promettait aussi des serpents.

2 Le cours décrit ici est un cours de traduction du français vers l'allemand qui a été dispensé à l'Université de Liège en 2016.

3 Emmanuel Laurentin, « Un monde de touristes. Introduction », *Esprit*, n° 426, juillet-août 2016, p. 37-44.

4 Christophe Palierse, « Tourisme : un mois d'août difficile pour les agences de voyage », *Les échos*, 16 septembre 2016.

5 Thomas Saintourens, « Le stade *Red Bull* de l'aventure », *Usbek et Rica. Le magazine qui explore le futur*, n° 17, 2016, p. 40-41.

6 Philippe Gloaguen, *Le Guide du routard – Belgique*, Paris, Hachette, 2011.

7 Podibus / Direction de la communication de la mairie de Boulogne-Billancourt, « Le parcours des années 30 », site de la ville de Boulogne-Billancourt, non daté.

8 Xavier de Maistre, *Voyage autour de ma chambre*, présentation et dossier de Florence Lotterie, Paris, GF-Flammarion, [1794] 2003.

9 Henri Pierre Roché, *Jules et Jim*, Paris, Gallimard, [1953] 1979.

LE TEXTE EN LUI-MÊME
Structure et genre

Vous l'aurez remarqué, le corpus de ce séminaire n'est pas exclusivement littéraire, mais mêle des textes de traduction générale, c'est-à-dire non technique, à des textes littéraires, qui sont traités en dernier. Peut-être certains crieront-ils au sacrilège, estimant que la traduction de textes littéraires n'a rien à voir avec celle d'autres textes. Il me semble au contraire que qui veut bien traduire la littérature doit savoir en quoi elle se distingue d'usages non poétiques de la langue. Or, nous touchons là à un autre problème majeur de l'enseignement de la traduction littéraire, à savoir la faible fréquentation des textes littéraires par les étudiants et donc le peu de stratégies de lecture dont ils disposent. C'est la littérature qui nous apprend à complexifier notre lecture, à développer des modes de lecture autres que le relevé d'information, à varier les rythmes, à changer de focale. J'estime donc que la confrontation de textes littéraires et non littéraires nourrit des compétences de lecture qui seront utiles pour différents types de textes, et je reviens ici à la composition hétérogène du corpus.

Vous le voyez dans la liste, nous avons deux textes scientifiques, deux textes médiatiques, deux textes pragmatiques et deux textes littéraires, traitant tous du même sujet, comme je l'ai dit : le voyage. Le premier texte, intitulé « Un monde de touristes », est signé par Emmanuel Laurentin dans la revue *Esprit*, et il introduit aux articles qui composent ce numéro thématique de l'été 2016 en présentant brièvement l'argument de chacun d'entre eux. Le deuxième est laissé au libre choix des étudiants qui doivent consulter un site d'archivage de publications en ligne (Jstor, Muse, Persée, Cairn, Revues.org, etc.), y sélectionner un résumé et le traduire. Les textes médiatiques sont un article de la presse quotidienne économique, en l'occurrence *Les Échos*, sur les mauvais chiffres du tourisme dans le pourtour méditerranéen après la vague d'attentats de 2015, et un article d'anticipation ironique du magazine *Usbek et Rica. Le magazine qui explore le futur* sur la démocratisation de l'exploration des abysses et de l'Antarctique. Les textes cinq et six sont, pour l'un, extrait d'un guide touristique sur la ville de

Bruges, décrivant une promenade le long des canaux et quelques monuments historiques ; pour l'autre, un enregistrement, avec sa transcription, d'un parcours pédestre à travers un quartier de Boulogne-Billancourt représentatif de la variété architecturale des années 1930. Enfin vient la littérature, avec un extrait du *Voyage autour de ma chambre* de Xavier de Maistre, de 1794, où l'auteur, alors emprisonné à Turin, décrit un périple de quarante-deux jours entre son lit et son fauteuil. Et nous terminons avec un extrait de *Jules et Jim* d'Henri Pierre Roché, publié en 1953, qui narre les préparatifs puis le voyage des deux personnages éponymes pour la Grèce en passant par l'Italie.

Les textes sont abordés successivement et les étudiants ne disposent pas d'emblée de l'ensemble du corpus. Ce n'est donc que progressivement qu'ils peuvent construire des stratégies de lecture fondées sur la comparaison, ce qui fera l'objet de mon deuxième point. La méthode de lecture qu'ils doivent apprendre dans ce premier temps s'élabore à l'échelle du texte et c'est la raison pour laquelle je commence par l'introduction d'Emmanuel Laurentin. D'une part parce que le texte peut être lu dans son intégralité et parce qu'il est très rigoureusement structuré : à une entrée en matière succède un développement dans lequel un paragraphe correspond à la présentation d'un article du dossier, le tout s'achevant sur une conclusion. Plutôt que de repérer les mots difficiles ou inconnus – et ils sont nombreux – les étudiants doivent repérer la structure interne de chaque paragraphe et les effets récurrents, par exemple les connecteurs logiques qui mènent d'un paragraphe à l'autre et les verbes d'énonciation qui rendent compte d'un propos à l'intérieur d'un paragraphe :

> Comment accueillir des visiteurs par millions dans des endroits qui n'étaient pas prévus pour cela ? C'est la question que nous avons posée à Catherine Pégard, qui dirige le château de Versailles [...].
> Dans les grandes villes touristiques, on ressent plutôt une certaine lassitude à accueillir toujours plus de visiteurs. C'est aussi ce que note Thierry Paquot dans un second texte, qui prédit une décroissance du tourisme [...] (Laurentin, 2016, p. 42).

On peut remarquer ici l'organisation visuelle du texte (retour à la ligne), une phrase initiale qui annonce le thème du paragraphe et renvoie éventuellement et discrètement au paragraphe précédent, puis la mention du contributeur avec un verbe d'énonciation ou une formule plus complexe introduisant un propos rapporté.

Cette approche, qu'on peut qualifier de générique, se distingue de celles qui définissent par avance les caractéristiques d'un type pour l'appliquer ensuite à un texte et fréquemment conclure à la mixité (descriptif et argumentatif ; neutre et ironique ; informatif et narratif). Le procédé est ici essentiellement inductif, même s'il est confronté ponctuellement à des textes théoriques qui permettent d'aiguiser le regard sur certains critères génériques[10]. Les effets de construction ainsi repérés aux cours des premières lectures servent à déterminer l'organisation de l'information et son mode de transmission et ainsi à commencer à visualiser le texte d'arrivée, avant même de commencer à rédiger sa traduction. L'image mentale résultant de cette visualisation change en effet radicalement par rapport à celle de la traduction « rampante » qui commence par signaler les passages les plus périlleux et donc à se mettre en échec avant d'avoir débuté la traduction. Ici, le traducteur met en place une armature grâce à laquelle il pourra progresser en sécurité. Il place donc des échelles d'un paragraphe à l'autre, d'un point à un autre du texte.

Pour donner brièvement un exemple contrastif, je citerai l'article des *Échos* qui reprend l'ordre classique des dépêches d'agence en forme de pyramide inversée : l'information est présentée de façon très condensée dans le chapeau ou le premier paragraphe : « Exprimée en départs, l'activité des agences de voyages a fléchi de 14,8 % le mois dernier par rapport à août 2016. Les prises de réservations ont été simultanément à l'étale. » Ces deux premières phrases répondent aux *wh-questions*, autrement dit : qui ?, quand ?, quoi ?, où ?, comment[11] ?, et les informations sont ensuite reprises et étoffées, selon un effet boule de neige. Le principe qui préside à la rédaction de ce type d'articles est de fournir un texte dont on extrait rapidement les principales informations et dont la lecture peut être interrompue après le premier paragraphe.

Vous aurez noté que chaque catégorie textuelle (article scientifique, article médiatique, texte pragmatique et texte littéraire) est représentée dans le corpus par deux textes, qu'on pourrait appeler des sous-variétés, mais qu'il serait certainement vain de vouloir absolument nommer comme sous-genres. Ils illustrent la variété d'une catégorie et permettent

10 Stella Neumann, *Textsorten und Übersetzen : eine Korpusanalyse englischer und deutscher Reiseführer*, Frankfurt-am-Main, Peter Lang, 2003.

11 D'après l'anglais, auquel est empruntée l'expression « *wh-questions* » : *who ?*, *when ?*, *what ?*, *where ?* et *how ?*

de sensibiliser aussi aux différents canaux de publications. Les différences entre les sous-genres, parfois radicales, doivent mettre en garde aussi contre les réflexes qui pourraient à la longue se mettre en place et couper court à une lecture attentive. Si la source est, avant même la lecture du titre, l'information dont il faut prendre connaissance en premier lieu, son identification à un genre ne constitue qu'une hypothèse, que la première lecture du texte va ensuite (in)valider. À chaque texte préexiste une sorte de modèle, auquel l'auteur se conformera plus ou moins, et le lecteur qui s'apprête à devenir traducteur doit prendre conscience des règles qui ont présidé à la rédaction d'un texte pour en guider la réception. Le traducteur doit, bien avant la connaissance de la terminologie, maîtriser certains codes, ne serait-ce que pour constater, le cas échéant, que l'auteur a pris certaines libertés. La connaissance du monde, dans laquelle il faut bien sûr inclure la connaissance des textes, est ce dont je voudrais parler à présent.

LE TEXTE ET LES TEXTES
Corpus/contexte

Si le corpus présenté ne comporte qu'un quart de textes littéraires, la théorie qui permet aux étudiants d'élaborer des stratégies de lecture préalablement à la traduction est bien tout entière dérivée de la théorie littéraire. On l'a vu à l'instant avec la théorie des genres et de l'horizon d'attente[12], et je poursuis avec la théorie de l'intertextualité[13], qu'on pourra définir à nos fins traductologiques comme la conscience qu'un texte n'est jamais tout à fait singulier et prend place dans un réseau de textes qui lui ressemblent. De façon générale les exercices de traduction débouchent *rarement* sur la réalisation d'un glossaire, et je pense pouvoir dire avec certitude *jamais* à l'issue d'une traduction littéraire. Les étudiants ne conçoivent pas la nécessité de se constituer leur propre mémoire lexicale (écrite ou dématérialisée grâce à l'apprentissage) puisque leur ordinateur tient ce vocabulaire à leur

12 Antoine Compagnon, *Théorie de la littérature : la notion de genre*, Site fabula.org, 2001 ; et Hans Robert Jauss, *Pour une esthétique de la réception*, Paris, Gallimard, 1978.

13 Gérard Genette, *Palimpsestes. La littérature au second degré*, Paris, Seuil, 1982 ; et Sophie Rabau, *L'Intertextualité*, Paris, GF-Flammarion, 2002.

disposition en permanence. Ils lèvent donc en vérité régulièrement le nez, comme le recommande la traductrice ukrainienne Svetlana Geier, mais pour regarder leur écran. Ils ne sont pas en mesure de déterminer s'ils croisent régulièrement les mêmes mots ou non, car le processus réflexif est laissé à la machine. De plus, il semble établi qu'on ne se plonge jamais deux fois dans le même texte littéraire, tant le style d'une œuvre est singulier. Or, s'ils ne déléguaient pas systématiquement et mécaniquement la recherche à la machine, ils pourraient lever le nez pour réfléchir à l'extension d'un mot fréquemment croisé dans d'autres contextes, et c'est bien à cette opération que devrait être consacré le moment de suspens qui nous intéresse. Je dois donner l'impression ici de plaider contre la machine, mais c'est tout le contraire que je voudrais défendre. Les étudiants n'ont souvent pas conscience que si les dictionnaires en ligne sont pauvres et nécessitent toujours au moins le croisement de plusieurs sources, et que la recherche lexicale devrait donc se limiter à quelques termes tant elle est longue, Internet met en revanche à leur disposition une mine de textes semblables au type de texte qu'ils sont en train d'essayer de traduire. Travaillent-ils sur l'introduction d'Emmanuel Laurentin, il leur suffit de consulter l'introduction d'un ouvrage collectif rédigé en langue cible pour retrouver des codes similaires quant à l'organisation de l'information et l'introduction de propos rapportés, le tout avec quelques variantes propres à la culture universitaire du pays. Voilà un gain de temps, une échelle supplémentaire, qui permet à la chenille de prendre des raccourcis. Travaillent-ils sur l'article des *Échos* relatif à la baisse de fréquentation des sites touristiques méditerranéens, qu'ils consultent un article de presse en langue cible, paru à peu près à la même date, sur le même sujet… et ils s'apercevront que les agences de presse sont de moins en moins nombreuses et s'échangent leurs dépêches. L'article en langue source est peut-être déjà une traduction, parfois mauvaise, ou bien il existe déjà un article sur le même sujet en langue cible, rédigé à partir des mêmes données. On pourra donc lui emprunter également l'une ou l'autre solution lexicale.

On voit avec ce second exemple combien l'intertextualité ne peut être activée que grâce à une bonne connaissance du monde[14] : connaître les

14 Qu'on pourrait encore appeler avec Roland Barthes le « texte infini ». Barthes note en effet pour expliquer le concept d'« intertextualité » tout ce que la lecture d'une page de Proust évoque en lui et il conclut : « Et c'est bien cela l'intertexte : l'impossibilité de vivre hors du texte infini – que ce texte soit Proust, ou le journal quotidien, ou l'écran

organes de la presse économique en langue cible, savoir comment sont produits les articles, pour quel public et quel mode de réception. Les théories les plus ouvertes de l'intertextualité, liées aux *cultural studies*, ne font pas de distinction entre le texte et le monde, mais conçoivent bien le monde comme texte. Ce qui a pour conséquence que la référence à un autre texte dépasse désormais bien largement l'emprunt ponctuel, signalé ou non, d'une citation. Tout est à tout moment pris dans un réseau de textes qui constituent le monde. Ne pas savoir lire est donc un problème plus grave qu'on ne pourrait le croire et ce sont les textes cinq et six (guide touristique et audio-guide) qui le montrent. L'écart entre la mobilité contemporaine et le voyage est énorme, et quantité de compétences nécessaires pour la lecture et la traduction d'un guide de voyage classique ne sont plus acquises, de nouveau en raison de l'usage de nouvelles technologies. Lire une carte pour vérifier un itinéraire et retracer mentalement le parcours décrit par le guide dans le centre de Bruges est un défi. Pas de GPS pour indiquer la voie, et aucune conscience de la façon de guider quelqu'un à travers l'espace et d'indiquer le chemin. J'ajouterai aucune conscience, non plus, qu'il existe des guides pour tous les publics (familial, retraité, en voiture, fauché, *fashion victim* ou gay), puisque c'est d'ordinaire la machine qui, forte de la connaissance de nos e-mails, de notre historique de navigation, de nos achats, de nos relations, nous propose les choix les plus adaptés à notre profil. La conscience de différences culturelles dans la façon de voyager est donc quasi inexistante, proportionnelle en tout cas à l'uniformisation des sites de voyages en ligne. Quant à l'habitude de « lever le nez » pour regarder son environnement, elle s'est transformée en regard sur l'écran juste avant le *selfie*. En fin de compte, la pratique de la traduction, prisonnière entre le texte et l'écran, ou entre plusieurs écrans, reflète précisément l'ontologie contemporaine. On pourrait glisser d'ailleurs ici une remarque sur les stratégies de lecture d'images développées par les nouvelles technologies et qui interfèrent possiblement avec les stratégies de lecture qui restent nécessaires à la traduction de textes[15].

---

télévisuel : le livre fait le sens, le sens fait la vie » (Roland Barthes, *Le Plaisir du texte*, Paris, Seuil, 1973, p. 29). De la même façon, le traducteur devra avoir à l'esprit un ensemble de textes qui influeront sur ses choix traductifs.

15 Sebastian Böck, Julian Ingelmann, Kai Matuszkiewicz & Friederike Schruhl, éd., *Lesen X.0. Rezeptionsprozesse in der digitalen Gegenwart*, Göttingen, V&R unipress, 2017.

L'un des modes de lecture doit donc être la confrontation du texte à traduire avec ses co-textes, avec son contexte : savoir chercher des textes semblables en langue cible plutôt que de chercher uniquement des mots isolés, et activer sa mémoire propre comme intermédiaire entre les sources en ligne et le texte à traduire.

LE TEXTE EN SES PARTIES
Segments et unités

Après les deux lectures précédentes (deux ne correspondant sans doute pas au nombre réel de lectures préparatoires à la traduction), nous en venons à une lecture rapprochée du texte qui s'intéresse aux interactions entre les mots. Elle n'est pas tout à fait la même que la traduction « rampante » qui isole les termes difficiles, repère les serpents qui sommeillent pour mieux les contourner. Nous travaillons ici les réseaux de mots : répétitions, champs lexicaux, isotopies, mais aussi groupes et relations grammaticales entre deux adjectifs (juxtaposés ou adjectif d'adjectif), entre le pronom et son antécédent, entre le verbe et le groupe prépositionnel. Selon la langue cible, la distribution de l'information dans la phrase, la structure syntaxique mais aussi le choix des préverbes et des prépositions seront déterminés par la façon dont les mots interagissent et interviennent sur l'extension d'un mot dans la langue source.

Je commencerai cette dernière étude par un exemple paradoxal, l'enregistrement de la visite guidée de Boulogne-Billancourt (audio-guide), qui travaille, au contraire de ce que je voudrais montrer, à isoler les substantifs, mais pour une raison bien particulière. Je cite ici la première piste de l'audio-guide, qui introduit à la visite du quartier et dont on peut penser qu'elle sera écoutée par tous les visiteurs, puisqu'elle les accueille à la sortie du métro :

> Dans le « Quartier des Princes », situé au nord de la ville et limitrophe de Paris, furent construits une vingtaine de villas, résidences-ateliers et immeubles signés par les plus grands architectes modernes de la première moitié du XXe siècle, tels Le Corbusier, Lurçat, Mallet Stevens et Perret. Inspirés par

> les techniques et matériaux nouveaux, production de masse, béton armé et l'esthétique industrielle, usines et paquebots, ils édifièrent une nouvelle architecture (Podibus, non daté).

Les phrases paraissent de prime abord souffrir d'un problème de rythme, les informations sont accumulées en énumération de substantifs et de noms propres, sans que les niveaux hiérarchiques soient clairement marqués par des éléments grammaticaux, tout particulièrement dans la dernière phrase : « Inspirés par les techniques et matériaux nouveaux, production de masse, béton armé et l'esthétique industrielle, usines et paquebots, ils édifièrent une nouvelle architecture. » Alors que visuellement, on croit avoir affaire au même niveau hiérarchique, il faut en fait comprendre que la « production de masse » est un exemple de « techniques nouvelles » et « le béton armé » un exemple de « matériaux nouveaux », de même qu'« usines et paquebots » illustrent l'« esthétique industrielle ». Le choix des auteurs a été de privilégier des mots-clefs, fonctionnant presque comme des étiquettes que les visiteurs peuvent apposer sur les façades, balcons et jardins qu'ils aperçoivent. Un abécédaire à la Prévert sans doute un peu surréaliste, puisqu'il arrivera certainement qu'on ne regarde pas au bon endroit au bon moment. Mais il y va de la sécurité des visiteurs – et donc quelque part de la responsabilité des auteurs de l'audio-guide –, le visiteur n'étant pas captif et protégé de la circulation comme dans un musée, mais à l'air libre, mêlé à la vie urbaine. Le traducteur doit donc dans un premier temps repérer les raisons de cet étrange rythme de la phrase puis s'imaginer un auditeur distrait par cent stimuli simultanés lorsqu'il choisit ses termes en langue cible. J'ai qualifié cet exemple de paradoxal puisque la lecture rapprochée révèle combien les liens syntaxiques ont été réduits à un minimum, délégués en fait à la voix, au rythme et au souffle. Contrairement aux apparences, ce n'est pas la juxtaposition qui domine. Bien au contraire : il faut avoir bien saisi les relations implicites entre les substantifs pour pouvoir reconstituer le sens de la visite. Une séance en cabine d'interprétation pour enregistrer sa traduction permet aux étudiants de vérifier la validité de leur analyse et surtout de leurs choix de traduction et d'*entendre*, souvent pour la première fois, leur travail.

La lecture rapprochée que j'évoque ici permet bien sûr aussi un repérage plus évident, mais souvent si évident qu'il n'est pas vu : vérifier si les structures rencontrées ne sont pas déjà connues. L'étudiant ne le fait pratiquement jamais, partant du principe que chaque texte est unique, et probablement aussi par manque de mémorisation des textes traduits. Or, contre toute attente, avoir traduit le Guide du routard de Flandres peut préparer à la traduction de Xavier de Maistre. J'en veux pour exemple le passage suivant du *Voyage autour de ma chambre*, étudié en fin de séminaire :

> Lorsque je voyage dans ma chambre, je parcours rarement une ligne droite : je vais de ma table vers un tableau qui est placé dans un coin ; de là je pars obliquement pour aller à la porte ; mais, quoique en partant mon intention soit bien de m'y rendre, si je rencontre mon fauteuil en chemin, je ne fais pas de façons, et je m'y arrange tout de suite (De Maistre, [1794] 2003).

Pourquoi ne pas s'appuyer, pour la traduction de ce passage, sur notre promenade dans le centre historique de Bruges en début de semestre ?

> Prenez la petite Blinde Ezelstraat qui se fraie un passage entre l'hôtel de ville et l'ancien greffe pour rejoindre le Vismarkt, puis longez le canal par le Steenhouwersdijk et, par son prolongement, le Groenerei qu'enjambent les deux plus anciens ponts de la cité (Gloaguen, 2011, p. 363).

Je ne m'attarde pas sur ce deuxième effet de la lecture rapprochée, car il nous en reste un plus remarquable, qui nous ramènera progressivement à la « chenille qui fait des trous » d'Eric Carle et à sa possible métamorphose. J'ai dit que cette troisième stratégie de lecture est celle qui ressemble le plus à la traduction rampante, sans pour autant rien avoir de commun avec elle. Elle intervient en effet au terme de deux autres lectures qui l'ont déjà informée et ont posé des échelles en travers des paragraphes. Lorsqu'intervient une lecture ligne à ligne, les mots qui ressortent ne sont plus des serpents qui sommeillent, c'est-à-dire des mots dont on sait qu'ils poseront problème. Ce sont au contraire ce qu'on appelle en esthétique de la réception des « structures d'appel[16] », ou bien encore des « mots incomplets[17] ». Umberto Eco, envisage le lecteur comme opérateur, capable d'actualiser du point de vue grammatical et du point de vue du sens les relations implicites entre les mots. Il est celui qui connaît le code et les règles et saura compléter là où c'est nécessaire.

16 Wolfgang Iser, *Der Akt des Lesens*, München, W. Fink, 1994.
17 Umberto Eco, *Lector in fabula*, Paris, Grasset, 1985.

Umberto Eco emprunte ici évidemment beaucoup à Roland Barthes et aux notions de texte de plaisir et texte de jouissance.

Lorsque les étudiants prennent connaissance du dernier texte du corpus, un extrait du roman d'Henri Pierre Roché, *Jules et Jim*, il leur faut actualiser tout le sous-texte du voyage en Grèce, voyage humaniste, pour comprendre ce qui s'y joue. Jules et Jim préparent leur séjour à la Bibliothèque nationale, à Paris, se répartissant le travail selon leurs caractéristiques en apparence individuelles et qui recouvrent en fait des clichés nationaux : Jules, le jeune Allemand inspiré de Franz Hessel, est clairement le plus cérébral des deux, et Jim, le jeune Français, projection autobiographique de l'auteur, est visiblement plus enclin à une appréhension sensible du monde. Malgré cette différence, il est flagrant que tous deux envisagent ce voyage comme voyage dans le temps ; ils retournent dans la Grèce antique et s'ils sont séduits par les « ceintures de Vénus » vues à l'aquarium, c'est bien parce que ce sont des « tuniques vibrantes » : l'habit tant de fois observé sur les statues antiques semble ici reprendre vie. « S'embarquer » (à Marseille) pour rejoindre d'abord l'Italie n'est donc pas « monter en avion », et on ne défriche pas les livres de la Bibliothèque nationale à la machette. Quant à la « nette petite incision circulaire que portent les colonnes doriques en dessous du chapiteau », sa traduction ne doit pas seulement rendre hommage au génie technique de l'Antiquité mais bien à la sensualité du regard des deux jeunes hommes sur le monde. Ce que j'espère avoir montré, c'est combien les mots difficiles ne sont pas toujours ceux qu'on croit, ce sont des serpents qui attendent d'être déroulés dans toute l'étendue de leurs connotations. J'en viens pour conclure au titre que j'avais choisi pour mon essai.

LE JEU DES SERPENTS ET DES ÉCHELLES

Le jeu des serpents et des échelles est un jeu de plateau très ancien, d'origine indienne, à visée didactique et morale, qui a connu maintes variantes et surtout une large diffusion au-delà du continent asiatique. Si je l'ai choisi, c'est pour plusieurs raisons. La première étant qu'il me paraît indispensable de visualiser sa traduction intégralement avant de se mettre à traduire, autrement dit d'établir une feuille de route à partir du texte entier, plutôt que de procéder phrase après phrase. Cette image mentale nécessite une série de lectures préparatoires dont j'ai esquissé ici quelques formes possibles. Tel un plateau de jeu, le texte qui comporte au départ un grand nombre de cases côte à côte doit recevoir en surimposition d'autres marqueurs de plus grande envergure qui relient ces parties entre elles. La deuxième raison, c'est bien la figuration des échelles qui représentent symboliquement la structure interne du texte, mais le relient aussi à d'autres textes et qui, si elles nous éloignent dans un premier temps de la traduction et en retardent le moment, constituent en fait des raccourcis. Et la troisième raison pour laquelle je rapprocherai l'exercice de traduction d'un jeu d'échelles et de serpents, ce sont les serpents, qui ne doivent pas être les mots difficiles, le danger qui rôde, le piège qui nous guette, mais les mots un peu plus denses sémantiquement (ou avec un signifiant polysémique) qu'il faudra dérouler et qui sont eux aussi des moyens d'établir des réseaux au cœur même du texte et d'harmoniser ses choix de traduction en cohérence avec une interprétation globale.

Le jeu présuppose la collaboration de plusieurs joueurs, qui, même s'ils sont rivaux, ont préalablement connaissance de règles générales et vont interagir dans le cadre de ces règles tout en tentant de percer la stratégie de l'autre, sorte de règle individuelle qui vient s'ajouter aux règles communes. Cette interaction est bien ce que décrivait Umberto Eco dans *Lector in fabula* entre auteur et lecteur, et qui doit aussi être celle de l'auteur et du traducteur.

Sarah NEELSEN
Université Sorbonne Nouvelle
France

LE LIED EN FRANCE AU MILIEU DU XIXᵉ SIÈCLE

À partir des années 1830, la vogue du lied[1] en France donne lieu à une importante activité traductive, la langue allemande restant peu connue pendant presque tout le siècle. Cette pratique s'accompagne fréquemment de paratextes visant à familiariser le lecteur français avec un corpus qui paraît aussi séduisant qu'étrange. Une des spécificités du genre d'outre-Rhin aux yeux du public endogène réside dans le fonctionnement du sens qu'il met en œuvre, et ce sur deux plans. D'une part, le contenu serait uni à sa mise en forme verbale par un rapport de motivation. Les intercesseurs louent alors en particulier l'expressivité de la dimension phonique des poèmes. D'autre part, ils attirent l'attention sur la double lecture programmée par ces derniers, qui ménageraient un niveau de sens indirect étroitement lié au niveau premier. Cette position interprétative, partagée par l'ensemble des médiateurs germanistes, fait écho aux théories cratyliennes qui jalonnent le siècle sous diverses formes[2]. Dans le contexte de transferts culturels que l'on a évoqué, celles-ci entrent bien entendu en interaction avec les conceptions et les pratiques de la traduction[3]. Comme chez d'autres traducteurs, cela donne lieu chez certains germanistes à une promotion du calque, lequel permettrait de rester proche du sens en restant proche de son expression. Au-delà de ce cratylisme traditionnel, cependant, on peut déceler la lente émergence d'une autre approche qui percevrait le caractère *construit* des mécanismes à l'œuvre dans le lied. La proximité entre les différentes

1 Au XIXᵉ siècle, on n'entend pas seulement par l'étiquette « lied » la mise en musique d'un poème, mais aussi une production poétique autonome. Il ne sera d'ailleurs pas question de musique dans cet article.

2 Sur la pensée cratylienne et ses différentes formes au XIXᵉ siècle, on pourra se reporter à deux études : Genette, 1976, p. 149-182 et 227-314, et Chervel, 1979, p. 3-33.

3 On se reportera à ce sujet à l'ouvrage de Lieven D'hulst (1990) et au chapitre de *L'Histoire des traductions en langue française* consacré aux théories de la traduction au XIXᵉ siècle (Chevrel, D'hulst et Lombez, 2012, p. 51-148).

composantes du texte poétique ne s'expliquerait pas par un lien naturel entre la langue et le monde, mais serait le résultat d'un processus de création discursive[4]. Dès lors, la traduction peut devenir une recréation visant à reproduire un fonctionnement similaire, et non à imiter isolément un paramètre du poème qui incarnerait un sens préexistant. C'est ce mouvement vers une appréhension discursive des textes que l'on tentera de mettre au jour, en montrant également ses implications en matière de traduction.

SÉMIOTIQUE[5] DU LIED SELON LES MÉDIATEURS

En dépit de – ou grâce à – leur faiblesse théorique, les considérations des médiateurs sur le sens dans le lied sont très représentatives des transformations qui informent la pensée linguistique et sémiotique durant tout le siècle, sur les deux plans que l'on a distingués : sa mise en valeur de la dimension phonique constitue bien sûr le genre en support privilégié pour les réflexions sur la motivation du signe ; sur un autre plan, externe au signe, cette fois, il favorise également l'étude des mécanismes sémiotiques discursifs par l'importance que revêt le niveau de sens indirect.

LE CONTENU ET SA MISE EN FORME VERBALE : DE LA MOTIVATION NATURELLE À L'EFFET DE MOTIVATION

L'impression générale qui se donne à lire dans les paratextes des traducteurs du lied pourrait se résumer dans ces quelques lignes de Henri Blaze de Bury à propos du « rythme » et de la « mélodie » des lieder populaires ou *Volkslieder* :

> ces deux éléments constituants, selon nous, partie intégrante de l'idée, du sentiment, qui ne saurait se faire jour sans les entraîner avec lui, attendu qu'il existe entre l'idée, la mélodie et le rythme, membres harmonieux de la trinité poétique, une indivisible union, une simultanéité solidaire. (Blaze de Bury, 1841 b, p. 830).

4 Nous reprenons la notion guillaumienne de discours (Guillaume, 1964).

5 Nous utilisons ici le mot *sémiotique* au sens large d' « étude des signes et des processus interprétatifs », selon la définition de Jean-Marie Schaeffer (*cf.* Ducrot, 1995, p. 179).

Cette consubstantialité entre le « rythme » et la « mélodie », d'un côté, et « l'idée », de l'autre, peut apparaître comme la formulation possible d'un certain cratylisme, qui voit dans la dimension phonique des textes la manifestation naturelle de leur sens, ou plus exactement l'extériorisation spontanée des mouvements de l'âme[6]. Cette position, soutenue notamment par Rousseau dans son *Essai sur l'origine des langues*[7], est d'ailleurs reprise en France à l'époque romantique. Néanmoins, à partir des années 1840, à l'heure où le mouvement décline, plusieurs médiateurs français déprécient les réalisations littéraires de leurs compatriotes, qui n'auraient pas réussi à atteindre le modèle germanique. Blaze de Bury s'en prend à l'incapacité des poètes endogènes à établir une vraie proximité entre la dimension phonique et le contenu de sens de leurs productions. Les recherches en matière de rime, par exemple, auraient donné lieu à des déploiements de virtuosité gratuite, loin de l'expressivité phonique du lied. Les écrivains français ne seraient parvenus qu'à « donner au mot le pas sur l'idée, à se payer de sons, de vains bruits, d'un cliquetis plus ou moins agréable à l'oreille » (Blaze de Bury, 1841 a, p. 557). Le vain artifice mis en œuvre par les romantiques français est ici opposé à la motivation naturelle du lied.

La ligne de partage ne passe pourtant pas toujours entre ces notions. Certains intercesseurs semblent en effet avoir l'intuition du caractère construit de ce qui serait alors un *effet* de motivation. Ils tendent à déplacer le terrain de l'analyse de la langue à son actualisation dans un discours, ce qui revient à envisager la relation concernée non pas comme un rapport d'identité ontologique entre les unités verbales et les affects, mais comme une *apparence* d'identité produite par un énoncé singulier. Plus profondément, le sens du texte ne préexisterait pas à son expression. Il formerait avec elle une unité dont on ne pourrait dissocier les éléments, et qui se réaliserait dans une actualisation singulière de la langue. Certes, aucun des médiateurs ne formule nettement une telle conception, mais ils opèrent dans leurs propos des déplacements significatifs par rapport aux théories cratyliennes ordinaires.

---

6 Le cratylisme comporte en réalité de nombreuses facettes. Dans le cadre de cette étude, on retiendra seulement celle que nous avons évoquée, car c'est elle qui domine largement dans les paratextes des intercesseurs. On a exclu notamment les théories sur l'harmonie imitative, toujours présentes au XIXe siècle, mais qui s'emploient à mettre en relation la dimension phonique des poèmes avec les phénomènes empiriques plutôt qu'avec les affects.

7 Rousseau, *Essai sur l'origine des langues*, [1781] 1995.

Mme de Staël, déjà, insiste sur le travail d'écriture indispensable à la mise en forme verbale des émotions : s'il y a selon elle « de la poésie dans tous les êtres capables d'affections vives et profondes ; l'expression manque à ceux qui ne sont pas exercés à la trouver », car « [l]e don de révéler par la parole ce qu'on ressent au fond du cœur est très rare ». Seul le « poëte » serait capable de « dégager le sentiment prisonnier au fond de l'âme », en procédant à un travail sur la langue (Staël, [1813] 2017, p. 263). C'est par ce travail qu'August Wilhelm Schlegel serait parvenu à faire entendre dans *Mélodies de la Vie* « la musique intérieure de l'âme. L'émotion la trouve sans réfléchir, et le talent qui réfléchit en fait de la poésie » (Staël, [1813] 2017, p. 312). L'importance majeure de l'ouvrage de Mme de Staël pour ses successeurs autorise à voir dans cette conception un arrière-plan plus ou moins conscient sur lequel s'élaborent leurs propres réflexions. Parmi bien d'autres exemples, on peut ainsi relever dans la préface de Charles Marelle aux *Poésies choisies de Henri Heine* cet éloge du « charme, [de] ce je ne sais quoi, essentiellement, qui, dans la poésie, résulte du choix des mots, de leur arrangement, de leur son, de leur accentuation » (Marelle, [1858] 1879, p. VI [en fait p. VII]–VIII). De même, dans son article sur Lenau, André Theuriet s'attarde sur la structure grammaticale et phonique des lieder du poète. La poésie de ce dernier « tire une partie de sa valeur du choix et de l'arrangement des mots, de la coupe musicale des vers, du retour savamment amené de certaines rimes » (Theuriet, 1878, p. 210).

Il faut certes se garder d'en conclure à une mise à l'écart du cratylisme. Les propos qui précèdent peuvent s'accommoder de la variante défendue par Nodier, selon qui la poésie a pour tâche de réactiver un état ancien – naturellement motivé – de la langue, par-delà l'usage conventionnel moderne qui entrave l'expression naturelle[8]. Néanmoins, il faut remarquer que cette importance accordée au travail de l'écriture se combine chez certains rédacteurs à une valorisation de la subjectivité qui informe les lieder. Plus précisément, un auteur comme Blaze de Bury fait du lied savant le lieu où celle-ci trouve à s'exprimer dans et par une écriture libérée et singulière :

8 Dans *Mimologiques* (1976), Genette opère une synthèse des théories cratyliennes de Nodier (dans le chapitre intitulé « Onomatopoétique », p. 149-182). Il cite en particulier les *Notions élémentaires de linguistique*, parues en 1834.

> Si, en général, la poésie allemande revendique comme un privilège national la liberté de la forme dans l'acception la plus vaste du mot, le lyrisme, poésie indépendante de sa nature, poésie de la douleur et de la joie, poésie du sentiment, qui se passe à merveille du monde extérieur, et trouve tous ses éléments dans la seule poitrine d'où il s'échappe, le lyrisme ne manquera pas d'user du privilège librement et sans restriction (Blaze de Bury, 1841 b, p. 863-864).

Il revient sur cette subjectivité à la fin de son article, en l'assimilant à l'individualité du poète : « [L]a faculté lyrique est ce qu'il y a au monde de plus individuel, de plus *subjectif* » (*ibid.*, p. 875), déclare-t-il. Or cette identification de la subjectivité à l'individualité est à relever comme un indice important de la distance adoptée par Blaze vis-à-vis du cratylisme traditionnel. Là encore, s'il s'était agi d'un sujet typifié, représentant tout un peuple, le propos qui précède aurait pu s'inscrire dans la théorie de Nodier. Le « sentiment », doté d'une portée générale lui aussi, aurait été conçu comme indépendant de toute mise en forme verbale singulière, et la poésie n'aurait fait que restaurer la formulation originelle associée à un tel contenu.

À la même époque, un théoricien tire d'ailleurs argument de la singularité de toute expérience individuelle pour affirmer avec une netteté frappante la singularité corollaire de son expression verbale. Il s'agit d'Antoine Charma qui, en 1844, à l'occasion d'une controverse publique sur la traduction, reprend la théorie héraclitéenne selon laquelle « on ne se baigne pas deux fois dans le même fleuve » (Maillet-Lacoste, 1845, p. 52), et postule chez l'individu l'élaboration simultanée du sens et de sa verbalisation, à partir de l'expérience vécue. Il s'inscrit vigoureusement en faux contre les déclarations de son contradicteur, qui reprend à son compte la séparation classique du contenu et de la forme :

> Comme si, mon cher collègue, dans le travail de la composition originale, les mots marchaient d'un côté, les pensées de l'autre ! Comme si, au contraire, mots et pensées n'arrivaient pas en même temps, ne s'organisaient pas du même coup ! (Maillet-Lacoste, 1845, p. 32-33)

Dès lors, « [d]ans le monde de l'art [...], il n'y a qu'une forme pour une pensée ; et cette forme, elle ne se produit qu'une fois » (*ibid.*, p. 33). C'est dire que l'œuvre d'art abolit la distinction théorique entre « pensée » et « forme », et qu'il ne saurait être question entre ces deux composantes d'une motivation naturelle, puisque celle-ci présuppose justement cette distinction.

Aucun des médiateurs du lied n'atteint un tel degré de lucidité et de modernité, mais leurs paratextes, en dépit de leur défaut patent de scientificité, n'en témoignent pas moins du lent changement dans la conception du sens en poésie.

IMPLICITE ET SYMBOLE, LE SENS INDIRECT[9]

Ce glissement de paradigme opère en outre sur un autre plan, celui du mode de signification des lieder. Au-delà du sens apparent, plusieurs médiateurs voient en effet dans de très nombreux poèmes un second niveau de lecture, indirect, celui-là, relevant de l'implicite ou du symbole. Sébastien Albin, dans la « Préface » de ses *Ballades et chants populaires*, met ainsi au jour sans le nommer un phénomène courant dans le lied, celui du sens implicite :

> Souvent [...], dans les chants populaires, le sujet est à peine exprimé ; il faut le deviner par les détails. Ce manque de clarté vient de l'improvisation ; il paraît clair alors que celui qui chantait l'émotion était en même temps celui qui l'éprouvait, et qu'il jugeait inutile d'établir un sujet qu'il connaissait si bien. Un petit chant très répandu et très aimé dans toute l'Allemagne en est un exemple frappant. Il fut sans doute composé par un jeune garçon qui perdit son amoureuse dans une inondation (Albin, 1839, p. III-IV).

L'essayiste propose la traduction suivante du « chant » concerné :

> Sur le pont de Coblentz [*sic*] était une grande neige ; la neige a fondu, l'eau coule dans la mer.
>
> L'eau coule dans le jardin de ma chérie, personne n'y demeure. Je pourrais attendre encore longtemps ; ce serait toujours en vain. Deux petits arbres y murmurent seuls.
>
> Leur tête verte sort et regarde au-dessus de l'eau ; ma chérie doit y être, je ne puis aller la trouver.
>
> Quand Dieu me salue dans l'air bleu et dans la vallée, ma chérie me salue du fond du fleuve.
>
> Elle ne passe pas sur le pont où passent tant de belles dames ; celles-là me regardent beaucoup, mais je ne veux pas les voir (Albin, 1839, p. IV).

L'insistance de Sébastien Albin sur le sens indirect de ce lied, qui nous paraît aujourd'hui fort peu problématique, témoigne bien du décalage

9 L'ouvrage de Todorov *Symbolisme et interprétation* (1978) a fourni le cadre théorique de ce qui suit.

entre les normes françaises et le fonctionnement du genre germanique, à son époque. Une des nouveautés de l'exemple qu'elle donne réside à ses yeux dans le statut implicite de l'information principale, à savoir la mort de la jeune fille aimée lors de l'inondation dont il est question. Pour saisir ce contenu de sens, le lecteur doit dépasser le niveau de compréhension linguistique, celui de la relation entre le signifiant et le signifié, et entre le signe et le référent. Il s'agit de considérer le signe de l'extérieur, dans sa globalité, et de lui associer dans le cas présent un complément de sens inféré à partir de l'organisation textuelle. Or celle-ci est produite par l'actualisation singulière de la langue que constitue le poème cité.

Le rôle du genre germanique dans l'attention croissante portée aux mécanismes du sens en discours est visible également dans l'intérêt des intercesseurs pour un autre type de sens indirect, à savoir le symbole. Blaze de Bury s'attarde longuement sur la figure du mineur dans le folklore germanique et sur les « lieds » qui lui sont rattachés. En démarquant un épisode du roman *Heinrich von Ofterdingen* qui s'inspire de cette tradition et intègre deux lieder, il explique comment le sens mystique que le personnage du mineur associe à son activité donne lieu dans ses « chants » à un propos à double sens, le premier consistant en une description du travail dans la mine, le second faisant de cette tâche une image de la condition humaine :

> L'homme de la montagne accomplit une œuvre mystérieuse et va parcourant les profondeurs de la terre à la recherche des pierres fines et des métaux ; la Providence le guide, il l'invoque et croit en elle [...] et [...] ne manque pas, dans ses chants, de faire de sa besogne le symbole de l'histoire universelle du cœur humain (Blaze de Bury, 1841 b, p. 857).

Le rédacteur rend compte ici de la singularité du sens symbolique, construit là encore dans et par le processus d'actualisation discursif.

Sur plusieurs plans, le lied apparaît de la sorte comme un support privilégié des réflexions sémiotiques, au milieu du XIXe siècle. Dans la mesure où ceux qui s'en font les intercesseurs sont aussi la plupart du temps traducteurs, il donne lieu corollairement à des considérations sur la traduction qui sont directement liées à celles consacrées au sens poétique, et qui éclairent ces dernières en retour.

DE LA SÉMIOTIQUE DU LIED AUX CONCEPTIONS DE LA TRADUCTION
Calque formel ou transposition de l'effet poétique

Le fonctionnement du sens perçu dans le lied soulève bien sûr des problèmes de taille dans l'opération de traduction. Néanmoins, en dépit de l'insatisfaction manifestée par certains traducteurs devant leur version française, tous traduisent des lieder, et surtout tous s'interrogent sur la possibilité et les moyens de restituer le sens du texte source. À cet égard, c'est d'ailleurs ces réflexions qui apparaissent souvent comme les plus intéressantes, dans la mesure où – sauf dans le cas des partisans du calque – les traductions restent souvent en deçà des projets annoncés ou des intuitions herméneutiques.

Dans une démarche résolument cratylienne, certains traducteurs s'emploient donc à reproduire en français les traits formels dans lesquels ils situent le sens poétique, ce qui les conduit à malmener les normes du système français pour rester proches de la forme allemande. Dans *Les Étrangères*, paru en 1876, Henri-Frédéric Amiel affiche son projet dès le sous-titre du volume, intitulé : « Reproduction exacte des rythmes originaux ». Il revient longuement sur ce point dans sa « Préface », en proposant notamment sa conception de la « traduction parfaite » :

> Ce serait celle qui rendrait, non pas seulement les sons et les idées de l'original, mais sa couleur, son mouvement, son émotion, son style distinctif, et cela dans le même rythme, avec des vers de même forme et un même nombre de vers.

Impossible gageure, qu'il réduit à la dimension métrique, considérée comme un des supports du sens les plus importants. D'autres traducteurs de la même époque comme André van Hasselt, ou légèrement postérieurs, tels Jules Abrassart ou Édouard Pesch, érigent eux aussi le mètre allemand en dépositaire de la poétique du lied[10].

Quelques traducteurs paraissent cependant s'être suffisamment nourris de leur lecture des lieder et des avancées contemporaines dans

10 Nous renvoyons au chapitre déjà mentionné de l'*Histoire des traductions en langue française* (Chevrel, D'hulst et Lombez, 2012) pour de plus amples développements sur la pratique du calque et ses différents enjeux.

le domaine sémiotique pour développer une autre vision de la traduction. Dans un article consacré au cas particulier de la poésie, Theuriet se dresse contre les expérimentations métriques d'Amiel, entre autres, non pour des motifs idéologiques de respect des règles françaises, mais au nom d'une conception du sens qui se refuse à situer celui-ci dans une forme figée :

> Quant à l'objection tirée de ce que notre rythme est composé d'éléments autres que ceux des langues étrangères, j'avoue qu'elle me touche peu. Ce serait s'abuser et faire fausse route que de chercher, dans les traductions en vers, à rendre par des sons et des mesures identiques les qualités mélodiques du poëme qu'on traduit. Essayer en pareille matière d'obtenir un *décalque* exact me paraît un tour de force enfantin et inutile (Theuriet, 1877, p. 676).

Le traducteur doit dès lors s'attacher à rendre l'effet produit par le texte source, et non la réalité linguistique ou matérielle de celui-ci :

> Il faut demander à une traduction, non d'avoir l'exactitude matérielle d'une photographie, mais la fidélité et les qualités d'exécution d'une bonne gravure. On doit chercher avant tout à donner au lecteur une impression analogue à celle que produirait sur son esprit le texte original, s'il pouvait le comprendre [...]. (*ibid.*)

La notion d' « impression » (équivalent de l' « effet » ou du « sentiment », termes utilisés dans d'autres textes contemporains sur la traduction) n'est pas définie dans l'article (pas plus que dans la plupart des autres écrits de ce type). D'après les lignes qui suivent, on peut cependant comprendre qu'il s'agit pour Theuriet d'une strate de sens qui dépasse celle du signifié, et qui prime en poésie sur cette dernière :

> [D]eux maîtresses qualités qu'on doit exiger d'un bon traducteur : une vive intelligence du texte et une sorte d'intuition, de divination des sentiments qui animaient l'auteur du morceau qu'on traduit. C'est surtout lorsqu'il s'agit d'interpréter un poète que ces deux qualités sont nécessaires ; on peut même affirmer qu'alors la seconde devient la principale (Theuriet, 1877, p. 676-677).

Reste toutefois à saisir la nature précise de cette notion. À cet égard, les commentaires du rédacteur sur des poèmes germaniques, croisés avec ses propos sur la traduction, fournissent de précieux éléments de réponse. On a vu que les qualités qu'il reconnaissait à Lenau concernaient le rapport de proximité établi entre le sémantisme de ses lieder et leur mise en forme verbale. Il loue le poète qui « parvient à rendre plastiquement les impressions les plus fugitives, les nuances les plus délicates » (Theuriet, 1878, p. 210). Toutefois, sa condamnation du calque interdit de voir en lui un tenant du cratylisme traditionnel. Dès lors, l' « impression » suscitée par un texte pourrait bien résider pour lui dans un effet de motivation, ce qui impliquerait pour le traducteur la nécessité de transposer une certaine articulation entre le signifié et la forme, loin du dilemme traditionnel qui sépare ces deux pôles théoriques.

Au début des années 1840, en parlant des traductions de Dante par Antoni Deschamps, Blaze de Bury s'orientait déjà apparemment dans une telle direction, en distinguant lui aussi l'approche linguistique d'un autre mode d'appréhension, analysé ici en termes de « sentiment ». Là encore, la confrontation de cette critique de traduction avec l'article sur le lied daté de la même année permet d'éclairer ce que le propos conserve de vague. L'auteur semble se situer dans une position médiane entre les deux pôles que sont la conformité au contenu notionnel et la restitution de l'effet :

> Si le texte n'est pas toujours bien rigoureusement exprimé dans ses vers, si l'interprétation littérale pèche en maint endroit, du moins peut-on avancer que M. Antoni Deschamps a su racheter ces défauts par des qualités d'un ordre supérieur. Entre le sentiment véritable du génie d'un grand maître, entre cette force d'intuition par laquelle on se met en communion avec les chefs-d'œuvre de la pensée humaine, et la reproduction fidèle, irréprochable, mais incolore et froide, du texte original, nous n'hésitons pas un seul instant, et nous donnerons toujours à l'ébauche poétique le pas sur la version grammaticale [...]. [...] C'est le propre des natures poétiques de pouvoir s'élancer d'un bond au cœur même d'une littérature, et de s'identifier spontanément avec l'esprit des siècles ; mais, pour que de semblables dispositions réussissent, il faut que la science leur vienne en aide, il faut qu'une intelligente et scrupuleuse analyse de la langue et de ses procédés mystérieux éclaire la révélation. Sans la méthode, il n'est pas d'instinct généreux, pas de velléité féconde qui n'avorte (Blaze de Bury, 1841 a, p. 560).

Si l'on veut bien se rappeler l'intérêt évident de Blaze pour le fonctionnement sémiotique des lieder, cette position intermédiaire pourrait bien consister en fait, comme chez Theuriet, en une intuition des mécanismes du sens poétique, qui conditionneraient une attitude de recréation similaire chez le traducteur[11].

---

11 On signalera que ce statut de création littéraire prêté à la traduction ne doit pas conduire à identifier le propos de Blaze à celui des romantiques. Ces derniers en effet voient surtout

À une époque où les réflexions sur la traduction sont aussi nombreuses que vagues, les considérations sur le lied jettent en somme une lumière précieuse sur la nébuleuse des positions en matière de traductologie. Elles fournissent un apport d'autant plus utile que le genre germanique pousse les médiateurs à interroger le fonctionnement même du sens poétique, du fait de l'écart qu'ils perçoivent entre celui-ci et la production française. Ils y formulent donc des intuitions que l'on peut appliquer à leurs textes sur la traduction. Dès lors, au-delà du manque de scientificité de ces essais, ou de leur recours persistant à des catégories d'analyse parfois peu pertinentes, on peut saisir des indices précurseurs de théories postérieures sur le sens en discours et, corollairement, sur la traduction. L'attention portée aux mécanismes d'actualisation de la langue dans le texte poétique conduit vers une appréhension de celle-ci comme la recréation de ce processus, et non plus comme une restitution du contenu notionnel ou de sa formulation.

Capucine ECHIFFRE
Université de Nantes
France

le geste créateur du traducteur dans le renouvellement du système français que sa tendance au calque l'amène à opérer.

TROISIÈME PARTIE

TRADUCTION ET INCONSCIENT

MÉTHODOLOGIES CONSCIENTES ET INCONSCIENTES DU TRADUCTEUR LITTÉRAIRE

Dans son excellente *Introduction à la traductologie*, Mathieu Guidère rappelle ceci : « Dans le sillage de Steiner il faut insister sur un point méconnu : traduire c'est déjà faire de la traductologie. Parfois consciemment, bien souvent inconsciemment. L'activité de traduction suppose en effet une conscience traductologique minimale. Même dans le cas d'un apprentissage "sur le tas", l'expérience montre qu'il existe une réflexion traductologique latente qui préside au travail de l'apprenti traducteur. Cette réflexion n'est pas toujours bien conceptualisée mais elle existe. L'exemple des traducteurs compétents qui n'ont jamais suivi le moindre enseignement de traduction le montre assez[1]. »

Par ailleurs, il précise plus loin : « Les sciences cognitives montrent que l'agent humain a un rôle central dans le processus de traduction mais qu'il ne maîtrise pas totalement ce processus dans lequel interviennent des éléments psychiques et mentaux complexes, des phénomènes déterminants tels que la perception, la compréhension et la mémorisation » (Guidère, 2008, p. 16), et j'ajouterai même des mécanismes de défense, nous en parlerons plus loin… Et Mathieu Guidère de conclure : « Il n'est pas question ici de polémiquer sur la prééminence de la théorie sur la pratique, ni inversement. Une pratique sans réflexion critique n'est que ruine de l'âme, et une théorie déconnectée de la réalité professionnelle n'est qu'une vue de l'esprit. » (*Ibid.*, p. 17).

Nous sommes bien d'accord. Ce « nous » englobant la catégorie des traducteurs déjà expérimentés, avertis et soucieux de fournir une traduction se rapprochant de l'idéal. Traductologues *vs* praticiens, traductologue à son insu, traducteur universitaire *vs* traducteur professionnel,

1 Mathieu Guidère, *Introduction à la traductologie*, Bruxelles, Éd. De Boeck, 2008, p. 13.

autotraducteur et écrivain-traducteur : autant d'approches diverses d'un même processus protéiforme : celui de la transposition, de la translation, de la mimesis, de la réécriture, de l'adaptation, de la visée cibliste ou de la visée sourcière, et j'en passe. Je ne m'attarderai donc pas sur toutes ces optiques qui seront développées à l'envi, et je passerai la parole à la traductrice praticienne que je fus durant de longues années, pour me livrer à une sorte d'introspection, que je souhaite salutaire et surtout représentative. Une praticienne donc qui fut aussi enseignante et qui, forcément, a dû réfléchir sur sa pratique, a dû la conceptualiser, la structurer a posteriori pour pouvoir la communiquer : ajoutons que d'après mon expérience, l'enseignement de la traduction n'est ni plus ni moins qu'une maïeutique socratique débouchant sur l'élaboration d'un savoir-faire ou de grands principes décrits dans la littérature traductologique ; pourtant ce savoir-faire et ces principes n'auraient ni convaincu ni sensibilisé l'étudiant s'il ne les avait redécouverts lui-même, par lui-même, avec son corps, ses neurones, son vécu et son imaginaire à lui, dans *sa* pratique. Or c'est ici, dans ce processus de re-découverte individuée, qu'intervient un facteur qu'aucune théorie ne pourra jamais ni prévoir ni contrôler, facteur au demeurant peu analysé voire évoqué dans les sciences de la traduction, facteur en tout cas jamais clairement nommé : *l'obstacle intime*. Que faut-il entendre par là ? L'apprenant a beau s'imprégner de telle approche théorique, s'il rencontre en lui, en soi, un obstacle qui lui barre la route ouverte par telle approche théorique prônée et assimilée, il sera dans l'incapacité totale d'appliquer celle-ci. Cet obstacle peut être d'ordre psychologique ou physiologique et le traducteur devra passer par une thérapie extérieure au métier pour en venir à bout. Comme le résume Thilde Barboni, psychologue clinicienne et traductrice de l'italien :

> Il faut rappeler que lorsque les exigences du Ça sont trop pressantes, le Moi met en place des protections : les mécanismes de défense.
>
> Ces mécanismes de défense, censés protéger le Moi d'une trop grande insistance du Ça dépendent de notre structure de personnalité.
>
> Une personnalité de type névrotique utilisera massivement le refoulement (mise hors du champ de conscience des contenus interdits ou dérangeants). En traduction, bien évidemment, le refoulement est le pire ennemi de la restitution d'un texte en langue cible.
>
> Une personnalité de type paranoïde projettera son inconscient sur tous les textes qu'elle traduira. Une personnalité schizoïde utilisera la dénégation (refus

> d'admettre un sens). S'il va jusqu'au déni (élimination d'une représentation gênante, négation de la perception), le texte sera restitué avec des lacunes patentes. Si à ces défenses s'ajoute un Surmoi tyrannique avec des interdictions d'ordre moral, la traduction devient très difficile, voire impossible[2].

Aucun ouvrage théorique, aucune réflexion traductologique, ne pourra jamais fournir de solution générale à ce type d'obstacle intime et extra-territorial à la volonté pourtant présente de restituer fidèlement un contenu et un style. La pratique seule permettra d'abord de repérer le mécanisme empêchant la restitution, et ensuite de trouver une solution pour l'évacuer. C'est notamment en ceci que la pratique l'emporte haut la main sur la théorie ignorante, forcément ignorante, du cas particulier. Car c'est uniquement en pratiquant que *je* prends conscience de *mes* obstacles.

Il est un second élément que la théorie ne peut ni anticiper, ni contrôler : la part de créativité de l'écriture traductive. Le traducteur littéraire est incontestablement un écrivain à part entière, en ce sens qu'il partage avec l'auteur les mêmes problèmes d'écriture : trouver le mot juste, rythmer la phrase, créer tel effet par tel expédient stylistique, etc. Le talent d'écriture n'est « théorisable » que dans la mesure où l'on peut le décrire, de l'extérieur ; sans doute la science parviendra-t-elle un jour à expliquer son fonctionnement, ses tenants et ses aboutissants, mais cela ne changera rien à l'affaire ; ce talent, ce don, on l'a ou non, on ne peut l'acquérir. Comme tout don, pour la musique ou les arts plastiques, il est inné. Tout ce que l'enseignant peut faire, c'est le développer et l'aider à évoluer. Mais pas le faire jaillir.

Obstacles intimes à la bonne restitution, et créativité : voilà deux paramètres qui échappent largement à toute théorisation car ils relèvent du particulier, de l'intrinsèquement particulier.

Il est un troisième élément à souligner dans la pratique du traducteur littéraire : c'est la qualité de sa lecture intensive, exceptionnellement attentive. Dans mon parcours de praticienne, il est une dimension majeure récurrente que je développerai maintenant. Elle est à ce point fondamentale, constitutive de la spécificité de tel ou de tel texte, qu'elle passe souvent inaperçue. Elle est dans tous les cas difficile à saisir, à définir, j'ai nommé : la voix du texte.

---

2 Thilde Barboni, « Traduction et inconscient », *Cahiers internationaux du symbolisme*, Université de Mons-Hainaut, août 1999, p. 23-33.

Les réflexions que je vous livrerai ici sur cette voix ne s'écartent nullement du sujet annoncé ; car tout traducteur littéraire a forcément maille à partir avec cet ingrédient qui entre consciemment ou inconsciemment dans sa méthodologie traductive. Cet élément est à ce point constitutif du processus de restitution que si je n'entends pas ladite voix d'abord et si ensuite je ne puis l'entonner à mon tour, je suis aussi impuissante à me lancer dans l'interprétation qu'un pianiste qui n'aurait pas de ton à la clé de sa sonate. Mais un traducteur ne peut entonner toutes les voix et c'est ici qu'intervient le facteur d'empathie, j'y reviendrai.

IMPRESSIONS LIMINAIRES

Cette voix, je l'entends chaque fois que je lis, *a fortiori* que je traduis un texte littéraire. C'est la « voix du texte », qui n'est pas nécessairement celle de l'auteur et peut même en être très éloignée. Sans cette voix, le texte ne m'interpellerait pas et surtout il manquerait de cohérence, il n'y aurait que des mots sur le papier, sans une vie derrière les lignes, entre les lignes. Il n'y aurait que des petites pièces rapportées, mais pas la mosaïque avec son motif.

LA COHÉRENCE TEXTUELLE

Ce qui fait la qualité d'un texte et donc aussi d'une traduction réussie c'est, en tout premier lieu, la cohérence textuelle. En filigrane, le récit ou l'essai se déroule en suivant les méandres d'une ligne invisible que l'on pourrait retracer, un peu comme l'enfant qui retrouve la forme cachée dans un pointillé. Cette ligne imperceptible me conduit, moi le lecteur, du A qui débute au Z qui clôture le propos de l'auteur. C'est elle qui m'accroche et m'entraîne dans la lecture complète du texte. Sans cette ligne conductrice, il n'y aurait que des bribes textuelles juxtaposées, additionnées l'une à l'autre.

C'est ce fil d'Ariane narratif ou argumentatif que le traducteur ne peut omettre de repérer, sous peine de fournir dans sa langue un texte sans queue ni tête. Il en isolera tous les relais de natures diverses : les connecteurs ou embrayeurs, les accents toniques de la phrase ou du paragraphe, les champs sémantiques et lexicaux, bref, tous les éléments qui cimentent le texte et font « qu'il se tient ». Bien sûr tout morceau littéraire a aussi un ton à la clé, et joue sur les registres de langage, mais la voix est encore autre chose : celle de l'auteur peut-être, en partie, mais aussi celle de la langue et de la culture qui ont imprégné celle-ci.

DE LA TROISIÈME OREILLE À LA VIVE VOIX

Deux grands hommes ont été particulièrement sensibles à cet élément difficilement localisable mais porteur du texte et lui ont consacré leurs réflexions : un philosophe, Friedrich Nietzsche, et un psychophonéticien, Ivan Fonagy.

LE MARTEAU DU TRADUCTEUR

Nous savons que Nietzsche considérait le corps comme un vecteur essentiel de connaissance et plus particulièrement l'oreille. Dans l'avant-propos du *Crépuscule des idoles*, il fait la distinction entre ceux qui n'ont que deux oreilles et ceux qui derrière ont d'autres oreilles encore. Il élabore une typologie des divers *marteaux* créés par l'homme : à côté des marteaux de l'iconoclaste, du sculpteur, du piano, il y a celui du médecin, qui permet d'entendre le corps malade et fait parler ce qui se tait, par exemple dans un corps qui semble sain à la vue et se révèle ne pas l'être à l'audition. Nietzsche lui-même se considère comme le philosophe médecin qui ausculte la culture, et il se dit également philosophe-lecteur, philologue, qui écoute le texte, le style, et même le corps de l'écrivain qui se tient derrière le texte. Un exemple célèbre vient aussitôt à l'esprit : celui de l'écriture proustienne dont on a mis les longues périodes en relation avec la constitution asthmatique de l'écrivain, mais dans ce cas précis, les longues respirations textuelles seraient non pas un reflet du corps présent dans le texte, mais plutôt une fuite hors de ce corps privé de souffle.

Dans ses aphorismes 246 et 247 de *Par-delà bien et mal* Nietzsche, sensible à la musique du texte, crée la métaphore de la *troisième oreille*, oreille subtile qui permet d'entendre le rythme, le tempo des textes :

> Il entre de *l'art* dans n'importe quelle phrase bien faite, un art qu'il s'agit de deviner si l'on veut comprendre la phrase ! *C'est ainsi que se méprendre sur le rythme, la mélodie d'une phrase, c'est se méprendre sur le sens même de la phrase*[3].

Nietzsche met donc bien en évidence la teneur sémantique de la forme littéraire, en l'occurrence du rythme auquel les Allemands seraient insensibles (Nietzsche, rappelons-le, était germanophobe). Dans plusieurs de ses textes il affirme par exemple que la langue allemande est incapable de traduire un rythme rapide. Ainsi l'aphorisme 28 de *Par-delà bien et mal* affirme que l'allemand est inapte au *presto* (*op. cit.*, p. 47). On ne peut pas traduire Machiavel en allemand, son tempo, son *allegrissimo*, on ne peut traduire non plus Pétrone, maître du *presto*. Il est donc impossible aux Allemands de comprendre ces auteurs parce qu'ils *n'entendent* pas Machiavel, ni non plus l'air qu'a respiré Machiavel, « l'air sec et subtil de Florence ». L'Allemand est donc hermétique à l'intelligence de ces textes. Comme l'explique Olivier Ponton[4], selon Nietzsche le rythme d'un texte, d'une langue est indexé sur celui d'un métabolisme et l'Allemand aurait un métabolisme plus lent que celui de l'Italien.

Autre composante textuelle essentielle pour Nietzsche, le ton, *Klang* en allemand, la résonance, la sonorité, le timbre de la langue, et c'est cette résonance que cherche à produire aussi le philosophe médecin avec son marteau : il essaie de faire retentir le corps, de la même manière que le lecteur doit faire retentir la langue. Dans l'aphorisme 104 du *Gai Savoir*[5] (« Du ton de la langue allemande »), il rappelle que « l'allemand sonne d'une façon brutale et rauque qui évoque l'homme des bois, les

---

3 Friedrich Nietzsche, *Par-delà bien et mal*, trad. Cornélius Heim, Paris, Gallimard, Folio essais, 1971, p. 166, aphorisme 246.

4 Olivier Ponton lors d'un entretien avec Raphaël Enthoven, France culture, *Les nouveaux chemins de la connaissance*, mercredi 7 octobre 2009 : « L'ouïe chez Nietzsche ».

5 Friedrich Nietzsche, *Le Gai Savoir*, trad. Pierre Klossowski, Paris, Gallimard, Folio essais, 1956, p. 128.

chambres enfumées et les contrées aux mœurs discourtoises » (*ibid.*, p. 129). Et il va même plus loin en affirmant que « l'habitude de certaines résonances pénètre profondément le caractère : on a bientôt les mots et les tournures et finalement les pensées propres à ce genre de résonance ! » (*Ibid.*, p. 130).

Ce que l'on entend dans le texte allemand (ce qu'entend la troisième oreille, l'oreille fine), c'est la *voix*, le souffle, le corps de ceux qui parlent cette langue. L'attention que porte Nietzsche au rythme et au timbre du texte, c'est une attention à ce que la musique – ici celle du texte – a de plus corporel, matériel, c'est l'écoute attentive du corps de cette musique. En l'occurrence les Allemands sont encombrés par un corps lourd, manquant de tonus, de dynamisme[6].

Le rythme et le timbre d'un texte seraient donc les émanations du corps dans l'écrit, du corps de l'auteur, mais aussi d'un peuple, d'une culture. Nietzsche certes n'y va pas de main morte, mais si son appréciation de la lourdeur allemande est aussi peu objective et scientifique que la haine de Baudelaire envers les Belges, ses considérations sur l'influence du métabolisme sur le rythme textuel méritent réflexion. Certains auteurs déclarent ainsi ne pas avoir le souffle nécessaire pour écrire un roman et se tournent vers la nouvelle ou le récit court. Ou inversement. Et à ce propos, dans l'aphorisme 247 de *Par-delà bien et mal*, Nietzsche poursuit :

> Pour les *Anciens*, une période est une unité physiologique susceptible d'être embrassée par une seule respiration. Des périodes comme celles de Démosthène et de Cicéron, qui s'enflent deux fois et retombent deux fois dans le cours d'une seule respiration, faisaient le délice des *Anciens*. […] Nous autres modernes, courts de souffle à tous les sens du mot, nous n'avons au fond pas droit à la *grande* période. […] En Allemagne seul le prédicateur savait ce que pèsent une syllabe et un mot, comment une frappe rebondit, se presse, roule et se déroule, lui seul logeait une conscience dans son oreille… (Nietzsche, 1971, p. 167).

Dans une période il faut voir une convention rhétorique, certes, mais également un tout physiologique : l'unité d'une respiration ; les périodes oratoires de Démosthène et de Cicéron étaient des unités respiratoires à travers lesquelles il faut entendre le souffle de l'orateur, c'est-à-dire, comme le dit Nietzsche de façon très précise : ses poumons, son endurance, la force et la puissance des poumons antiques (*ibid.*).

---

6 Comme le résume Olivier Ponton, *cf.* note 4.

En matière de lecture, l'impératif nietzschéen pourrait donc être celui-ci : *le texte tu écouteras*. Ici encore, les Allemands ne peuvent que le décevoir, comme il le déclare au début de l'aphorisme 247 :

> Rien ne montre mieux l'indifférence du style allemand à la sonorité des mots et au plaisir de l'oreille que les écrits de nos bons musiciens. L'Allemand ne lit pas à haute voix (*vorlesen*) pour l'oreille, mais seulement avec les yeux : pour lire (*lesen*), il remise ses oreilles dans un tiroir. Quand il lisait, ce qui arrivait assez rarement, l'homme antique se faisait la lecture à lui-même, à haute voix ; on s'étonnait de voir quelqu'un lire à voix basse et on en cherchait les raisons à part soi. À haute voix cela signifie en rendant sensibles les renflements, les flexions, les ruptures du ton, les changements d'allure, toutes choses à quoi le public antique prenait plaisir.

Dans le jargon des traducteurs littéraires, un mot est récurrent : « souffle », s'entend le souffle du texte qu'il s'agira de restituer. Ce souffle fait partie intégrante de la voix du texte qui semble donc constituée de trois éléments indissociables : le rythme, la résonance ou timbre, et le souffle. Une certaine « empathie physiologique » semble donc requise pour que le traducteur, appelé à recréer le texte original dans une autre langue, puisse s'acquitter de sa tâche avec bonheur. Sans cette parenté de souffle et cette aptitude à épouser un certain tempo, le travail serait ardu et le résultat sans doute artificiel et peu convaincant. L'empathie ne relève donc pas au premier chef d'une communauté idéologique, mais d'une ressemblance physiologico-linguistique qui marque un style, le fait chanter dans ses longues ou courtes périodes, lui imprime la vie qui rendra le texte traduit aussi convaincant et « vrai » que l'original. C'est à quoi se réfère *a contrario* Nietzsche au début de l'aphorisme 28 de *Par-delà bien et mal* :

> Ce qui passe le plus mal d'une langue dans une autre, c'est le rythme de son style, qui tient au caractère de la race, ou, pour m'exprimer en termes plus physiologiques, le rythme moyen de son « métabolisme ». Il est des traductions honnêtes qui sont presque des trahisons, qui banalisent involontairement l'original, simplement parce qu'elles échouent à rendre son rythme hardi et joyeux, qui court et saute au-delà de tous les périls des mots et des choses (*op. cit.*, p. 47).

Malheureusement, le traducteur dont le métabolisme conviendrait idéalement à la restitution de tel texte étranger, se voit souvent et malgré lui dans l'incapacité de rendre ce rythme qu'il entend pourtant. En effet, le matériau qu'il doit modeler, auquel il veut imprimer le tempo original : sa propre langue, ne se laisse pas manipuler aussi aisément. Et le problème sera décuplé quand il en viendra à la restitution de l'autre composante corporelle et sémantique du texte : la résonance, la sonorité, le *Klang* dont parle Nietzsche, notamment les phonèmes dont il sera question dans la suite de cette intervention consacrée au psychophonéticien Ivan Fonagy. Car si l'on peut forcer un rythme en malmenant quelque peu sa langue maternelle, il est impossible de la faire résonner de sons qu'elle ne possède pas.

Reste donc le souffle qui semble bien passer sans trop de difficultés dans un grand nombre de langues. En allemand par exemple, les longues phrases gorgées d'incises sont possibles, voire naturelles ; quant au français, que l'on dit prioritairement élégant, ce type de période en entonnoir semble lui répugner. Qu'à cela ne tienne, le traducteur soucieux de respecter un certain effet littéraire, dès lors que la longueur de la phrase a une visée sémantique et crée un effet, peut ici parfaitement modifier la nature du français naturellement timide en la matière. Violer quelque peu la langue cible pour y faire transparaître l'étranger : n'était-ce d'ailleurs pas ce que prônait Walter Benjamin qui attribuait à la traduction une tâche messianique : celle de l'élargissement vers la *Reine Sprache*, la langue pure et originelle ?

On pourrait donc compléter la typologie nietzschéenne des marteaux, en y ajoutant le marteau du traducteur : celui qui devrait faire résonner… la voix profonde qui sous-tend la texture textuelle tout entière. Dans « La Lettre de Turin, mai 1888 » du *Cas Wagner*[7], Nietzsche, qui a écouté plus d'une vingtaine de fois la *Carmen* de Bizet, déclare que ses oreilles vont fouiller sous cette musique dont il écoute l'origine (*deren Ursache*), sa cause première, comme s'il assistait à sa naissance. C'est l'oreille du généalogiste, qui remonte à l'origine cachée et reconstitue la genèse, le processus de dissimulation de l'origine de ce comportement musical, ou textuel. Il est intéressant de rappeler que cette démarche était exactement celle qu'appliquait Yves Bonnefoy dans ses traductions poétiques !

Remonter au *Bing-Bang* de la genèse d'un texte en l'écoutant à l'aide de sa troisième oreille : ne serait-ce pas là le fondement même de tout comportement traductif de bon aloi ? Aller prendre le texte à sa racine,

---

7 Friedrich Nietzsche, *Le Cas Wagner*, trad. Éric Blondel, Paris, GF Flammarion, 2005, p. 34.

aborder la traduction sous l'angle d'une telle *radicalité*, de laquelle tout le processus conséquent d'écriture mais aussi de restitution coulerait de source : n'est-ce pas là une autre définition de l'intropathie abondamment prônée dans le métier ?

Ici pourtant surgit immanquablement un autre obstacle que Nietzsche a su mettre en évidence dans une argumentation qu'il serait difficile, voire impossible de réfuter dans notre post-modernité. Dans *Aurore* (aphorisme 423)[8] il dira que l'oreille nous révèle aussi le silence de la nature, car elle n'est faite que pour entendre ce que dit l'homme. La nature est ce qui se voit, mais ce qui s'entend, c'est toujours l'homme. Il précise une chose essentielle dans le processus de compréhension, de captation d'un message par la lecture et donc de vital dans la traduction : *un interprète quel qu'il soit ne peut comprendre un comportement que dans la mesure où il projette sur lui des éléments de son propre vécu* – c'est d'ailleurs à ce phénomène que se réfère depuis avril 2010 la nouvelle théorie scientifique des « neurones-miroirs ». Finalement tout n'est qu'anthropomorphisme. Dans la caverne de la connaissance, l'homme n'entend que lui-même. L'homme n'entend toujours que l'écho de sa propre voix. « Ce à quoi on n'a pas accès par l'expérience vécue, on n'a pas d'oreille pour l'entendre », conclura-t-il dans *Ecce homo*[9]. Dès lors qu'il est impossible de comprendre ce que l'on n'a pas vécu soi-même, le propos du génie, pionnier et novateur par excellence, sera forcément inintelligible à la majorité sinon à la totalité des lecteurs. Si on imagine un livre comme *Ainsi parlait Zarathoustra*, qui parle d'expériences radicalement nouvelles, on n'entend rien. Là où on n'entend rien, il n'y a rien. Le médecin ne peut entendre la santé ou la maladie du corps, que s'il connaît lui-même la santé et la maladie. Et toujours dans *Ecce homo*, au chapitre intitulé « Pourquoi j'écris de si bons livres », il précisera : « Que l'on ne veuille rien prendre de moi, qu'on ne m'entende pas, non seulement c'est concevable, mais cela me paraît être juste. » (*Ibid.*, p. 91 *sqq.*) En d'autres termes, il n'y a pas, ou pas encore d'oreilles pour entendre son livre.

Voilà un bien angoissant verdict pour tout traducteur littéraire qui, soucieux de fidélité, devrait donc avoir un vécu existentiel ou culturel au moins identique à celui de son auteur. Afin de l'entendre. Et donc de le traduire.

---

8 Friedrich Nietzsche, *Aurore*, trad. Julilen Hervier, Paris, Gallimard, Folio essais, 1980, p. 129.

9 Friedrich Nietzsche, *Ecce homo*, trad. Éric Blondel, Paris, GF Flammarion, 1992, p. 93.

Ainsi n'y a-t-il pas que la connaissance ou la recherche qui seraient mises en œuvre dans le travail de lecture et partant, de traduction, mais aussi et peut-être surtout la *reconnaissance*. On pourrait toutefois rétorquer que l'analyse égocentrique de Nietzsche escamote une dimension humaine intellectuelle tout à fait apte à contredire cette affirmation péremptoire : la capacité humaine de reconnaître par l'imaginaire, ou par la « divination » et l'intuition. Aussi innovatrice et révolutionnaire que soit une pensée originale prétendument vierge d'antécédents précurseurs, elle est toujours enracinée, ne serait-ce que partiellement, dans un vécu qui « l'amène ». Toute éclosion procède d'un terreau préexistant favorable, comme l'a si brillamment démontré le matérialisme dialectique d'Ernst Bloch. À condition que le génie s'exprime avec précision et soit guidé par une volonté réelle de communiquer sa « prescience » (ce qui n'est pas forcément le cas de Nietzsche), le lecteur intelligent et soucieux « d'entendre » exactement à l'aide de son « marteau » découvreur et de sa troisième oreille, finira par « deviner intuitivement et comprendre » la nouveauté absolue que décrit le « génie ». Sa lecture active qu'est la traduction le fera progresser sur le terrain défriché par l'auteur-découvreur qui devrait… lui ouvrir les yeux, sinon les oreilles. Pour le traducteur bien intentionné, tout espoir n'est donc pas perdu.

Néanmoins Nietzsche n'a pas tout à fait tort : « Là où on n'entend rien, il n'y a rien. » La tentation sera grande pour le lecteur et son anthropomorphisme naturel d'introduire dans le vide du texte abscons le plein de sa propre voix, comme lorsqu'il emplit la nature de son Moi. C'est ici que s'ouvre le piège par excellence du traducteur : supplanter la voix du texte par la sienne propre.

LES TRÉFONDS DE LA VIVE VOIX

C'est sous un angle bien différent que la question de la voix du texte est abordée par Ivan Fonagy, qui orientera ses recherches dans un domaine peu fréquenté : celui de la psycho-phonétique. Ce sont les bases pulsionnelles de la prosodie qu'il analysera à l'aide de la science phonétique et de la théorie psychanalytique. Selon lui, l'appareil phonatoire est un théâtre où se jouent vocalement des psychodrames. Ainsi la métaphore « parler d'une voix étranglée » contient-elle en germe l'explication du geste[10]. La phonation agressive, haineuse, produit souvent cette voix étranglée : si l'on s'étrangle de la sorte, c'est pour préfigurer l'homicide. Le comportement vocal (où la colère et la haine prolongent la durée de l'occlusion et rétrécissent le canal buccal au cours de l'articulation des consonnes fricatives) serait une contrefacture miniaturisée du combat. Fonagy parle de *mimique vocale* (*ibid.*, p. 27) et de *réalisation articulatoire de l'attitude* ou encore de *mimique audible* (*ibid.*, p. 30) et il « ne peut s'empêcher d'admirer l'économie et l'élégance d'un procédé qui réduit d'abord les mouvements expressifs du corps entier – résidus symboliques d'activités corporelles – aux dimensions du larynx et des cavités pharyngo-buccales. […] La mimique glottale, pharyngale et buccale se reflète dans les sons qu'elle engendre » (*ibid.*, p. 51). Et il conclura : « Il semble donc que l'on puisse percevoir la mimique également par l'oreille. » (*Ibid.*, p. 54.)

La vive voix, qui est d'ailleurs le titre de son essai, s'oppose à la lettre morte. C'est cette vive voix qui vient précisément donner vie au style écrit. Fonagy va puiser dans le texte littéraire, poétique ou théâtral, une multitude d'exemples convaincants. Dans une scène de la *Cantatrice chauve* d'Eugène Ionesco, faisant suite à une série de phrases anodines et banales, la haine croissante se reflète uniquement dans une grandiose accumulation des *k* « durs » :

M. MARTIN

On ne fait pas briller ses lunettes avec du cirage noir.

MME SMITH

Oui, mais avec l'argent on peut acheter tout ce qu'on veut.

M. MARTIN

J'aime mieux tuer un lapin que de chanter dans le jardin.

M. SMITH

Kakatoes, kakatoes, kakatoes, kakatoes, kakatoes, kakatoes, kakatoes, kakatoes, kakatoes.

MME SMITH

Quelle cacade, quelle cacade, quelle cacade, quelle cacade, quelle cacade, quelle cacade, quelle cacade, quelle cacade, quelle cacade.

---

10 Ivan Fonagy, *La Vive Voix*, Paris, Payot, 1991, p. 89.

M. MARTIN

Quelle cascade de cacades, quelle cascade de cacades, quelle cascade de cacades, quelle cascade de cacades, quelle cascade de cacades, quelle cascade de cacades, quelle cascade de cacades, quelle cascade de cacades.

(*Ibid.*, p. 93 *sq.*)

Fonagy évoquera aussi l'exemple des sons « érectiles », comme le *r* apical. Il rappelle que dès l'Antiquité le *r* est associé au combat : « Le *r* prend tout son relief lorsqu'il s'agit d'actions violentes et véhémentes (*quandoque exponuntur res acerbae ac vehementes*) », écrit Vossius en citant des vers de Virgile et d'Horace. *r* est « la plus robuste des semi-voyelles », selon Denys d'Halicarnasse. Les *r* « sont les vrayes lettres Héroïques », écrit Ronsard dans la préface de Franciade (1587, Œuvres complètes, Paris, 1914, VII, p. 93). « [...] Enfin, un *r* très fortement roulé confère à l'espagnol et à l'italien un cachet de masculinité sans diminuer la souplesse de ces langues. » (Fonagy, 1991, p. 96).

La dureté du *r* apical aurait donc un caractère décidément viril qu'on pourrait illustrer par une strophe du *Don Juan aux enfers* de Baudelaire :

Tout droit dans son a*r*mu*r*e, un grand homme de pie*rr*e
Se tenait à la ba*rr*e et coupait le flot noi*r*;
Mais le calme hé*r*os, courbé sur sa *r*apiè*r*e,
*R*ega*r*dait le sillage et ne daignait *r*ien voi*r*.

C'est à Istvan Hollos, rappelle Fonagy (*ibid.*, p. 100) que l'on doit cette dénomination de son « érectile », Hollos qui considère le *r* apical comme un représentant de la pulsion génitale masculine : un trait commun entre le pénis et la langue est en effet l'érectibilité des deux organes. Le *r* fortement roulé pourrait donc être considéré comme un reflet vocal de la menace phallique, tout comme le doigt levé en est la transposition manuelle. *A contrario*, T. H. Pear va jusqu'à parler d'émasculation pour qualifier le *r* anglais affaibli, produit avec peu ou sans roulement comme une constrictive ou voyelle (*ibid.*).

Quel serait donc le statut du geste phonatoire dans le style écrit ? Qu'y devient l'expressivité orale ? Et pour en revenir au thème central de ce propos : la mimique vocale est-elle également une composante de cette fameuse voix du texte ?

Tout d'abord le style verbal, précise Fonagy (*ibid.*, p. 25), consiste en une série de manipulations expressives des phrases engendrées par la grammaire : manipulation des séquences de sons, de l'accentuation, de l'intonation, de la distribution des pauses, de l'ordre des éléments significatifs. Dans tous les cas, la manière de prononcer ou la manière de parler, le style vocal, le style verbal, est un message secondaire engendré à l'aide d'un système de communication préverbale et intégré au message linguistique proprement dit. Les éléments musicaux du langage (rythme, intonation) expriment des émotions en les agissant tout comme la danse. Mais ces éléments musicaux sont soigneusement « codés », rigoureusement intégrés au système particulier d'une langue donnée. L'interprétation psychanalytique suggère qu'une attitude par exemple agressive accentuera en n'importe quelle langue la charpente rythmique de la phrase, renforcera les accents, simplifiera le schéma mélodique, raccourcira la durée des voyelles et prolongera celle des consonnes obstrusives, introduira des pauses fréquentes et souvent irrégulières (*ibid.*, p. 150 *sq.*).

Or ce que le poète transcrit, c'est également ce vaste et riche geste phonatoire, présent même sous forme codée. C'est par la manipulation consciente des phonèmes, des accents et de la mélodicité qu'il donne vie scripturale à cette voix intérieure que percevra à son tour le lecteur. Le style vocal comme communication préverbale s'intègre donc poétiquement au message linguistique. C'est la vivacité de la parole qui vient animer la lettre morte. C'est la voix du poète, la vive voix qui résonne dans les « styles ».

Finalement, nous ne sommes pas loin de Nietzsche et de son oreille de généalogiste qui tentait d'entendre l'origine, la cause première de toute musique, y compris textuelle : n'est-ce pas, du moins en partie, ce même fonds préverbal de la parole qu'il voulait faire résonner avec son marteau de philologue ? Pourtant, on aurait tort de croire que ce fonds originel est indifférencié et commun : Edouard Sievers, un des précurseurs de la phonétique moderne, fut sans doute, comme le rappelle Fonagy (*ibid.*, p. 273), le premier à prendre au mot la métaphore de *mélodie du texte.* Il a postulé l'existence de constantes prosodiques individuelles, de structures rythmiques, de schémas mélodiques propres à tel ou tel poète ou écrivain à une certaine période de sa vie, constantes qui se reflétaient à travers ses textes. Selon Sievers, la lecture simple et fidèle d'un texte reproduisait involontairement ces caractéristiques vocales. Le don d'entendre la voix du poète à travers les pages imprimées a permis à Sievers d'identifier l'auteur d'un texte ou de déterminer l'époque à laquelle cet auteur avait écrit telle ou telle partie de l'ouvrage. Sievers, qui était en même temps un philologue éminent, considérait cette analyse phonétique comme une méthode philologique valable. Il a pu constater, entre autres, que c'était le manuscrit B du *Niebelungenlied* qui correspondait à l'original et non le manuscrit A dont la structure mélodique n'était pas homogène. Et plusieurs de ses hypothèses furent corroborées par la suite (*ibid.*).

Fonagy, guidé par l'intuition mais soucieux de rigueur scientifique, se demande toutefois si la « musique verbale », que nous croyons entendre dans le poème par exemple, n'est pas une simple illusion, si elle n'est pas entièrement due au contenu et si nous ne nous leurrons pas en croyant percevoir la voix du poète derrière le texte. À propos du poète Milan Füst et de son poème *Vieillesse*, il déclare qu'il a pu entendre effectivement la voix du poète en chair et en os. Et cette lecture l'a rassuré : « J'ai reconnu la voix que j'avais cru entendre en lisant le poème. Cette voix scandait les vers qui m'avaient semblé prédisposés à une telle interprétation, elle montait et descendait à peu près comme je l'avais imaginé. » (*Ibid.*, p. 279.) Pourtant, s'inquiétera-t-il, « le poète lisant son poème est lui-même interprète, son interprétation n'est que l'une des réalisations possibles du texte et varie d'ailleurs quelque peu d'une lecture à l'autre. [...] Ainsi, malgré son authenticité, la présentation du poète ne couvre pas la structure musicale *sui generis* du poème, cette structure étant indépendante des interprétations concrètes et effectives » (*ibid.*, p. 282). Pour saisir le rythme et la mélodie inhérents au poème, il a invité cinq sujets à lire le poème à voix haute. Il essayait ainsi d'approcher, à l'aide de différents lecteurs, la voix du poète telle qu'elle se manifeste dans le texte. Il a ensuite établi une mélodie moyenne, à partir des cinq lectures produites, enregistrées et transcrites sous forme de partition musicale. Cette mélodie moyenne est celle du « chœur » des cinq lecteurs, formant le « lecteur collectif ». Il en est ressorti que le « chœur » était plus proche de l'interprétation par le poète lui-même que n'importe lequel des récitants en particulier. En déchiffrant la partition censée représenter la voix du « chœur », Fonagy déclare avoir retrouvé la voix qu'il avait entendue en lisant le poème.

UNE CONCLUSION POSSIBLE

Respiration, souffle, tempo, fonds pulsionnel préverbal, manipulation phonétique et mélodicité seraient donc les ingrédients à la fois culturels et individuels de cette voix du texte. Qui peut correspondre à celle du poète. Au traducteur d'utiliser son marteau nietzschéen pour la faire résonner à sa troisième oreille, son oreille fine, faute de quoi il ne restituera que des mots et des idées qui relèvent de la pensée conceptuelle avec sa structure logique, et escamotera « l'âme » du texte, car comme l'affirmait Cicéron : « Le style est le mouvement de l'âme », ou bien Sénèque : « Le style est le visage de l'âme ».

Il est intéressant une fois encore de mettre en parallèle la genèse de la partition que recherchait Nietzsche avec son oreille fine et son marteau, et la composante pour ainsi dire pré-logique du poème chez Fonagy. « Poète et interprète recourent à des moyens "musicaux", ils jouent avec les mots et avec les sons pour exprimer des contenus qu'un langage issu de la pensée conceptuelle serait incapable de rendre. Poète et artiste vocal utilisent la voix, le geste, la mimique et la métaphore pour dire plus qu'ils savent ; pour parler de ce qu'ils entrevoient seulement ou de ce qu'ils ne peuvent même pas entrevoir. [...] Le langage primitif, le pré-langage mis en relief par la poésie et l'art vocal, survit modestement à l'intérieur de la langue. Il ne pourrait concurrencer la langue évoluée. Sur un point cependant, et en raison précisément de son caractère primitif, le pré-langage dépasse en efficacité la communication linguistique. C'est en recourant aux moyens du langage primitif que poésie et art vocal se constituent en *poiesis*, en création et action. » (*Ibid.*, p. 320.)

La culture au sens large est dotée, elle aussi, d'un pharynx, d'un appareil phonatoire. À l'origine elle a éructé ses phonèmes que les siècles ont contribué à organiser et à affiner. La culture elle aussi a un tempo, qui vient animer sa langue, « le *presto* de Pétrone », où *l'adagio* des Allemands. La culture elle aussi a une voix. Quand le poète chante, c'est d'abord avec la voix de sa culture, à laquelle il mêle la sienne, en l'épousant ou en la syncopant. La voix du texte à traduire est donc double, c'est celle de la culture à travers celle du poète. Traduire une pensée dans une autre langue, c'est d'abord traduire le style qui l'exprime, c'est-à-dire qui transcrit la voix soucieuse de convaincre ou d'émouvoir. « C'est aussi dans le mouvement de son style que Lessing aima la libre pensée[11] », affirme Nietzsche à juste titre. Dans le *Principe Espérance* d'Ernst Bloch, il y a adéquation parfaite entre la pensée et l'écriture. Les catégories philosophiques nouvelles et le système ouvert de ce philosophe ne pouvaient s'exprimer que dans une langue pareillement ouverte, novatrice, voire dérangeante, en tout cas suggestive et non discursive. L'écriture blochienne crevasse ou fait sauter le vernis des concepts clos, traditionnels, émoussés, elle bouleverse la syntaxe classique et applique à la structure du texte les principes de la composition musicale, car pour Bloch la musique est au faîte de tous les arts. Les ingrédients de sa langue sont les mêmes que ceux de l'action éthique qu'il prône : la tension, l'énergie, la couleur, la subversion, le souffle prophétique qui bousculent et embrasent, et poussent à ce qu'il appelle « l'optimisme militant ».

LE MOT DE LA FIN
Un témoignage personnel

J'ai toujours entendu la voix de « mes » poètes, et ne pouvais d'ailleurs traduire leurs textes qu'à partir du moment où cette voix résonnait à ma « troisième oreille », et me guidait… dans la bonne voie. Qu'il s'agisse d'Ernst Bloch dont le ton prophétique empreint d'élan vital éperonnait chaque mot, vivifiait chaque paragraphe, tonifiait toute argumentation philosophique. Ou de Jean Améry dont le ton pénétré d'amers ressentiments et d'espoirs déçus semblait me parler d'outre-tombe. Ou encore celle du protagoniste des *Poires de Ribbeck*, qui le lendemain de la chute du Mur de Berlin, clame et vocifère sa libération intérieure dans un monologue ininterrompu, à la fois enflammé et ahuri de quelque cent pages. Ou enfin de l'Anonyme, cette *Femme à Berlin* dont on me confia le journal intime écrit entre le 20 avril et le 22 juin 1945, et dont la voix jeune affrontait l'horreur avec lucidité et humour, parfois avec

11 *Cf.* note 3, aphorisme 28, p. 48.

mélancolie. L'Anonyme mise à part, j'ai eu la chance de rencontrer mes trois auteurs majeurs, Ernst Bloch, Jean Améry, Friedrich Christian Delius, et de comparer ainsi la qualité de la voix écrite et de la voix de l'homme. Tous trois parlaient comme ils écrivaient : même rythme et même timbre que ceux de la voix suggérée par le style. Ce n'est peut-être pas chose fréquente et cela s'explique. Il peut y avoir une franche dichotomie entre l'homme et le poète, la concrétisation esthétique de son imaginaire peut être à l'opposé de sa réalité vécue et de son quotidien, les valeurs prônées dans l'œuvre d'art peuvent être le produit d'un Sur-Moi bien différent du Moi et du Ça de l'écrivain. Enfin il est des poètes de haute volée qui « lisent mal » leurs œuvres à haute voix, celle-ci peut ne pas être à la hauteur, il arrive que leur accent et leur intonation soient une injure à la beauté de leur écriture.

Quoi qu'il en soit, ce n'est pas la voix humaine du poète qui nous intéresse ici, mais la voix du texte. C'est elle qu'il nous incombe de traduire. Mais voilà, aussi fine que soit la troisième oreille du traducteur, aussi juste que soit son empathie ou son intropathie, aussi habile que soit sa plume, un obstacle insurmontable demeure et précarise son entreprise : le matériau sonore appelé à reproduire cette voix initiale, sa langue maternelle, découle d'une autre genèse et s'est plié à d'autres codes. Il est essentiellement disparate. Faut-il en conclure comme Fonagy que dans cette aventure : « On n'est pas loin de l'exploit du baron Münchhausen cherchant à se tirer du marécage où il s'enfonçait en s'attrapant par les cheveux[12] » ?

Françoise WUILMART
Université Libre de Bruxelles / ISTI
Traductrice
Belgique

12 *Cf.* note 10, p. 314.

LA STRUCTURE DE PERSONNALITÉ DU TRADUCTEUR, PASSAGER CLANDESTIN DE LA TRANSMUTATION LINGUISTIQUE

Étrange périple que celui du traducteur. Il part en quête d'une vision du monde, d'un imaginaire, d'un inconscient étrangers et il se retrouve confronté à ses propres limites, à ses angoisses archaïques avec, en embuscade, un mode de fonctionnement psychique personnel dont il ignore, la plupart du temps, tous les arcanes. Il reprend le chemin de la création en sens inverse avec, au creux de son fonctionnement cérébral, un passager clandestin : la part de lui-même qui lui échappe le plus. Il croit maîtriser les outils nécessaires à la traduction lors d'étapes cognitives que son expérience a apprivoisées, mais il n'a aucune emprise sur les dangers qui l'épient en lisière de l'espace mental qu'il va devoir violenter, profaner, afin d'appréhender tout le suc d'un texte, étape cruciale à sa restitution dans la langue d'arrivée.

On n'accède pas en toute impunité au monde des sensations, des représentations mentales et des fantasmes appartenant à l'indicible sphère de la création d'un auteur avant la transmutation tant espérée d'une langue à une autre. Le traducteur s'approprie la personnalité d'un auteur sur un mode proche du cannibalisme, il ouvre la boîte de Pandore d'un inconscient sans se douter que l'amplitude de l'ouverture va dépendre des limites imposées par sa propre structure de personnalité.

Si l'on examine les difficultés rencontrées par les traducteurs sous l'angle de leur structure de personnalité, de l'organisation de leurs différentes instances psychiques, des mécanismes de défense spécifiques à chacun et du rôle de l'inconscient mais aussi du Surmoi, de l'Idéal du Moi, deux questions s'imposent. Dans la mesure où la structure de personnalité d'un individu, c'est-à-dire son mode de fonctionnement, colore toutes ses activités, les oriente, les dicte parfois à son insu, quel est le poids de cette structure, différente d'un individu à un autre, dans la tâche souvent ardue qu'est la traduction du texte d'un auteur qui dispose lui aussi d'une structure de personnalité spécifique ?

Et puis, surtout : qui traduit quoi et pourquoi ?

Pour tenter de répondre à ces questions il est nécessaire de se pencher brièvement sur les trois structures de personnalité résumant les différents modes de fonctionnement mental et leurs caractéristiques.

La structure la plus complexe et la plus pathologique est la psychose dont les expressions sont : la dépersonnalisation et le délire (la création peut, dans certains cas, être assimilée à un « délire »). L'angoisse psychotique est une angoisse de morcellement. La relation d'objet (à l'autre) est fusionnelle et les défenses principales sont le déni et le dédoublement du Moi.

Ensuite vient la structure la plus courante : la névrose dont les principaux symptômes sont l'obsession et l'hystérie. L'angoisse névrotique est une angoisse de castration. La relation d'objet est génitale avec une défense principale : le refoulement.

Entre les deux, on trouve l'état limite (*borderline*). Cette structure est très intéressante du point de vue de l'art en général et de l'écriture en particulier car on peut supposer qu'elle « voyage » à la limite des deux autres. Tantôt vers la névrose, tantôt vers la psychose. Le symptôme majeur est la dépression. L'angoisse état limite est une angoisse de perte d'objet. La relation est anaclitique (on se repose sur l'autre) et les défenses principales sont le dédoublement des imagos et la forclusion.

Déjà cette allusion très résumée à la notion de structures psychiques – chaque structure est déclinée selon plusieurs variantes, par exemple pour les névroses : névrose de caractère, hystérie, névrose obsessionnelle, etc. ; pour les psychoses : paranoïa, schizophrénie, etc. – nous permet d'entrevoir les difficultés qu'éprouverait un traducteur fortement névrotique à appréhender des textes écrits par une structure, état limite explorant la frontière entre sa structure et la structure psychotique.

Un texte écrit par un écrivain état limite frôlant le délire, la dépersonnalisation et exprimant une angoisse de morcellement, ne pourra probablement par être appréhendé dans toutes ses nuances par un traducteur refoulant les représentations dérangeantes, fonctionnant selon des schémas obsessionnels et parfois enclin à des phobies, des évitements.

Un traducteur à la structure mentale fortement névrotique pourra tenter de traduire, grâce à sa connaissance de la langue et les outils dont il dispose, des textes correspondant à sa structure mentale. Il n'atteindra probablement jamais ce que l'on appelle souvent l'empathie (« écoute flottante ») avec un auteur à l'imaginaire schizoïde ou paranoïde.

Ce terme d'empathie est pratique mais, à mon sens, partiellement erroné. L'écoute flottante est une écoute bienveillante, sans engagement réel de celui qui la pratique. Il est préférable de le remplacer par la notion d'« apesanteur linguistique[1] » chère au remarquable traducteur qu'était Jacques De Decker ou à celle d'« *insight* linguistique[2] », pour décrire ce moment qui précède l'action de traduire. Cette saisie de toutes les données d'un problème, juste avant la mise en action de sa résolution est un état qui permet de maîtriser activement le texte source avant de passer à l'action en le restituant dans la langue cible.

Cette prise en considération des différentes structures de personnalité permet d'ébaucher une typologie des différents textes littéraires (et des différentes traductions correspondantes).

Les textes romantiques évoquant des pertes sentimentales douloureuses et inexplicablement inconsolables appartiennent à une expression de l'état limite et de son angoisse de perte d'objet. Si l'objet est perdu le sujet décompense dans la dépression.

Un texte décrivant des obsessions, des phobies, une angoisse de castration symbolique ou non appartient plutôt à la sphère névrotique.

Un texte technique dans lequel chaque terme a un équivalent précis dans la langue cible (et pour lequel exige parfois de fournir le texte cible en autant de caractères que le texte source) appartient clairement à une expression exacerbée de la sphère névrotique obsessionnelle.

Ce classement doit évidemment être nuancé : certaines œuvres présentent des caractéristiques qui appartiennent aux différentes structures, comme si l'écrivain disposait du don, grâce à la création – cette simulation d'une réalité contrôlée –, d'expérimenter différentes structures : tantôt névrotique, tantôt psychotique. Ces écrivains sont probablement des états limites dont les représentations mentales voyagent à la frontière de la névrose et de la psychose.

1 *Cf.* Jacques De Decker, « L'hypothèse de l'apesanteur linguistique », *Translation in Fabula : enjeux d'une rencontre entre fictions et traductions*, éd. Sophie Klimis, Laurent Van Eynde et Isabelle Eynde et Isabelle Ost, Bruxelles, Publications des Facultés universitaires Saint-Louis, 2011.

2 *Cf.* Max Dorra, *La syncope de Champollion*, Paris, Gallimard, 2003.

Cette réflexion débouche à nouveau sur plusieurs questions : les meilleurs traducteurs, à compétences linguistiques égales, ne seraient-ils pas ceux qui traduisent des textes correspondant à leur structure de personnalité ?

Dans le domaine littéraire, se situer à mi-chemin entre la structure névrotique stabilisée et la structure psychotique stabilisée est-il un atout ? La vaste catégorie des états limites avec leurs aspects dépressifs, phobiques parfois, avec des aménagements flirtant avec les perversions, ou les maladies de caractères, leur faculté de naviguer d'une frontière à l'autre ne fournissent-ils pas les meilleurs traducteurs littéraires ?

On remarque que les textes les plus complexes sur le plan de l'imagination et des dérives aux confins de la folie sont les textes les plus difficiles à traduire. Certains traducteurs y naviguent à l'aise, d'autres ne franchissent pas une certaine limite. L'inconscient, lieu mystérieux, siège d'émotions archaïques enkystées dans le cerveau sous forme d'affects, de représentations mentales doublées de charges émotives, est en théorie inaccessible. Mais pas pour certains traducteurs qui tentent de faire passer de l'inconscient au monde des mots ces représentations mentales chargées d'émotions. Les écrivains recourent à des figures de style, des métaphores parfois très hermétiques pour approcher au plus près ces noyaux d'affects. Le traducteur doit s'aventurer à exprimer dans la langue cible cette « chose » chargée du mystère de pulsions archaïques. Pour y arriver il va devoir franchir une censure mentale sévère, une censure qui refoule tout affect dangereux pour la structure de personnalité de celui qui s'aventure à exprimer ce que l'inconscient garde jalousement. Seule une structure mentale capable de franchir cette frontière pourra « éprouver » la représentation mentale avant de la mettre en mots. Il n'est pas uniquement question ici de compétences linguistiques mais aussi d'une plasticité mentale évoluant à la frontière des différents modes de fonctionnement.

Pour tenter d'affiner la notion de typologie des différentes traductions, la notion de topiques définie par Freud est très utile et complète de façon dynamique (combinaison de forces, de conflits antagonistes à divers niveaux) et d'un point de vue économique (circulation de l'énergie) l'approche liée aux différentes structures mentales.

Lorsqu'on envisage l'appareil psychique selon les topiques freudiennes, on étudie l'organisation de diverses instances qui assurent des fonctions différentes.

La première topique envisage les contenants et peut être schématiquement expliquée comme suit :

Le Monde est appréhendé par le système perception-conscience (PC-Cs). Ce système analyse les perceptions exogènes et endogènes, il est le siège des processus de pensées, de raisonnements, de souvenirs, il enregistre les informations qui lui parviennent. Ce système est évidemment contrôlé par le principe de réalité[3].

Entre le système perceptif enregistrant des informations et le monde réel il existe une protection, un filtre, le bouclier pare-excitation, qui protège le sujet d'un trop grand afflux d'informations. Nous ne pouvons pas enregistrer de façon permanente toutes les informations qui nous parviennent, ce boulier « évacue » de notre perception les informations non pertinentes ou refoule dans l'inconscient celles qui sont dangereuses à notre équilibre.

Le second contenant, selon la terminologie freudienne, s'appelle le préconscient (Pcs) : c'est le Moi officiel du sujet, le Moi assumé, accessible à la connaissance consciente. Il est constitué de contenus de pensées, de traces mnésiques sous forme de mots. Le langage exprime ce Moi officiel. Il obéit également au principe de réalité.

Le troisième contenant est peut-être le plus fascinant car le plus complexe et le plus obscur, le plus difficile d'accès également. Ce troisième contenant c'est l'inconscient (Ics). C'est la partie la plus archaïque, la plus proche de la source pulsionnelle, on y trouve des représentations et des charges affectives, le refoulé. Le langage n'y a pas accès car on dit communément qu'on y trouve des représentations de « choses ». L'inconscient obéit au principe de plaisir libre des contraintes imposées par la réalité.

Entre l'Ics et le Pcs se trouve une frontière, une barrière déjà évoquée précédemment. Dans la mesure où le contenant le plus archaïque ne renferme que des « choses » proches de la source pulsionnelle, dans la mesure où le préconscient s'exprime en mots, une résistance, une censure mentale empêche les choses de s'exprimer en mots. Seul un travail analytique ou une démarche artistique peuvent venir à bout de ces résistances.

Plus un auteur décrit le monde tel qu'il est, plus il fonctionne dans la sphère la plus proche de la perception du monde tel qu'il ressort de

3 *Cf.* Sigmund Freud, *Abrégé de psychanalyse*, Paris, PUF, 1950.

nos perceptions sensorielles (Pc-Cs) : récits de voyage, témoignages, reportages, biographie, textes historiques, romans réalistes voire naturalistes tentant de reproduire la réalité. La pensée, les raisonnements, des reviviscences ou des souvenirs peuvent illustrer ces textes.

Plus l'auteur exprime son Moi conscient, ses pensées, des traces mnésiques par des mots, plus il exprime un Moi officiel assumé, accessible à la connaissance consciente, plus il opère dans le Pcs (préconscient) : romans psychologiques, romans explorant le sentiment amoureux, mémoires, romans noirs…

La partie la plus archaïque de la personnalité d'un auteur sera celle qui venant de l'Ics exprimera ces affects, ces représentations de choses par une tentative de « mise en mots » : textes fortement colorés d'analogies, de métaphores, textes provoquant chez le lecteur des « affects », des émotions, des évocations : poésie, thrillers, romans érotiques, fantastique, textes surréalistes, écriture automatique, horreur.

Le créateur, qu'il soit écrivain, peintre ou musicien est à la recherche permanente d'un passage entre l'inconscient et le préconscient, il tente de mettre en mots, en peinture, ou en musique des représentations mentales chargées d'émotions. Lors de ce voyage, il va lutter contre une frontière, une censure qui offre une résistance proportionnelle au danger que représente l'évocation en mots de la « chose » enkystée au fond de l'inconscient. L'effort mental que requiert une telle opération laisse souvent le créateur épuisé, vidé. Car l'inconscient a emmagasiné les représentations chargées d'affects d'un individu avant l'âge de trois ans, avant la formalisation par le langage, mais aussi toutes les représentations mentales refoulées après trois ans en raison de leurs contenus interdits (par le Surmoi parental, c'est à dire l'éducation, ou, plus tard, par le Surmoi personnel obéissant à une morale, à des règles internes servant à protéger l'individu de tout contenu « dangereux » pour son équilibre).

Les poètes sont les plus exposés à cet épuisement mental. Ils expriment en mots, avec la liberté liée à la poésie, ces contenus mentaux cachés au fond de l'inconscient. Ce sont ceux qui y parviennent le mieux.

Certes la frontière entre les différents genres n'est pas rigide.

Par exemple, la science-fiction peut appartenir, en partie, au système perceptif : une fois mis en place un univers, un autre monde et ses conventions, l'auteur s'évertue à décrire la réalité, le fonctionnement de ce monde selon des règles très rigides.

En revanche certains textes de science-fiction bousculent tous les schémas perceptifs possibles et plongent directement dans l'inconscient du lecteur (l'auteur de science-fiction P. K. Dick en est, à mon sens, l'exemple le plus frappant).

À partir de cet essai de typologie et en y mêlant la structure de personnalité du traducteur, on peut très vite comprendre qu'un traducteur ayant une structure de personnalité de type névrotique sera plus à l'aise dans des textes décrivant la réalité du monde. L'accès à l'Ics sera pour lui dangereux dans la mesure où il fonctionne avec un mécanisme de défense refoulant toutes représentations interdites, les enfouissant dans l'inconscient. Tenter de retrouver ce refoulé et l'exprimer n'est pas vraiment un exercice qu'il affectionne.

Par ailleurs, une fois encore, un état limite pourra « voyager » aux différentes frontières et sera plus apte à percevoir ce qu'une métaphore aussi complexe, aussi hermétique soit-elle, représente. C'est ainsi que, parfois, certains traducteurs « comprennent » mieux ce que l'auteur lui-même a voulu exprimer.

La deuxième topique (Ça, Moi, Surmoi)[4], peut-être la plus connue, permet de compléter la notion de typologie des différentes traductions.

La deuxième topique analyse les systèmes.

Le Ça est le pôle pulsionnel de l'appareil psychique, la partie la plus obscure. Le Ça ignore la morale, les jugements de valeur. Le bien, le mal n'existent pas, seul règne le plaisir.

Lors de la résolution du complexe d'Œdipe se constitue le Surmoi (les interdits). Le Surmoi façonne le Moi, instaure une morale, une perception du bien et du mal. Le Surmoi est la résultante d'interdits parentaux mais il se forme aussi grâce aux interdits de la société. Il est intéressant d'envisager un Surmoi individuel (familial) et collectif (société). L'Idéal du Moi constitue un modèle auquel le sujet cherche à se conformer.

On voit immédiatement que les deux topiques sont complémentaires. Le Ça est dans l'Ics, le Surmoi c'est le monde au sens large et le Moi c'est le pôle qui se structure en tenant compte des exigences pulsionnelles du Ça et des contraintes de la réalité extérieure exigées par le Surmoi. Le Moi est, en somme, un modérateur, un médiateur, négociant sans

4 *Cf.* Sigmund Freud, *Inhibition, symptôme et angoisse*, Paris, PUF, 1965 ; Sigmund Freud, *Au-delà du principe du plaisir, Essais de psychanalyse*, Paris, Payot, 1951 et Jean Bergeret, *Psychologie pathologique*, Paris, Masson, 2008.

cesse entre les pulsions du sujet et les contraintes extérieures. Le Moi fait passer le sujet du principe de plaisir au principe de réalité.

Il faut ajouter que lorsque les exigences du Ça sont trop pressantes, le Moi met en place des protections : les mécanismes de défense.

Ces mécanismes de défense, censés protéger le Moi d'une trop grande insistance du Ça, dépendent de nouveau de notre structure de personnalité.

Une personnalité de type névrotique utilisera massivement le refoulement (mise hors du champ de conscience les contenus interdits ou dérangeants). En traduction, bien évidemment, le refoulement est le pire ennemi de la restitution d'un texte en langue cible.

Une personnalité de type paranoïde projettera son inconscient sur tous les textes qu'elle traduira. Une personnalité schizoïde utilisera la dénégation (refus d'admettre un sens). S'il va jusqu'au déni (élimination d'une représentation gênante, négation de la perception), le texte sera restitué avec des lacunes patentes.

Si à ces défenses s'ajoute un Surmoi tyrannique avec des interdictions d'ordre moral, la traduction devient très difficile voire impossible.

Un traducteur « mûr », contrairement aux jeunes apprentis, sait que ce n'est pas lui qui écrit, il a appris à maîtriser une distance nécessaire entre lui et le texte. Mais pourquoi a-t-il « choisi » un certain type de texte ? Pourquoi a-t-il l'impression parfois d'être « choisi » par le texte ?

Cette distance nécessaire ne peut être acquise qu'au terme d'un apprentissage qui doit comporter une réflexion du traducteur sur sa propre personnalité et ses interdits. Le « Connais-toi toi-même », ou, en tous cas, une démarche visant à se connaître un peu mieux, ne serait-ce que de manière intuitive, sont essentiels.

Il serait intéressant d'explorer dans quels cas la subjectivité liée à la structure de personnalité modifie certains textes à l'insu du traducteur. Un traducteur qui privilégie la perception concrète du monde, la signification univoque des mots ne sera-t-il pas tenté, lorsqu'il est confronté à une métaphore, à une analogie plongeant ses racines dans l'inconscient, de « clarifier » le sens, de le rendre plus concret, moins proche de l'affect et des représentations archaïques de l'auteur de la langue source ?

Que dire d'un traducteur au Surmoi grammatical tyrannique confronté à des textes jouant avec la syntaxe, se moquant des règles et inventant parfois tout un lexique ?

Cette évocation de l'influence de la structure de personnalité du traducteur éclaire un tant soit peu, je l'espère, la puissance des instances psychiques, leur interférence dans l'opération de traduction. Une meilleure connaissance de son propre fonctionnement, des défenses souples et variées, une réflexion sur son Surmoi, sur l'influence du Surmoi individuel et collectif pourraient désaliéner le traducteur pour lui permettre de flotter, libre et heureux, dans cet espace de grâce suprême, ce topos mystérieux, qu'est l'*insight* linguistique.

Thilde BARBONI
Université de Mons-Hainaut
Belgique

FREUD, BENJAMIN ET LA TRADUCTION

Une parenté

Le présent exposé n'est que le résultat, encore très provisoire, d'un travail en cours sur le rapport entre la pensée de Freud et la littérature. Cette recherche, issue de mon activité de traducteur, part de l'hypothèse que ce rapport peut être approché de la manière la plus féconde à travers le prisme d'une parenté entre les œuvres de Freud et celles de Benjamin. J'ai rencontré une première attestation substantielle d'une telle parenté dans un livre de Daniel Heller-Roazen paru en français en 2007 sous le titre *Echolalie. Essai sur l'oubli des langues*[1]. L'auteur s'y intéresse au concept de *Sprachapparat* que Freud, dans son premier livre, publié en 1891, *Sur la conception des aphasies*[2], avance pour rendre compte de certains symptômes de l'aphasie ; ce concept anticipe la construction du *Seelenapparat*, « appareil d'âme », que Freud expose à Fließ dans la célèbre lettre du 6 décembre 1896 et qui formera une pièce essentielle du cadre métapsychologique dans lequel s'inscrira l'élaboration freudienne. Dans la lettre, Freud présente la traduction comme une opération constitutive et fonctionnelle de cet appareil. D. Heller-Roazen remarque combien la notion de traduction à laquelle Freud se réfère heurte le sens commun et la présente, de façon saisissante, comme une traduction antérieure à toute possibilité de traduire[3]. Or il m'a semblé que cette notion freudienne de la traduction pouvait s'apparenter à celle que Walter Benjamin propose en 1923 dans « La tâche du traducteur[4] ». Cette parenté devait trouver par la suite une confirmation dans une conférence de Jean Laplanche

1 Daniel Heller-Roazen, *Écholalies, essai sur l'oubli des langues*, traduit de l'anglais par Justine Landau, texte entièrement revu et augmenté par l'auteur, avec la collaboration d'Agathe Sultan, Paris, Seuil, 2007.

2 Sigmund Freud, *Contribution à la conception des aphasies*, traduction française de Claude van Reeth, préface de Roland Kuhn, Paris, PUF, 1983.

3 D. Heller-Roazen, *Echolalies*, *op. cit.*, p. 145.

4 Walter Benjamin, « La tâche du traducteur », traduction de Maurice de Gandillac, Rainer Rochlitz et Pierre Rusch, *Œuvres I*, Paris, Gallimard, collection Folio, 2000.

intitulée « Le mur et l'arcade[5] » et dans laquelle ce dernier mettait à l'épreuve sa théorie de la traduction chez Freud en la confrontant à l'essai célèbre de Benjamin, « La tâche du traducteur ». Le mode d'exposition de Laplanche produit à vrai dire, dans cette brillante conférence, moins un exposé qu'un feu d'artifice où la trace laissée sur l'œil par les illuminations subites dessine des enchaînements elliptiques, éclaire tel ou tel point d'une constellation dont l'ensemble, même ainsi fugitivement éclairé, reste partiellement dans l'ombre.

Heller-Roazen s'appuie sur un auteur irakien du VIIIe siècle, al-Jahiz, qui, dans son « vaste et labyrinthique *Kitâb al-hayawân* [*Livre des animaux*][6] », avance la thèse selon laquelle l'homme serait un « animal mineur ». Les animaux sont « capables, spontanément, grâce à leurs facultés naturelles, d'exécuter des actes de manière si rapide et soudaine que les hommes de réflexion les plus avisés, les philosophes les plus érudits qui soient, même s'ils possèdent des mains très adroites ou manipulent des instruments, seraient incapables de les accomplir[7] ». De cette infériorité, l'auteur conclut que l'espèce humaine dispose d'« une remarquable faculté qu'elle est seule à détenir » : « quand il mène à bien une chose difficilement réalisable, il possède la capacité d'en accomplir une moins ardue[8] ». Al-Jahiz s'inscrit ainsi dans une tradition qui remonte à Aristote et à la définition célèbre que celui-ci a donnée du « propre de l'homme » comme *zoon logikon*, animal doué de parole. Mais la version du philosophe irakien s'en distingue dans la mesure où la faculté qu'il serait le seul être vivant à posséder est une capacité à faire moins bien, à échouer à faire ce qu'il sait faire. En dehors du fait que ce « propre de l'homme » trouve un écho dans la deuxième des humiliations que la science a selon Freud infligées au narcissisme de l'être humain avec la théorie darwinienne de l'évolution qui destituait l'homme de son titre de roi de la création, il résonne également avec les théories anthropologiques contemporaines de la prématuration.

C'est à partir de ce propre de l'homme défini par le philosophe irakien que Heller-Roazen aborde le premier ouvrage publié de Freud, *Sur la conception des aphasies* de 1891, dans lequel ce dernier propose, pour comprendre ce

5 Jean Laplanche, « Le mur et l'arcade », *in Le Primat de l'autre*, Paris, Flammarion, 1997.
6 D. Heller-Roazen, *Écholalies*, *op. cit.*, p. 129.
7 D. Heller-Roazen, *Écholalies*, *op. cit.*, p. 131.
8 D. Heller-Roazen, *Écholalies*, *op. cit.*, *ibid.*

moins bien parler, cet échec de la parole, qu'est l'aphasie, à l'encontre de la théorie neurologique des localisations, l'hypothèse d'un *Sprachapparat*, « appareil du langage » dont le principe fonctionnel est un principe de « réaménagements » successifs dans lequel les « facteurs topiques ne sont conservés que pour autant qu'ils concordent avec les exigences de la fonction[9] ». C'est un autre principe fonctionnel qui régit la détérioration de cette faculté, un principe de désordonnancement, conformément au principe avancé par le neurologue anglais John Hughlings Jackson, selon lequel

> les troubles du langage constituent « des cas d'*involution fonctionnelle* (*dis-involution*) d'un appareil hautement organisé et qui correspondent ainsi à des étapes antérieures de son développement fonctionnel[10] »

Le *Sprachapparat* forme le modèle sur lequel Freud s'appuiera, dans les années qui suivent, pour élaborer le *Seelenapparat*, l'appareil d'âme, hypothèse destinée à rendre compte cette fois de l'ensemble des fonctionnements de la vie psychique. Dans la célèbre lettre du 6 décembre 1896 où il expose à Fließ « le schéma de la genèse de la conscience[11] », Freud présente l'ensemble des aménagements et réaménagements successifs qui décrivaient la dimension dynamique et génétique de l'appareil du langage, comme un ensemble de traductions successives à travers lesquelles se constitue l'appareil d'âme et jouent donc par conséquent un rôle dans son fonctionnement ; Freud définit ainsi, dans la lettre, le *refoulement* comme échec ou refusement (*Versagung*) de la traduction[12]. Heller-Roazen remarque pourtant que cette « traduction » ne ressemble à rien de ce que nous connaissons sous ce nom. Il y *manque un traducteur* (qui pourrait traduire « là où la conscience n'a pas encore fait son apparition » ?), le *texte original* (qu'est-ce qui pourrait en tenir lieu, si les perceptions s'inscrivent comme signes, si la mémoire et la conscience s'excluent ?) et même *les langues*, source comme cible :

> Précédant celui qui pourrait la traduire, précédant le texte auquel elle pourrait être identifiée, et précédant les langues dont elle articulerait finalement le

9 D. Heller-Roazen, *Echolalies*, *op. cit.*, p. 136. S. Freud, *Sur la conception des aphasies*, *op. cit.*, p. 234.

10 D. Heller-Roazen, *ibid.*, S. Freud, *Sur la conception des aphasies*, *op. cit.*, p. 265-266.

11 D. Heller-Roazen, *Echolalies*, *op. cit.*, p. 140.

12 S. Freud, *Lettres à Wilhelm Fliess 1887-1904*, traduction de François Robert et Françoise Kahn, Paris, PUF, 3e édition, 2015, Lettre 112, p. 265.

> passage, la « traduction » définie par Freud serait antérieure à tout ce à quoi on la rapporte généralement, antérieure à toute possibilité de traduire[13].

En présentant cette notion de traduction qui heurte le sens commun, Heller-Roazen est pourtant loin de rejeter ce qui pourrait apparaître, pour reprendre le *Witz*, le trait d'esprit célèbre de Lichtenberg, comme un couteau sans lame auquel manque le manche. On voit clairement au contraire, comment ce rôle assumé par la traduction comme principe de réaménagements fonctionnels successifs de l'appareil d'âme, peut s'inscrire dans le propos de Heller-Roazen : la traduction, telle que Freud en formule ici l'idée pourtant si paradoxale, pourrait bien fournir le paradigme de ce glissement continuel opérant selon la catégorie de l'oubli et qui forme, selon le philosophe américain, le propre de l'histoire des langues.

Il m'a semblé en lisant le livre de Heller-Roazen que l'on pouvait trouver une substance propre à donner corps à cette notion de la traduction dans l'essai que Benjamin a publié en 1923, en préface à sa traduction des *Tableaux parisiens* de Baudelaire[14]. « La tâche du traducteur » conçoit la traduction comme un moment de la vie des œuvres. Aucun poème ne vaut en tant qu'il s'adresse à un lecteur, aucune traduction n'a de valeur en tant qu'elle s'adresse à un lecteur qui ne connaît pas la langue de l'original, elle n'a de valeur qu'en tant qu'elle répond à une exigence de l'œuvre et forme un des moments de sa « vie ». Cette exigence, immanente à l'œuvre, Benjamin la saisit sous le concept d'*Übersetzlichkeit*, la traductibilité. Comment la possibilité de traduire peut-elle recouvrir cette exigence ? Ce concept s'inscrit, d'abord, dans une sorte d'analytique, au sens kantien du terme, de la traduction, c'est-à-dire dans la définition des conditions de possibilité et d'impossibilité de la traduction. La « traductibilité » est nécessairement aussi une « intraductibilité » ; cette idée nous est depuis longtemps familière : la traduction est à la fois toujours possible et impossible, selon une aporie dialectique qui trouve son expression la plus brève dans l'adage italien bien connu : *traduttore traditore*. Selon Benjamin, la traduction n'est pas impossible en ce qu'elle perdrait nécessairement

13 D. Heller-Roazen, *Echolalies*, *op. cit.*, p. 145.

14 W. Benjamin, « La Tâche du traducteur » *in Œuvres I*, traduit de l'allemand par Maurice de Gandillac, Pierre Rusch et Rainer Rochlitz, Paris, Gallimard, 2000, p. 244.

quelque chose de l'original. Il exclut dès l'ouverture de son essai toute référence à la réception de l'œuvre qui fournirait l'index d'une telle perte – et donc à l'idée que la traduction permettrait, infidèlement, avec d'inévitables trahisons, de communiquer au lecteur qui ne connaît pas la langue de l'original le contenu d'une œuvre écrite en cette langue. La nécessité de la traduction n'est pas extérieure à l'œuvre, elle lui est au contraire immanente. Mais cette immanence ne s'inscrit dans l'essence de l'œuvre que dans la mesure où l'intériorité ainsi postulée s'inscrit dans la vie de l'œuvre. La *Übersetzlichkeit*, telle qu'elle se déploie dans l'élément de la vie des œuvres, s'apparente à la traduction antérieure à toute possibilité de traduire que Freud présente dans la lettre comme l'opération par laquelle se constitue l'appareil psychique – dans la mesure où, dans l'essai de Benjamin, l'objet de la traduction n'est pas le « texte » mais ce qui dans l'œuvre est traduisible, tandis que la différence des langues entre lesquelles s'effectue le mouvement de la traduction est un index historique, c'est-à-dire relevant de la vie des langues. Dans sa remarquable conférence sur « La tâche du traducteur[15] », Paul de Man détermine avec rigueur ce que l'idée d'une vie des œuvres et des langues change à l'idée de la traduction ; si la « traductibilité » est le concept central de l'essai, écrit-il, il ne faut pas tant y voir une « possibilité de traduire » qu'une *exigence*, dans et de l'œuvre, que celle-ci *soit traduite*, provenant de surcroît de ce que Benjamin appelle la « teneur » c'est-à-dire de ce qui est, en elle, le plus *intraduisible.* Le chiasme qui rapporte intimement l'impossibilité de traduire l'œuvre à la nécessité de la traduire s'inscrit en dernier ressort dans l'attente messianique d'un « pur langage[16] ». Dès lors en effet que la différence des langues est pensée comme un moment de leur vie, ce qui dans l'œuvre est traduisible devient le plus intraduisible. Car la possibilité ou l'impossibilité de la traduction ne peut alors se penser que selon l'horizon messianique du « pur langage ». La « traductibilité » ainsi décompose les déterminants qui, selon le sens commun, définissent l'idée et l'opération de la traduction – aussi sûrement que l'idée d'une traduction antérieure à toute possibilité de traduire.

---

15 P. de Man, W. von Humboldt, B. Byg, *Autour de La Tâche du traducteur*, [La conférence de P. de Man et traduite de l'anglais par A. Nouss], Théatre typographique, 2003, p. 9 *sq.*

16 P. de Man, *ibid.*, p. 27.

Jean Laplanche voit dans la traduction un « modèle psychanalytique inéluctable », valant pour la constitution de l'appareil psychique et le refoulement, mais aussi pour l'interprétation et la sublimation. Dans « Le mur et l'arcade[17] », il mettra ce modèle à l'épreuve, au moyen de trois idées essentielles du texte de Benjamin : la littéralité, la traductibilité et le tiers. Le point de départ de son exposé, du côté de Benjamin, c'est la *Wörtlichkeit*, la littéralité – qu'il choisit de traduire par le « mot à mot », fidèle en cela à la pensée du langage de Benjamin qui donne au mot la préséance sur la syntaxe ; du côté de Freud, c'est la « méthode du chiffre ». Des deux principales méthodes d'interprétation du rêve connues depuis l'Antiquité, la méthode symbolique qui l'interprète comme *un tout* et la méthode du chiffre qui *décompose* le tout en ses éléments et interprète ces morceaux de rêves au moyen d'une clé des songes, Freud donne la préférence à la seconde. Opérant sur un ensemble fini d'éléments à travers un processus de *décomposition* et de *recomposition*, l'interprétation repose ainsi sur un modèle traductif que caractérise la primauté de l'élément : lettre, mot, image, rébus. Laplanche interprète ensuite très pertinemment la traductibilité comme une *exigence de l'œuvre*, et il y voit ce qui produit le tiers qui permet de sortir de la dialectique de l'original et de la traduction (de l'opposition traduction/trahison, soit, dans les termes de Laplanche, inspirés de la réflexion d'Antoine Berman[18] : appropriation et centrement ethnocentrique ou autocentrique sur la langue « cible », désappropriation et centrement sur le texte à traduire). La troisième option de la traduction serait donc « celle proposée par Benjamin » : « prolonger en avant le mouvement[19] » du texte à traduire. Si le tiers, dans la pensée de la traduction que Laplanche élabore, en prolongeant le mouvement de la pensée freudienne, est l'inconscient, c'est un « inconscient réel, au double sens où *nous* postulons l'inconscient, mais aussi où *l'inconscient* nous postule[20] ». Par opposition au messianisme du pur langage de Benjamin, cette élaboration permet de poser une traduction freudienne comme prolongement vers une langue « originaire ». La traduction comporte ainsi toujours *deux mouvements de sens inverse* : progrédient et

17 Jean Laplanche, « Le Mur et l'arcade », *in La révolution copernicienne inachevée. Travaux 1967-1992*, Paris, Aubier, 1992, p. 287 *sq.*
18 J. Laplanche cite l'ouvrage d'A. Berman, *L'Épreuve de l'étranger*, Paris, Gallimard, 1984.
19 J. Laplanche, *ibid.*, p. 293.
20 *Ibid.*, p. 302.

régrédient. Le premier mouvement, « nous pouvons le voir à l'œuvre dans la fameuse lettre » à Fließ : « c'est une suite de traductions qui constitue l'appareil psychique[21] ». L'autre, c'est *l'interprétation* au sens analytique : « il y a [...] une seule traduction, progrédiente, et en ceci je serais d'accord, au-delà de Benjamin [...] avec la tradition hégélienne ». Laplanche conclut ainsi : « Pour moi, *l'interprétation est une détraduction* pour laisser le champ libre à une nouvelle traduction plus englobante[22]. »

La substance apportée ainsi à l'idée d'une parenté entre Freud et Benjamin autour de la notion de traduction est abondante, dans la mesure où elle permet d'articuler, dans le cadre de cette constellation, des éléments distincts : parenté entre d'une part l'interprétation dont Freud élabore le concept à partir de la *Chiffriermethode* et la *Wörtlichkeit* de Benjamin, d'autre part la « logique commune » de la traductibilité, obéissant dans l'une et l'autre pensée à celle de l'après-coup. Mais, plutôt qu'à une exploration progrédiente des articulations que Laplanche distingue ainsi au sein de cette constellation, je voudrais proposer ici un mouvement inverse, régrédient vers la question qui se pose désormais : ce que cette parenté nous enseigne permet-il de comprendre selon quelle nécessité l'appareil d'âme freudien se constitue par l'opération d'une traduction antérieure à toute possibilité de traduire ?

L'hypothèse du *Sprachapparat* recueille un triple héritage : la tâche qui incombe à la réalité des formes de l'aphasie, telle qu'elle apparaît dans l'observation clinique, de critiquer l'explication anatomique, c'est l'héritage de Charcot. Freud hérite de son maître Meynert l'idée même de l'*appareil* qui fournit le moyen de cette critique en donnant aux facteurs fonctionnels une place que leur dispute la localisation ; de Darwin enfin, à travers l'œuvre du neurologue britannique John Hughlings Jackson, provient la nécessité de concevoir, au moyen de l'appareil du langage, la physiologie des fonctions du langage selon l'index des différents stades de l'apprentissage de la parole. Mais c'est de façon très concrète que l'appareil du langage recueille cet héritage. La réalité de la symptomatologie invite à dégager, à l'intérieur de l'explication anatomique, un domaine fonctionnel, en raison de l'écart que l'observation clinique fait apparaître entre les symptômes réels et ceux qui se déduisent de l'explication anatomique. Mais si Freud, pour rendre compte de cet écart,

21 *Ibid.*
22 *Ibid.* p. 303.

introduit bien des facteurs fonctionnels en plus des facteurs topiques, le caractère fonctionnel abstrait ne suffit pas à justifier l'hypothèse du *Sprachapparat* ni à former le dernier mot de la critique de la localisation. Suffit-il alors, pour justifier l'hypothèse, d'articuler aux facteurs fonctionnels la dimension génétique qu'ils reçoivent au cours de la constitution de l'appareil du langage à travers les différents stades d'apprentissage de la parole ? Pour répondre à cette question – et déterminer à quelle nécessité obéit l'hypothèse du *Sprachapparat* –, il nous faut bien plutôt comprendre de quelle façon s'articulent concrètement, dans la conception freudienne des aphasies, le fonctionnel, le topique et le génétique.

Par opposition à l'hypothèse métapsychologique de l'appareil d'âme, l'hypothèse de l'appareil du langage est une hypothèse neurologique. La critique de la conception localisatrice s'appuie certes sur la symptomatologie réelle que fait apparaître l'observation clinique, mais elle ne substitue pas à l'anatomie du système nerveux le modèle fonctionnel et génétique de l'appareil du langage, elle dessine la place de cet appareil au sein de l'anatomie et destitue celle-ci de sa vertu explicative. Autrement dit, elle s'efforce seulement d'introduire des facteurs fonctionnels à côté des facteurs topiques – relevant de l'explication anatomique. Mais elle n'en conduit pas moins Freud à critiquer l'anatomie cérébrale de Meynert sur deux points : d'une part l'opposition que celui-ci affirme entre le cortex et l'ensemble sous-cortical, d'autre part l'idée que le cortex contiendrait une image point par point de la périphérie (c'est-à-dire du corps) que Freud désigne sous le nom de projection. Entre la moelle épinière et le cortex, le nombre réduit des voies de conduction invite bien plutôt à penser cette image comme une représentation de la périphérie – moins comme une *Vorstellung* que comme une *Vertretung*[23] : il y faut une sorte de schématisation ou de simplification selon laquelle la périphérie – le corps – est projetée non point par point, mais représentée par ensembles plus vastes, sur le cortex. Freud s'appuiera sur cette opposition, entre projection et représentation, pour comprendre la différence entre les paralysies organiques et les paralysies hystériques[24].

23 Sur ces deux termes – dont le premier recouvre la notion commune et philosophique de la représentation et le second la notion d'une représentation par délégation, et la façon dont Freud articule à partir d'eux une théorie de la représentation, voir les notices que J. Laplanche et J.-B. Pontalis y consacrent dans le *Vocabulaire de la psychanalyse*, Paris, PUF, p. 410 *sq.*

24 S. Freud, « Quelques considérations pour une étude comparative de paralysies » (texte écrit en français, *OCF.P*, vol. I, Paris, PUF, p. 348 et suivantes.

Dans le résumé de ses propres travaux qu'il rédige en 1897, il comprend cette différence au moyen d'une formule célèbre : « La paralysie hystérique se comporte [...] comme s'il n'existait pas d'anatomie du cerveau. L'hystérie ignore l'anatomie du cerveau[25]. ». Cette ignorance, qu'il faut prendre au pied de la lettre, dans sa *Wörtlichkeit*, signale l'écart entre le domaine du physiologique et celui du psychologique que Freud, dans *Sur la conception des hystéries* pense selon l'idée proposée par Hughlings Jackson d'un parallélisme entre processus physiologiques et psychiques. Ces derniers sont « *a dependant concomitant* » des premiers, dans un rapport de concomitance et de dépendance avec les processus physiologiques. Freud formule en termes très explicites la nécessité de ce parallélisme :

> La chaîne des processus physiologiques dans le système nerveux n'est vraisemblablement pas dans un rapport de causalité avec les processus psychiques. Les processus physiologiques ne cessent pas dès qu'ont commencé les processus psychiques ; la chaîne physiologique se poursuit bien plutôt, sauf qu'à partir d'un certain moment un phénomène psychique correspond à chaque maillon de cette chaîne (ou à tel ou tel d'entre eux). Le psychique est ainsi un processus parallèle au processus physiologique[26].

Je reviendrai sur le caractère négatif de cette définition. Mais si ce n'est pas un rapport de causalité qui réunit les processus en question, quel rapport concret recouvre le parallélisme ?

C'est, comme on le sait, une question que Freud ne résoudra jamais. Mais dans l'étude sur l'aphasie, il nous fournit au moins de précieux éléments sur la façon dont il pense le problème.

> Les « hommes dont je conteste ici les points de vue [...] ne pensent manifestement à rien d'autre qu'au fait que la modification – relevant de la physiologie – des fibres nerveuses lors de l'excitation sensorielle engendre dans la cellule nerveuse centrale une autre modification qui devient alors le corrélat physiologique de la "représentation". Et comme ils s'entendent bien davantage à parler de la représentation que des modifications inconnues, physiologiquement encore absolument pas caractérisées, ils se servent de l'expression elliptique : dans la cellule nerveuse serait localisée une représentation[27]. »

25 S. Freud, « Résumés des travaux scientifiques du Dr Sigm. Freud, Privatdocent », *OCF.P*, vol. III, Paris, PUF, 1989, p. 203.

26 S. Freud, *Sur la conception des aphasies*, *op. cit.*, p. 235.

27 S. Freud, *Sur la conception des aphasies*, *op. cit.*, p. 233-234.

Cette localisation est fondamentale dans la conception des aphasies que Freud critique, nommément celle de Wernicke et de Lichtheim. Car c'est sur elle que repose la conception anatomique des fonctions du langage et des troubles aphasiques qui distingue des « centres du langage » reliés, à travers des masses neutres de substance grise, par des voies de conduction. La localisation d'une représentation dans la cellule nerveuse centrale suffit, dans cette conception, à constituer les centres du langage comme centre de stockage de ces représentations.

Freud substitue à l'« expression elliptique » de ses adversaires un développement plus complet. C'est que le corrélat physiologique de la représentation n'est pas le résultat, dans le système nerveux central, d'une modification du système nerveux périphérique, il est à son tour un processus :

> Ce processus supporte la localisation, il part d'une zone particulière du cortex cérébral et se répand de là sur la totalité du cortex ou le long de chemins particuliers. Ce processus a-t-il terminé son cours, il laisse derrière lui dans le cortex cérébral qui en est affecté une modification, la possibilité du souvenir. Quelque chose de psychique correspond-il pareillement à cette modification ? Cela est tout à fait douteux. Notre conscience ne relève l'existence de rien de tel qui, du côté psychique, justifierait le nom d'"image mnésique latente". Or, aussi souvent qu'est réincité le même état du cortex, le psychique renaît en tant qu'image mnésique[28].

En dépit des difficultés d'interprétation de ces pages, dont la préface de Roland Kuhn à la première traduction française de l'étude de Freud sur l'aphasie donne un précieux aperçu[29], il me semble qu'on peut y trouver l'anticipation d'un principe que Freud avancera dans la lettre à Fließ à l'appui de sa conception de l'appareil d'âme se constituant dans l'opération réelle d'une traduction antérieure à toute possibilité de traduire : le principe de l'exclusion réciproque de la mémoire et de la conscience.

Ce principe sera constamment avancé par Freud comme un principe fondamental du fonctionnement et de la constitution de l'appareil psychique. Il en reprend à Breuer l'idée et la formule : « Le miroir d'un télescope à réflexion ne peut être en même temps une plaque

---

28 *Ibid.*, 235-236.

29 S. Freud, *Sur la conception des aphasies*, *op. cit.*, p. 5-45, en part. p. 20 et suivantes.

photographique[30] ». Freud le formule à plusieurs reprises dans son œuvre, notamment dans *Au-delà du principe de plaisir*[31] et dans *L'Interprétation du rêve*[32]. Dans le chapitre VII de ce livre, Freud introduit, en s'appuyant sur ce principe, le concept « localité psychique » [*psychische Lokalität*][33] ; ce concept métapsychologique, fondamental dans la mesure où Freud fait reposer sur lui la dimension topique de l'appareil d'âme, me semble l'aboutissement de la réflexion critique qu'il mène sur la théorie localisatrice dans *Sur la conception des aphasies* ; l' « autre scène » [*anderer Schauplatz*] qu'il constitue selon une idée de Fechner ainsi substitue, à la localité anatomique, une « localité » propre au psychique – au sens où les déterminations d'une telle localité dépendent nécessairement d'une propriété du psychique ou de l'animique ; dans le chapitre VII de *L'interprétation du rêve*, il prolonge la formule de Breuer : dans un télescope, un microscope ou un appareil photographique, l'image est située dans un lieu idéel qui ne correspond à aucun lieu où pourrait être situé un élément constitutif de l'appareil – lentille ou miroir[34].

La pointe extrême de la critique de la localisation, dans *Sur la conception des aphasies*, concerne donc la localisation des représentations. On commence à apercevoir que c'est à la faveur de ce mouvement critique que la représentation ne peut être une traduction qu'au sens d'une traduction antérieure à toute possibilité de traduire. Le parallélisme psychique qui occupait dans l'étude sur les aphasies l'espace de cette traduction – l'écart entre le physiologique et le psychique – recevait un caractère négatif, mais saisissant : « La chaîne des processus physiologiques dans le système nerveux n'est vraisemblablement pas dans un rapport de causalité avec les processus psychiques[35]. » Dans les *Études sur l'hystérie*, Breuer et Freud, notamment à la fin de la « Communication préliminaire » écartent de leur livre toute prétention à des considérations étiologiques[36]. Leur argument est qu'une telle prétention ne pourra venir que plus tard. Cette décision, pourtant, et le cadre intellectuel qu'elle fixe à la recherche, en les autorisant à n'évoquer la formation des

30 S. Freud et Joseph Breuer, *Études sur l'hystérie*, *OCF.P*, vol. II, Paris, PUF, 2009, p. 209.
31 S. Freud, *Au-delà du principe de plaisir*, *OCF.P*, vol. XV, Paris, PUF, 2002, p. 296.
32 S. Freud, *L'interprétation du rêve*, *OCF.P*, vol. IV, Paris, PUF, 2003.
33 S. Freud, *Ibid.*, p. 589.
34 S. Freud, *Ibid.*, p. 591.
35 S. Freud, *Sur la conception des aphasies*, *op. cit.*, p. 235.
36 S. Freud et J. Breuer, *Études sur l'hystérie*, *op. cit.*, p. 38.

symptômes que sous l'aspect de leur « occasionnement » [*Veranlassung*] – abstraction faite de toute référence à l'étiologie, dont l'affaire est la causation [*Verursachung*] – semble parfaitement s'inscrire dans le prolongement du parallélisme psycho-physiologique d'Hughlings Jackson. Le principe même de l'efficience thérapeutique de ce que Breuer et Freud nomment « l'expression verbale » [*Aussprache*] repose sur l'idée que le récit de l'épisode traumatique qui a occasionné le symptôme liquide ce dernier, mais c'est à la condition que ce récit permette la reviviscence du trauma (et non seulement la réminiscence de celui-ci). On est très près ici de ce psychique qui, dans *Sur la conception des aphasies*, renaît « aussi souvent qu'est stimulé le même état du cortex ». Cette renaissance me semble s'inscrire sous la juridiction du concept de vie et placer l'appareil d'âme, entendu comme prolongement de l'appareil du langage, sous celle de la « vie d'âme (vie psychique) ».

C'est donc sous cette juridiction que la critique de l'explication localisatrice pourrait par hypothèse s'articuler, dans sa pointe extrême, au principe d'exclusion réciproque de la mémoire et de la conscience. Celui-ci ne peut qu'être le principe de la traduction antérieure à toute possibilité de traduire que Freud expose dans la lettre à Fließ comme le principe constitutif de l'appareil d'âme. La parenté de cette notion freudienne qui heurte le sens commun et de l'idée benjaminienne de la traduction devient alors éclatante. C'est que l'idée benjaminienne d'une vie des œuvres présuppose une réélaboration du concept de vie :

> C'est en effet dans leur simple réalité, sans aucune métaphore, qu'il faut concevoir pour les œuvres d'art les idées de vie et de survie. Que l'on soit en droit d'attribuer la vie à d'autres réalités qu'au corps organique, on s'en est douté même au temps des plus grands préjugés. Mais il ne peut guère s'agir d'étendre le règne de la vie sous le sceptre débile de l'âme comme l'a tenté Fechner ; ni de définir la vie à partir d'éléments de l'animalité encore moins déterminants, telle la sensation, qui ne peut la caractériser que de manière occasionnelle. C'est en reconnaissant bien plutôt le caractère de la vie à tout ce dont il y a histoire, et qui n'en est pas seulement le théâtre, qu'on rend pleinement justice au concept de vie[37].

J'aimerais conclure ici cet essai, provisoirement, par cette citation, comme une relance de la tentative, de nature exégétique, selon laquelle

37 W. Benjamin, « La tâche du traducteur », *op. cit.*, p. 247.

il s'est construit. Cette tentative – faire apparaître une parenté entre deux pensées aussi souveraines qu'énigmatiques[38] – il me semble qu'elle aboutit, avec ce concept de vie, à autre chose qu'à une nouvelle énigme. Benjamin certes le détermine par une tâche énigmatique – pour lui rendre pleinement justice, il faut reconnaître le caractère de la vie à tout ce dont il y a histoire. Cette exigence énigmatique, qui semble séparer vie et nature, le situe incontestablement à l'opposé de tout vitalisme. Mais si le refoulé – l'inconscient – est, selon la lettre à Fließ, l'échec ou le refusement (*Versagung*) de la traduction, ne faut-il pas entendre, du côté de Freud cette fois – et en un sens tout aussi résolument prosaïque – la vie des êtres humains comme tout ce dont il y a histoire, cette histoire fût-elle intraduisible[39] ? Je retrouve ainsi – et c'est pourquoi la tâche que, quant à cela, Benjamin donne à la pensée est cruciale – les chemins de l'interrogation initiale : l'alliance que l'élaboration freudienne, dans sa spécificité la plus concrète, noue avec la littérature.

Christophe JOUANLANNE
Doctorant
Université Paris 8
France

38 C'est ainsi que J. Laplanche et J.-B. Pontalis qualifient la pensée de Freud dans *Fantasme originaire, Fantasme des origines, Origines du fantasme*, Paris, Hachette, 1985 [1964], p. 9.

39 À propos des histoires que racontent entre eux les prisonniers de ce qu'il nomme le *Lager*, Primo Levi écrit : « Le soir, nous nous les racontons entre nous : elles se sont déroulées en Norvège, en Italie, en Algérie, en Ukraine et elles sont simples et incompréhensibles comme les histoires de la Bible. Mais ne sont-elles pas à leur tour les histoires d'une nouvelle Bible ? » (P. Levi, *Si c'est un homme*, traduction de Martine Schruoffeneger, Paris, Julliard, 1987, p. 70)

TRADUCTION LINGUISTIQUE ET TRADUCTION PSYCHIQUE

Le propos de cet essai, « Traduction linguistique et traduction psychique », relève de la double orientation de mon champ de travail en tant que germaniste traductrice d'une part et essayiste héritière d'une transmission traumatique d'autre part. J'ai été en effet cotraductrice de Freud depuis 1970[1] et harmonisatrice des traductions dans l'équipe éditoriale des Œuvres complètes de Freud dirigées par Jean Laplanche[2], depuis la création de l'entreprise en 1983 jusqu'à son achèvement en 2015. J'ai par ailleurs cherché, dès 1975[3], à traduire dans mon écriture d'analysante ce que les survivants aux crimes de masse ou aux persécutions n'ont pu transmettre en mots à leurs enfants puisque, comme l'écrit une spécialiste de la littérature des témoignages, Shoshana Felman :

---

1 *Cf.* Janine Altounian, *L'écriture de Freud. Traversée traumatique et traduction*, Paris, PUF, coll. « Bibliothèque de psychanalyse », 2003.

2 *Œuvres complètes de Freud / Psychanalyse* (ci-après « OCF/P »), Jean Laplanche (direction scientifique), Pierre Cotet et André Bourguignon (direction éditoriale), Janine Altounian (harmonisation), François Robert (co-responsable terminologie, glossaire et index), Alain Rauzy (notices, notes et variantes, contrôle du manuscrit). Le 4 novembre 2015, les Presses universitaires de France fêtaient l'achèvement des vingt volumes de ces OCF/P, auxquels a fait suite le volume 21 d'index général des OCF/P.

3 Depuis mon premier article, « Comment peut-on être Arménien ? », paru dans *Les Temps modernes*, n° 353, déc. 1975, repris dans *« Ouvrez-moi seulement les chemins d'Arménie ». Un génocide aux déserts de l'inconscient* (préface de René Kaës), Les Belles Lettres, coll. « Confluents psychanalytiques », 1990, 2003 (2e éd.) ; jusqu'à *La Survivance / Traduire le trauma collectif* (préface de Pierre Fédida, postface de René Kaës), Dunod, coll. « Inconscient et Culture », 2000, 2003 (réimp.) ; *L'intraduisible. Deuil, mémoire, transmission*, Dunod, coll. « Psychismes », 2005, 2008 (réimp.) ; *Mémoires du génocide arménien. Héritage traumatique et travail analytique*, Vahram Altounian et Janine Altounian, avec la contribution de Krikor Beledian, Jean-François Chiantaretto, Manuela Fraire, Yolanda Gampel, René Kaës, Régine Waintrater, PUF, 2009 ; *De la cure à l'écriture. L'élaboration d'un héritage traumatique*, PUF, 2012, et, récemment, *L'effacement des lieux / Autobiographie d'une analysante, héritière de survivants et traductrice de Freud*, PUF, 2019.

> Une victime, par définition, ce n'est pas seulement quelqu'un qui est opprimé, mais aussi quelqu'un qui n'a pas de langage propre, quelqu'un qui s'est fait voler le langage dans lequel il aurait pu articuler sa victimisation[4].

Lorsque les messages non verbalisés d'un tel survivant se transmettent inconsciemment à celui de ses héritiers capable de les élaborer et de les verbaliser, cette forme de traduction qui s'adresse à la subjectivité même de ses lecteurs et non à leur savoir, transforme cette expérience restée muette en un « objet du monde[5] ». C'est pourquoi cette catégorie de traduction où l'écriture d'un héritier/passeur traduit en signifiants inédits jusque-là dans une culture provisoirement non menacée de destruction, une expérience privée de mots et de visibilité est, en fait, un acte politique.

Les trois parties de mon essai porteront ainsi sur cette mise en parallèle de la traduction linguistique et de la traduction psychique, puis sur la posture du traducteur/transmetteur d'un héritage englouti et enfin sur la traduction considérée par Freud comme modèle d'interprétation du travail de l'inconscient.

LA MISE EN PARALLÈLE DE LA TRADUCTION LINGUISTIQUE ET DE LA TRADUCTION PSYCHIQUE

La passerelle que j'établis ainsi entre ces deux modalités de traduction se trouve en quelque sorte illustrée par ce fait bien connu de la langue allemande dont le substantif *Übertragung* désigne, dans sa version française, à la fois « transfert » au sens psychanalytique et « traduction » au sens habituel qui nous réunit ici[6]. Je mettrai donc en parallèle les deux

4 Shoshana Felman, « À l'âge du témoignage : *Shoah* de Claude Lanzmann », *Au sujet de* Shoah, *le film de Claude Lanzmann*, Paris, Belin, 1990, p. 24.

5 Je reprends ici l'expression de Luba Jurgenson dans son intervention : « Traduire et retraduire les témoignages du Goulag » au colloque *Traduire l'expérience au-delà de ses limites* du 17 octobre 2012.

6 *Übersetzen* s'emploie la plupart du temps pour signifier : « traduire », mais Freud emploie également *übertragen* dans ce sens-là. Le terme en usage dans la traduction française est donc, pour le substantif correspondant : *Übertragung*, « transfert », alors qu'il inclut aussi le sens de « traduction ».

formes d'expérience du déplacement traductif que connut chez moi ce « transfert ou traduction », aussi bien dans mon activité de traductrice de Freud que dans mon écriture d'analysante cherchant à traduire ce qui du silence des survivants aux meurtres de masse s'était transmis sans mots à leurs enfants. Lors du premier déplacement traductif, traduire c'est en effet *déplacer* la langue de l'*original* vers l'autre langue et, dans le second, c'est *déplacer* vers le champ transférentiel de la cure ou de l'écriture un matériau *originel* qui ne dispose pas de mots pour se dire. Étant transmis sans mots, il doit se doter de mots entendables par les autres étrangers à cette expérience.

Ces deux formes de pratique langagière, habituellement étrangères l'une à l'autre, présentent pourtant deux points de convergence. Dans chacune d'elles, la *pulsion à traduire* naît d'une nécessité à défier paradoxalement l'impossibilité d'une traduction : soit l'impossibilité à restituer un plaisir – d'un côté celui pris à la langue étrangère ignorée de son lecteur et, de l'autre, celui procuré par l'amour secret des ascendants vécu naguère dans le mutisme –, soit l'impossibilité à restituer une perte ou une douleur – d'un côté la perte de la polysémie des mots lors du passage d'une langue source à la langue cible et, de l'autre, la douleur partagée inconsciemment dans l'enfance avec ceux qui avaient survécu à la perte de leurs proches, de leur pays et de leur foi en l'humanité.

Il s'agit en somme, dans ces deux situations, de chercher une voie de sublimation à l'inconfort ou à l'angoisse de se trouver au croisement de deux modes de réception du sens ou des émotions, deux codes délivrant de part et d'autre les déterminants de la pensée et de la vie affective. Dans chacune d'elles, le traducteur est le seul à connaître la non-coïncidence des valences, soit entre deux systèmes de champ sémantique dans l'expression respective d'un rapport au monde, soit entre une impossible pensée survivant à la mort psychique d'une partie de soi et une pensée restée indemne de cet éclatement. Si le trauma opère, selon le psychanalyste Claude Janin, une « détransitionnalisation[7] » entre la réalité psychique et la réalité factuelle, toute traduction de ce qui fut impossible à dire est, en fait, une entreprise de transitionnalisation qui offre une médiation, initialement absente, entre les lieux de l'extermination et le monde susceptible d'en accueillir les réalités. Comme le rappelle René Kaës, psychanalyste travaillant sur l'héritage traumatique :

7 Claude Janin, *Figures et destins du traumatisme*, Paris, PUF, 1996, p. 23-24.

> Le trauma est [...] le résultat d'une mise en échec de la formation intermédiaire[8].

Toute traduction linguistique dans la langue du pays, dit « d'accueil », induit alors chez l'héritier de survivants une traduction psychique : soit une élaboration de l'expérience traumatique qu'il ne peut signifier que dans la langue de l'autre, soit une symbolisation de sa propre histoire lors de la découverte des penseurs de sa culture grâce à leur traduction dans la langue de son pays d'adoption.

LA POSTURE DU TRADUCTEUR/TRANSMETTEUR D'UN HÉRITAGE ENGLOUTI

Cette bipartition chez un tel héritier d'un environnement clivé en deux espaces culturels et symboliques mutuellement exclus : un monde qui semble ignorer ce que l'autre sait sans pouvoir en parler, réclame alors une mutuelle traduction pour que s'effectue en lui un quelconque travail de subjectivation. L'expérience traumatique que sa traduction cherche à apprivoiser est, en somme, celle du bâillon qui l'empêchait de dire à la maison, aux premiers objets mutiques, l'écartèlement qui se vivait au dehors, dans la langue de l'autre ignorant, puisque rien de ce dehors n'était présentifié dans l'espace de l'intimité. Mais pour lui qui cheminait ainsi d'un destinataire sourd à un autre, le dehors ne pouvait pas davantage recevoir, représenter les climats, les secrètes valeurs de la maison maintenue sous le sceau d'un non-lieu. En écho à l'expression « condamné à investir » avec laquelle la psychiatre et psychanalyste Piera Aulagnier désigne la nécessité, pour l'être humain, d'œuvrer constamment au travail psychique d'élaboration, on pourrait donc dire que l'enfant de survivants, « condamné à investir[9] » qu'il est comme tout un chacun, est pour ce faire « condamné à traduire ».

Ce que l'héritier/passeur a à traduire, c'est, comme l'écrit René Kaës :

8 René Kaës, « Le sujet de l'héritage », *Transmission de la vie psychique entre générations*, Paris, Dunod, 1993, p. 54.

9 Piera Aulagnier, « Condamné à investir », *Le trouble de penser*, *Nouvelle Revue de Psychanalyse*, n° 25, Paris, Gallimard, 1982, p. 309-330.

> Ce qui se transmet, dans la transsubjectivité des générations, [...] ce qui fait défaut, ce qui manque, ce qui n'a pas reçu d'inscription, ce dont l'inscription a été empêchée, ce qui a été nié, refoulé, ou forclos[10].

Il peut alors éventuellement, au cours d'une analyse et dans l'après-coup libérateur de l'écriture, tenter de dénouer, dissoudre une charge d'angoisse pétrifiée autrefois au lieu même de son ancienne impossibilité à parler. L'écriture *traduit* alors une expérience archaïque en dévoilant violemment le lieu d'énonciation d'un sujet en souffrance, devenu traducteur pour reprendre à son compte des affects épars, demeurés si longtemps en quête d'auteur.

Exploitant les avantages d'une posture filiale, cet écrivain passeur devient alors un traducteur subversif car il conjugue en lui les deux modes de l'*accueil* : en légataire d'un parent *accueilli* au pays où il est né, parent naguère *exterminable* et privé de parole, il s'identifie à lui dont il est, dans le même temps, l'*accueillant*, prenant à tâche de l'héberger dans la langue des *non exterminables*. C'est ce biface qui détermine, chez l'héritier, la posture d'un traducteur. Être à la fois un *accueilli* par identification au parent survivant et un *accueillant*, de par sa compétence dans la nouvelle langue de la survie et ses identifications à une culture dominante, est ce qui conditionne sa propre accession à la parole. Il prête ainsi sa voix à son parent mutique et à l'aphasique qu'il fut lui-même enfant d'ici et d'ailleurs. En lui, la langue que *je* ne parl*ait* pas autrefois, faute d'exister, *je* la parl*e* aujourd'hui, mais en traducteur d'un lieu où *je* ne se trouve plus. Les apprentissages culturels sont venus enrober d'un langage autre les affects infantiles restés sans nomination, si bien que c'est la double désinence du *je* parl*e* à la première personne d'aujourd'hui et du *je* ne parl*ait* pas à la troisième personne d'un autrefois imparfait qui se fait entendre en creusant simultanément les deux sillons du paradigme, en réduisant enfin le clivage entre le ressenti *source* et les moyens d'expression *cible* du traducteur, en réconciliant quelque peu la voix toujours vivace de l'enfance et celle de l'analysant/écrivant. Toute accession à la parole se manifeste essentiellement par la capacité à énoncer le désastre d'en avoir été privé. Cet acte d'énonciation cherche à inscrire – au sein du langage acquis en dépit et au-delà du désastre – l'événement effractant qui présida à la naissance de ce traducteur.

10 René Kaës, « Ruptures catastrophiques et travail de la mémoire », *Violence d'État et psychanalyse*, Paris, Dunod, 1989, p. 173.

LA TRADUCTION COMME MODÈLE D'INTERPRÉTATION DU TRAVAIL DE L'INCONSCIENT

Cette confrontation des deux champs de traduction chez une traductrice de Freud s'impose d'autant plus qu'il s'agit de *traduire* un penseur dont la langue est celle d'un rapport au monde déterminé par un « emboîtement » des cultures, comme l'a rappelé Didier Anzieu, auquel nous devons une analyse profonde du travail créateur :

> La culture d'appartenance de Freud est incontestablement germanique (de nombreux travaux ont montré qu'elle est également juive). Sa culture de référence est gréco-latine… J'espère avoir montré que l'emboîtement d'une culture de référence dans une culture d'appartenance a été une des conditions de la découverte de la psychanalyse[11]…

Écoutons ce que Freud écrit dans son autoprésentation :

> Je suis né le 6 mai 1856 à Freiberg en Moravie, petite bourgade de l'actuelle Tchécoslovaquie. Mes parents étaient juifs, je suis moi-même resté juif. De ma famille paternelle, je crois savoir qu'elle a longtemps vécu au bord du Rhin (à Cologne), qu'elle a fui vers l'est au XIVe ou au XVe siècle par suite d'une persécution des juifs et s'est, au cours du XIXe siècle, partant de la Lituanie, via la Galicie, remise en route vers la partie allemande de l'Autriche. J'étais un enfant de quatre ans quand j'arrivai à Vienne[12]…

Ces sept lignes concentrent à elles seules, pour ses ascendants, cinq lieux de résidence, dix toponymes, une persécution raciale et/ou religieuse, deux migrations et ruptures, soit, pour lui, trois expériences linguistiques dans l'enfance et une appartenance identitaire qui d'emblée, questionne toutes les évidences attribuées habituellement à l'origine. Dans ses *Leçons d'introduction à la psychanalyse*, Freud nous explique que le développement de la fonction libidinale est comparable à un peuple qui « quitte son territoire* pour en chercher un nouveau…, des petites bandes ou groupements de migrants* [faisant] halte en chemin…, tandis que le gros de la troupe poursuivait sa marche », comparable à un « peuple en mouvement* [qui]

11 Didier Anzieu, « Influence comparée de la langue et de la culture française et germanique sur l'auto-analyse de Freud », *Psychanalyse à l'Université*, 1987, p. 539.

12 « Autoprésentation », OCF/P, t. XVII, p. 56 ; *Gesammelte Werke (G.W.)*, t. XIV, p. 33.

a laissé en arrière* de forts détachements aux stations de sa migration* », dont « ceux qui se sont avancés plus loin*... courront d'autant plus le danger d'une défaite qu'ils auront laissé en arrière* un plus grand nombre d'entre eux au cours de la migration* ». Nous apprenons comment « la libido migre* et parcourt le chemin inverse*... jusqu'à ses propres points de fixation[13] », que le symptôme est un « corps étranger » jouissant du « privilège de l'extra-territorialité[14] », le « refoulement » un « refusement de la traduction[15] »... Toutes ces métaphores sur les « migrations » et leurs « migrants » semblent entretenir, dans « l'inconscient » du chercheur, une « inquiétante familiarité » avec les « transferts », « déplacements », « déviations », « détours », « traces », « clivages », « répressions », « persécutions », « refoulements » et autres « transpositions[16] » sublimées dans son appareil conceptuel et dans la dynamique même de sa méthode d'investigation, la cure. Le cadre de celle-ci n'institue-t-il pas en effet, tel le jeu avec la bobine où l'enfant joue à maîtriser l'absence de la mère, le théâtre d'un « déplacement » fictif, la mise en scène à rebours d'un exil du monde, afin que s'effectue, pour le patient, l'appropriation après coup d'un espace psychique d'où il s'est trouvé exilé, ex-patrié, voire d'un refuge qui ne fut jamais là, parfois ni pour abriter son engendrement, ni pour inhumer ses morts.

Aussi ne faut-il pas s'étonner si, dans sa lettre à Fließ du 6 décembre 1896 (*loc. cit.*)[17], Freud compare l'évolution de l'appareil psychique à une série d'inscriptions successives dont chacune traduit la précédente dans un idiome

13 *Leçons d'introduction à la psychanalyse*, OCF/P, t. XIV, p. 351, 353, 387 ; *G.W.*, t. XI, p. 351, 353, 388. (Nous donnons, dans l'ordre de leur apparition dans la citation, les termes de Freud correspondant à ceux de la traduction suivis d'un * : *seinen Wohnsitz verläßt / Verbände der Wanderer / ein Volk in Bewegung / zurückgelassen / Wanderung / die weiter Vorgerückten / zurückgelassen / Wanderung / wandert zurück.*)

14 *Cf.* « Inhibition, symptôme et angoisse », OCF/P, t. XVII, p. 215 ; *G.W.*, t. XIV p. 125 (*Fremdkörper / Vorrecht der Exterritorialität*).

15 *Cf.* Lettre du 6 déc. 1896 à W. Fließ, *La naissance de la psychanalyse*, Paris, PUF, 1974 (*Verdrängung / Versagung der Übersetzung*). – Voir le commentaire de cette lettre par Jean Laplanche dans « Traumatisme, traduction, transfert et autres trans(es) », *La révolution copernicienne inachevée*, Paris, PUF, 2008, p. 255 *sq.*

16 Nous nous bornons à mentionner, dans l'ordre de leur énumération et au singulier, ces concepts freudiens qui pourraient, évidemment, faire l'objet d'un commentaire linguistique quant à leur rapport respectif à la dynamique du décentrement, mis en évidence, pour certains, dans la particule, pour d'autres dans le radical : *das Unheimliche, die Übertragung, die Entstellung, die Ableitung, der Umweg, die Spur, die Spaltung, die Unterdrückung, die Verfolgung, die Verdrängung, die Umsetzung.*

17 Voir le commentaire de cette lettre par Jean Laplanche dans « Traumatisme, traduction, transfert et autres trans(es) » (*op. cit.*, p. 255 *sq.*).

différent et s'il assimile le processus de refoulement à un refusement de traduction – *Versagung der Übersetzung.* Il a ainsi recours à un modèle « traductif » pour décrire comment le passage d'un système à l'autre effectue une nouvelle inscription selon un code hétérogène à celui qui le précède :

> Tu sais que je travaille avec l'hypothèse que notre mécanisme psychique s'est engendré par stratification, le matériel disponible de traces mnésiques connaissant de temps en temps un réordonnancement selon de nouvelles relations, une réécriture… (*Ibid.*, p. 268)[18].

Si la traduction peut constituer ainsi un modèle d'interprétation de certains processus psychiques, le travail d'un héritier traducteur des traces d'une destruction de sa culture consiste précisément en ce travail que Freud nomme « travail culturel » : « *Kulturarbeit* ». Or, dans le cas d'une transmission traumatique, la définition que Jean Laplanche donne de l'inconscient en se référant au processus de la traduction, peut être pour nous particulièrement éclairante. Voici l'ensemble de son argumentation que je vais ensuite résumer pour mon propos :

> La […] tentative de traduction a pour fonction de fonder, dans l'appareil psychique, un niveau *préconscient*. Le préconscient […] correspond à la façon dont le sujet se constitue, se représente son histoire. La traduction des messages de l'autre […] est pour l'essentiel une historisation.
>
> L'inconscient est […] ce qui a échappé à cette mise en sens que je désigne comme traduction.
>
> [Quand] rien n'est traduit, le message originel reste tel quel dans l'appareil psychique […] il constitue alors ce qu'on pourrait nommer « l'inconscient enclavé » […] L'échec de la traduction peut se solder notamment par une transmission telle quelle, intergénérationnelle, sans aucune métabolisation[19].

En résumé donc, « l'inconscient est […] ce qui a échappé à cette mise en sens que [Jean Laplanche] désigne comme traduction » (*ibid.*, p. 201), de sorte que le travail culturel aurait pour visée « de fonder dans l'appareil psychique, un niveau *préconscient* » (*ibid.*, p. 200) en exhumant le « non-traduit

18 „*Du weißt, ich arbeite mit der Annahme, daß unser psychischer Mechanismus durch Aufeinanderschichtung entstanden ist, indem von Zeit zu Zeit das vorhandene Material von Erinnerungsspuren eine Umordnung nach neuen Beziehungen, eine Umschrift erfährt… Wz ist die erste Niederschrift… Jede spätere Überschrift…*"(Sigmund Freud, *Aus den Anfängen der Psychoanalyse*, Frankfurt am Main, Fischer Verlag, 1975, p. 151-152).

19 Jean Laplanche, « Trois acceptions du mot "inconscient" dans le cadre de la théorie de la séduction généralisée », *Sexual. La sexualité élargie au sens freudien*, Paris, PUF, 2007, p. 200-203.

enclavé » (*ibid.*, p. 201) de l'héritage traumatique. Je mentionnerai ici un passage très intéressant de cette thèse de Laplanche qui souligne le rôle d'une « aide à la traduction, proposée par la culture ambiante »

> L'*infans* doit faire appel à de nouveaux codes [...] Il a à sa portée, très tôt, de par son environnement culturel général [...] des codes, des schémas narratifs préformés. On pourrait parler ici d'une véritable « aide à la traduction », proposée par la culture ambiante (*ibid.*, p. 208).

Ceci pour remarquer en passant que L'école laïque de la République proposait autrefois cette « aide à la traduction » de par le *colinguisme* qui structurait, comme l'explique Renée Balibar, le « français des instituteurs[20] ». Partout où l'école ne peut plus assurer cette « aide à la traduction » qui, en fait, induit l'acculturation à « la culture ambiante », c'est-à-dire l'intégration des différents héritiers des catastrophes contemporaines dont ceux que nous appelons actuellement les « migrants » à une situation qui ferait d'eux des sujets politiques, elle les expose aux tentations de la violence. La déprivation quant à la langue est un moteur puissant du recours à la violence.

Quant à « L'échec de la traduction » qui se solde, comme le rappelle Laplanche, « par une transmission telle quelle, intergénérationnelle, sans aucune métabolisation », elle fait penser à ce que Luba Jurgenson, traductrice de Chalamov, appelle « le brouillon perdu » constitué de traces non encore verbalisables de l'expérience immédiate chez les survivants des camps d'extermination. Il peut donner ensuite naissance au « livre I[21] » susceptible d'être rédigé ultérieurement, à partir de cet infra-texte perdu. En sa qualité de traductrice, elle précise :

> La question qu'énonce ici Chalamov est celle de la traduction, du passage de la langue de l'expérience vers celle du texte. On constate l'inadéquation des deux langues : celle de l'expérience est infiniment pauvre, mais, aussi

20 Renée Balibar, *L'institution du français. Essai sur le colinguisme des Carolingiens à la République*, Paris, PUF, 1985, p. 150. Voir aussi p. 4 : « Nous avons forgé un concept indispensable à notre étude. Le terme de colinguisme désigne l'association de certaines langues d'État dans un appareil de langues où elles trouvent leur légitimité et leur matière à exercices. Sans cette association (traduction, grammatisation) [...] la norme linguistique ne peut ni être instituée, ni fonctionner, c'est-à-dire qu'elle n'existe tout simplement pas. »

21 Elle le nomme « premier livre comme une mémoire prothèse » selon l'expression de Primo Levi. Ainsi au Livre I de Primo Levi, *Se questo è un uomo*, 1947, correspond, d'après elle, le Livre II, *I sommersi e i salvati*, 1986 (Luba Jurgenson, *L'expérience concentrationnaire est-elle indicible ?*, Monaco, éd. du Rocher, 2003, p. 19 *sq.*).

> absolument complète, elle ne connaît pas de manque ; la langue d'arrivée est riche au point de pouvoir dire sa propre insuffisance. L'expression du manque suppose, en effet, une grande complexité (*ibid.*, p. 117).

On pourrait estimer que ce « brouillon perdu », puisqu'en deçà du langage, est semblable à l'expérience que les parents survivants ne peuvent ni ne doivent restituer à leurs enfants qui, l'ayant néanmoins perçue inconsciemment, peuvent accéder, grâce à leur acculturation à « la langue d'arrivée [...] riche » des *normalement vivants*, à cette « expression du manque » qui les rend apte à passer « de la langue de l'expérience vers celle du texte ».

Autrement dit, si l'on prend à la lettre la définition du refoulement que Freud donne dans sa lettre à Fließ le 6 décembre 1896 : « Le refusement de la traduction (*Übersetzung*), voilà ce qui dans la clinique s'appelle refoulement[22] », le terme *Übersetzung* (traduction) ayant en allemand le même radical que *Setzer* (typographe), on peut dire que ce « brouillon perdu » se « refuse » à la verbalisation des survivants mais que sa traduction (*Übersetzung*) devient par contre possible à leurs héritiers/typographes (*Setzer*) qui peuvent en constituer un livre I. Leur démarche qui cherche à sauver ce que recélait, dans le silence de leurs ascendants, ce « brouillon perdu » s'apparente à celle des traducteurs de textes anciens dont les originaux perdus ne nous sont parvenus que par leur traduction dans une autre langue[23].

Janine ALTOUNIAN
Traductrice, essayiste
France

22 « *Die Versagung der Übersetzung, das ist das, was klinisch „Verdrängung"heißt* », Sigmund Freud, *Briefe an Wilhelm Fließ* (1887-1904), éd. J. M. Masson, M. Schröter, Frankfurt am Main, S. Fischer, 1986, p. 219 ; Sigmund Freud, *Lettres à Fließ* (1887-1904), traduit de l'allemand par Françoise Kahn et François Robert, Paris, PUF, 2006, p. 265. – Voir le commentaire de cette lettre par Jean Laplanche dans « Traumatisme, traduction, transfert et autres trans(es) » (*op. cit.*, p. 255 *sq.*).

23 Ainsi, par exemple, la *Chronique* d'Eusèbe de Césarée, dont l'original ne nous est parvenu que par sa traduction en langue arménienne. Aucun peuple n'a étudié plus anciennement et avec plus d'ardeur les monuments littéraires de la Grèce, et la découverte de la traduction arménienne de la Chronique d'Eusèbe, dont l'original est perdu et dont il ne nous restait plus que de courts fragments, montre que s'il est permis de concevoir l'espoir de retrouver quelques traces de ces monuments que le temps a dévorés, c'est surtout dans les versions que les Arméniens en avaient faites.

TRADUIRE L'INCONSCIENT

André Pézard et Dante

> Le cœur a ses raisons que la raison ne connaît point.
> Blaise PASCAL, *Pensées*.

En lisant l'« Avertissement » (Pézard, 1983 et 2014) qui ouvre le volume des œuvres complètes de Dante traduites et commentées par André Pézard, parues en 1965 dans la Pléiade, j'ai été frappée par les problèmes de méthode et de technique de traduction qu'aborde cet italianiste, romaniste et médiéviste, professeur au Collège de France de 1951 à 1963 et spécialiste de Dante (Gally & Marguin-Hamon, 2017 ; La Brasca, 2018). Il s'agit d'une longue introduction que l'on peut considérer comme un traité précis et détaillé de traductologie sur l'œuvre de Dante, où Pézard touche des sujets complexes sur lesquels je réfléchis et écris dans mon activité psychanalytique (Lupinacci, Lucattini *et alii*, 2015).

Dans cet article, je tâcherai d'établir les analogies qui existent entre la pensée et le fonctionnement mental de Pézard traducteur de Dante, son auteur italien préféré, et le fonctionnement mental, la façon de procéder de l'analyste qui travaille avec son patient.

Grâce à une méthode validée par les Sociétés Psychanalytiques officielles (Bouvet, 2007) et à une technique consolidée par une formation psychanalytique et une pratique supervisée (Etchegoyen, 2005), l'analyste peut accéder à la compréhension de ce qui se passe lors de la séance analytique : d'abord il comprend, interprète et redéfinit dans son esprit le contenu conscient et inconscient exprimé par le patient ; puis il explique ce contenu en nommant les sentiments que le patient éprouve, mais que ce dernier ne peut pas encore reconnaître ou comprendre. En termes psychanalytiques, ce processus est appelé « bonification », assainissement. L'analyste, grâce à son travail, restitue au patient les contenus négatifs que celui-ci a apportés lors de la séance, après les avoir « bonifiés » dans son esprit et sans rien y introduire de personnel. Il les restitue, mais il ne les remplace pas.

En psychanalyse, bonifier ne signifie pas « rendre meilleur » ce qui est dit, mais le rendre tolérable et digérable. C'est la « bonification » de la « terreur sans nom » dont parle Wilfred Ruprecht Bion (1984b, p. 99), c'est-à-dire de l'expérience primitive, préverbale qui ne peut pas être exprimée par les mots. Alors comment donc exprimer cette expérience ? En créant avec le patient une atmosphère émotive dans laquelle le lieu mental interne de l'analyste apporte une rationalité imprégnée d'émotivité. On peut affirmer que l'esprit de l'analyste au travail fonctionne exactement comme l'esprit de Pézard traducteur : l'un et l'autre utilisent leur propre espace/lieu mental interne (une rationalité imprégnée d'émotivité) à l'instar d'un instrument. Tous deux agissent en créant une atmosphère émotive.

La « bonification » que le traducteur effectue à partir du texte source est la bonification de la compréhensibilité. Cette opération se réalise à travers la fidélité à l'esprit du texte, pas à la lettre (Larbaud, 1997, p. 76-79) à travers la transmission de l'atmosphère, de la saveur, du parfum, de l'odeur de ce texte et non par la traduction « crue » des mots en soi (Eco, 2016, p. 154). Comme l'analyste interprète les contenus apportés par son patient, ainsi le traducteur interprète les contenus du texte original. Dans le cas de la traduction de Dante, écrivain du XIVe siècle dont les œuvres autographes ne nous sont pas parvenues, les questions philologiques d'établissement du texte posent effectivement des problèmes majeurs d'interprétation, comme le souligne Jean-Charles Vegliante, l'un des plus importants traducteurs français de la *Divine Comédie* (2020, p. 33).

Pour l'analyste et le traducteur, la « bonification » et la restitution des contenus compréhensibles, denses de significations et porteurs de sens, peuvent se réaliser seulement s'ils contrôlent leur propre transfert et contre-transfert, traduisant un rêve comme une poésie à travers leur propre résonance interne. Dans la résonance interne, l'identification entre en jeu. L'analyste s'identifie à son patient et le traducteur à l'auteur du texte source.

Tous deux opèrent une « transformation », l'analyste celle des contenus du patient et le traducteur celle du texte de l'auteur, du contenu exprimé par le poète qu'il traduit dans une autre langue. Mais la « transformation » selon Bion (1984a) ne signifie pas « changement », mais un genre de lecture spécifique que chacun donne d'une certaine chose : l'analyste des contenus inconscients dans les mots du patient, le traducteur des contenus internes au texte comme l'auteur les a imaginés. C'est pour cela que les traductions du même texte ne sont pas toutes égales (Le Blanc, 2019, p. 168) : en changeant de perspective – et chacun possède sa propre perspective (*vertex*) –, le texte est considéré et interprété différemment. Chez l'analyste comme chez le traducteur la perspective est donnée par leur propre « résonance interne ».

Le traducteur donc ne change pas le texte en le traduisant dans sa langue, mais, suite à un processus sous-jacent d'identification vis-à-vis de l'auteur qu'il est en train de traduire, il l'interprète et le rend compréhensible au sens large du terme à lui-même et au lecteur. Chez Pézard philologue, critique et traducteur de Dante, Frank La Brasca souligne à ce propos « l'homologie qui semble se dessiner entre l'Auteur et son interprète » (2018, p. 64). Sur la question de l'empathie, on peut rappeler aussi que Valery Larbaud (1997, p. 59-67) consacre des pages importantes à l'essai de Francesco De Sanctis *Studio su Giacomo Leopardi* (2001), où le critique napolitain fait l'éloge du processus d'identification par lequel l'écho intérieur de la voix de l'auteur traduit, l'écho nostalgique du ton original, résonne dans la voix du traducteur (Agostini-Ouafi, 2010, p. 48-49). Comme La Brasca, De Sanctis et Larbaud, nombreux sont les écrivains, les critiques, les traducteurs et les traductologues qui évoquent ce type d'émotivité que Melanie Klein appelle « identification projective et identification interjective » (2017, p. 12), un mouvement inconscient d'aller-retour et d'échange dont la théorisation évolue aujourd'hui vers une optique plus relationnelle.

Un élément qui, selon M. Klein, joue fortement dans cette résonance psychique d'identification est mis en valeur par Paul Valéry dans *Variations sur les bucoliques* (1957) : c'est l'importance du rythme dans l'expressivité humaine et partant la nécessité de le traduire. On trouve ce souci, placé au premier plan, dans l' « Avertissement » de Pézard (1983, p. XXI). Mais le rythme est indissociable du temps : le temps et sa perception sont aussi des éléments fondamentaux du travail analytique et du travail traductif. Un temps structuré, cadencé, organisé, qui pour Pézard constitue un flux mélodique ininterrompu visant à bercer et à emporter le lecteur : il définit ce flux comme un « entraînement » (*ibid.*, p. XX). Même pour Jacqueline Risset, traductrice de Dante dans les années 1980, la traduction a « un versant rationnel et organisateur [...] et un versant somnambulique, en transe, qui laisse venir quelque chose qu'il faut appeler le rythme » (1989, p. 23). Elle utilise à ce propos l'image de la continuité d'un fleuve, continuité qui « se lit grâce aux homophonies, aux rythmes internes, aux allitérations, à l'inspiration du rythme » (*ibid.*). Pour Vegliante (2017, p. 200-201) ce souci de fidélité au sens, aux « contenus » des mots, mais aussi à leur éclat et à leur rythme s'inscrit dans la conception de la traduction que Leonardo Bruni a forgée au début du XVe siècle.

Lorsque Pézard affirme qu'il faudrait « refermer les éditions savantes » de Dante et « clore les yeux » pour « arriver à la traduction sans paroles françaises, presque sans paroles italiennes » (Pézard, 1983, p. XLV), il semble parler de la condition psychique liée à l'« attention flottante », formulée par Sigmund Freud en 1910 (Freud, 2001, p. 32), dans laquelle se trouve l'analyste lors de la séance, et grâce à laquelle il peut suivre le discours du patient en se laissant transporter par son flux verbal. En suivant ainsi les libres associations et l'état émotif inconscient du patient, l'analyste arrive à en saisir le sens profond, de façon à restituer ou à donner un sens aux mots de celui-ci. L'interprétation de l'analyste doit être parfois « insaturée », autrement dit ouverte (Ferro & Civitarese, 2015), une sorte de rêverie que l'analyste fait sur le rêve/récit du patient en saisissant l'émotion dominante. Ainsi doit-il s'octroyer en l'écoutant une légère distraction, regarder à l'intérieur de soi-même, maintenir une attention « flottante », émotionnellement réceptive.

Dans son « Avertissement » traductologique, Pézard expose des réflexions proches non seulement du concept de l'« attention flottante », mais aussi de ce que D. W. Winnicott appelle l'« espace transitionnel » (1941, p. 121). En effet, le texte à traduire est au traducteur ce que le discours du patient est à l'analyste : le travail se déroule dans une « aire transitionnelle » où l'analyste et le patient, le traducteur et l'auteur peuvent se relationner et interagir. Pour le traducteur, on peut aussi présumer la présence d'un « *setting* interne », considéré comme un cadre mental, qui est chez l'analyste un instrument de gestion et de conduction du rapport thérapeutique. Chez Winnicott (*ibid.*, p. 121) l'expression *setting* renvoie aussi aux conditions externes (aspects spatio-temporels et sociaux) et au contexte relationnel. L'espace transitionnel est une zone de jeu, à la fois symbolique et tangible. Le « *setting* interne » de Pézard est la forme mentale, l'acte volontaire qui lui permet de ne pas céder à la tentation « de choisir plutôt, par scrupule, une traduction différente, plus nouvelle mais moins satisfaisante » (1983, p. XXXIX). Comment se structure le « setting interne » permettant à Pézard d'aborder la traduction avec équilibre et méthode ? En effet, il ne faudrait pas que le traducteur se laisse influencer par des tentations ou des pressions internes/externes qui pourraient le conduire vers des rivages moins appropriés, moins efficaces, et surtout qui pourraient l'éloigner de sa méthode. Pézard l'explique clairement :

> À tous les spécialistes qui ont orienté ma quête et soutenu mes pas à travers les diverses œuvres de Dante, on trouvera bon que j'associe la mémoire de celui qui m'a introduit dans l'étude de la *Comédie* et armé d'une méthode, soit par ses écrits, soit par ses leçons vivantes, mon maître Henri Hauvette (*ibid.*, p. XLI).

Le traducteur et l'analyste ont en général une méthode transmise par un maître selon une approche théorique et pratique. La méthode aide l'analyste à réfléchir sur le « texte » du patient comme elle aide le traducteur à communiquer avec l'« inconscient » de l'auteur. L'analyste doit étudier les textes de psychanalyse et superviser les patients, le traducteur possède les textes des critiques qui l'ont précédé et un superviseur/maître[1] qui travaille avec lui sur le texte original à interpréter (et puis à traduire), tout comme l'analyste travaille avec son superviseur/maître sur les contenus « originaux », personnels, que son patient apporte lors de la séance.

L'analyste et le traducteur font tous les deux leur apprentissage *a bottega* (« dans l'atelier ») de leurs maîtres, tout comme Léonard de Vinci, Domenico Ghirlandaio, Le Pérugin, Lorenzo Di Credi et Luca Signorelli chez Andrea del Verrocchio (seconde moitié du XVe siècle). L'analyste et le traducteur demeurent dans l'atelier du maître jusqu'à ce qu'ils maîtrisent la théorie et la technique pour pouvoir travailler

1 La « supervision » est un dispositif de formation professionnalisante consistant en opérations critiques (observation, analyse, jugement, intervention) par lesquelles une personne en situation de responsabilité, « le superviseur », vise à améliorer la qualité de l'acte professionnel des personnes sous sa responsabilité (Castro *et alii*, 2009, p. 45-48).

tout seuls. Le superviseur restera pour eux un « maître » qui, intériorisé, constituera à jamais un point de repère interne, professionnel, émotif et affectif. C'est l'importance émotive du maître qui devient l'un des fils émotionnels tissant une toile solide que l'on retrouve chez Pézard, traducteur de Dante.

Comme l'analyste ne se sent jamais seul lorsqu'il travaille avec son patient, de même le traducteur Pézard ne se sent pas seul lorsqu'il se trouve face au texte de Dante. Avec ce texte, il peut développer un rapport « affectif », en puisant dans le souvenir de ses propres relations personnelles, des liens professionnels et humains construits au fil du temps autour de l'œuvre de l'auteur à traduire. Le texte source, avec sa signification et ses suggestions, lui rappelle la relation avec le professeur dont il a été l'élève et avec les critiques qui ont nourri son savoir. L'œuvre originale lui permet aussi d'établir un « contact » profond avec son auteur, même si ce dernier l'a écrite plusieurs siècles auparavant (Pézard, 1983, p. XXVIII). Chez ce traducteur, l'identification à son auteur préféré est toujours guidée par la rationalité : les émotions que le message du texte source évoque en lui sont interceptées, choisies et transférées exprès dans la traduction.

L'analyste au travail, comme Pézard traducteur, est toujours « en couple ». Le fait d'être en couple lui permet d'obtenir une distance optimale par rapport au patient et au texte, mais sans trop s'éloigner émotionnellement. Le « plaisir » chez l'analyste, comme chez le traducteur, naît de sa façon d'être « en couple » mentalement. Cet état lui permet d'approcher le « texte » sans courir le risque d'une adhésion littérale ou d'une interprétation idiosyncratique. Comme le souligne Pézard lui-même dans l'« Avertissement », en se situant dans le sillage de Dante (1983, p. XIX), le plaisir a été un élément fondamental pour pouvoir conserver les forces et la constance nécessaires pour se consacrer à un travail qui a duré douze ans. Cette primauté du plaisir vaut pour les deux, l'analyste et le traducteur (Lucattini, 2016, p. 315).

Mais, même si dans la longue opération traduisante de Pézard « le plaisir » l'a emporté sur « l'utilité », sa conception de la traduction est très exigeante : Viviana Agostini-Ouafi (2014, p. 24) rappelle que pour Pézard une traduction est seulement le début d'une explication et que, surtout pour la poésie, cette explication ne peut jamais être exhaustive et définitive, car insaturée. Le seul but que le traducteur poursuit est d'encourager des nouveaux lecteurs qui désirent avoir accès au texte original après l'avoir bien approfondi, grâce aux notes et aux commentaires que de nombreuses générations d'exégètes ont accumulés (*ibid.*). Pour Pézard en effet le traducteur de Dante est « comme le peintre persan qui rapporte à son seigneur la miniature d'une princesse digne d'être épousée par amour – afin que le seigneur meure d'envie de la voir en chair et en os, et se mette en route lui-même » (1983, p. XLIV).

Ainsi lorsque Pézard s'interroge sur le critère le plus adapté, d'après lui, pour traduire les noms propres de la *Divine Comédie*, il envisage avant tout la possibilité d'adopter « l'usage traditionnel et paresseux [qui] consiste à transcrire purement et simplement la forme italienne en dépit de toute mesure rythmique », mais il conclut aussitôt que « cet usage nous pousse à l'arbitraire et à l'incohérence » (*ibid.*, p. XXVII). Ensuite, en commentant sa traduction du nom de *Beatrice* par « Biétris », il énonce le critère qui lui semble le plus adéquat : « Le rythme, la musique d'un vers, me paraît chose plus importante que l'identité purement typographique de deux formes nominales » (*ibid.*, p. XXX).

Mais comment une opération aussi complexe peut-elle réussir ? Comment peut-on ressentir, écouter, percevoir et enfin traduire, grâce aux sonorités et à la cadence qui assurent le rythme, sans bouleverser la signification et le sens ? En activant justement la fonction mentale de l'« attention flottante ». Pézard déclare par exemple en 1965 avoir renoncé délibérément à traduire le syntagme *per qui* (*Enfer* X 62) avec « par ici », car ce choix évoquait en lui la comptine enfantine et joyeuse *Il court, il court, le furet*, inadaptée au contexte dramatique du voyage de Dante en enfer (Pézard, 1966). L'« attention flottante » l'aide à percevoir non seulement la signification rationnelle du syntagme « par ici », mais aussi la résonance émotive que dégage sa matérialité phonique, car la connotation affective va au-delà de la simple traduction du signifié (Agostini-Ouafi, 2019a, p. 15). Cette attitude pézardienne est valorisée aussi par le traducteur de Dante et traductologue italianiste Vegliante : « […] outrepassant encore le strict et myope respect des contenus, si répandu parmi les professeurs-traducteurs, Pézard ne se prive jamais de laisser jouer librement le ressort combinatoire des signifiants, là où le *lien musaïque* cher à son auteur lui paraissait l'exiger » (2017, p. 203).

Pézard, traducteur de Dante, nomme et dévoile lui-même son intime résonance émotive à la fin de l'« Avertissement », lorsqu'il évoque l'événement biographique lié à son projet de traduction :

> Pourquoi, pour qui j'ai entrepris ce labeur, ou disons mieux : cette folie qu'on me proposait, comment à mi-chemin elle tomba et parut brisée le 13 octobre 1959, puis fut relevée, pesamment, petitement, à partir du jour des Trépassés – cela n'intéresse que moi et deux ou trois personnes qui s'en souviennent de reste (*Pézard*, 1983, p. XLV).

Ce n'est pas le premier traumatisme qui traverse sa vie : le deuil et la douleur de ce 13 octobre 1959 réactivent même, au sens propre et figuré, sa vieille blessure de guerre. En effet, Pézard a combattu sur le front pendant la Première Guerre mondiale et a été gravement blessé dans la Somme. Après s'être rétabli, il s'est spécialisé dans l'étude de la langue et de la littérature italiennes. On peut supposer que, par le biais de la traduction de Dante, il a essayé aussi de comprendre, entre autres, l'incompréhensible du traumatisme de la guerre, en la nommant, en la traduisant, pour lui donner ensuite un sens. Il avait déjà pris ce chemin, en mettant en mots la douleur de l'expérience vécue, dans ses carnets de soldat publiés dès 1918 (Lejeune, 2017 ; La Brasca, 2018, p. 61 n. 33).

En 1959 il perdit sa femme, qui l'avait suivi jour après jour dans la traduction des œuvres complètes de Dante, de la *Vie Nouvelle* à la *Divine Comédie*, en transposant ainsi la grande représentation de sa propre vie par et dans les mots de Dante. Pour ceux-ci, il avait trouvé un nouveau son, une nouvelle langue, la langue des amours et du cœur qui avaient redonné un sens à sa vie brisée par la tragédie de la guerre. Francesca Manzari, en étudiant l'usage de l'archaïsme dans cette traduction, arrive en effet à la conclusion que le projet de Pézard est « moderniste [car il] ne se contenterait pas de ce que le français laisserait dire, il travaillerait à une expansion du dicible en français » (Manzari, 2017, p. 219). La recherche du sens passe d'après elle par un renouvellement de la langue qui suit « la voie archéologique » (*ibid.*, p. 220).

Et dans le *Paradis*, Pézard semble trouver ce sens en Béatrice, ayant recours métaphoriquement à la signification : « celle qui rend heureux, qui apporte le bonheur » (de l'adjectif latin *beatus*, « heureux »). Mais il s'agit également d'un nom propre étymologiquement lié à un mot du latin tardif : *viator*, signifiant « voyageuse », c'est-à-dire celle avec laquelle le traducteur a parcouru le voyage de la vie et qui sera à ses côtés aussi lors du dernier voyage, en lui restituant le « bonheur » perdu au moment de sa « mort terrestre ». Des dates autographes marquées dans le brouillon de la mise au net de la *Vie Nouvelle* témoignent effectivement de l'identification opérée par Pézard entre *Beatrice* et sa propre femme : deux « muses » tant aimées que le *je* poétique et son traducteur ont à jamais perdues (Agostini-Ouafi, 2019b, p. 93).

Ce n'est peut-être pas un hasard si Dante a commencé la *Divine Comédie* (*Inferno* I 1-3 ; 1983, p. 883) par ces mots :

> *Nel mezzo del cammin di nostra vita*
> *mi ritrovai per una selva oscura,*
> *ché la diritta via era smarrita.*
>
> « Au milieu du chemin de notre vie
> je me trouvai par une selve obscure
> et vis perdue la droiturière voie. »

Plusieurs années après la mort de Béatrice, Dante la retrouve, lors de son voyage initiatique, dans le paradis terrestre du *Purgatoire* : elle l'accompagnera dans la dernière partie de la *Divine Comédie* et, métaphoriquement aussi, de sa vie.

Ce voyage initiatique est aussi celui du traducteur : la pensée de celui-ci, en fluctuant librement dans l'entre-deux langues, se traduit, comme l'affirme Pézard, en citant à son tour Dante, en « cette langue qui est une en tous » (*Paradis* XIV 88 ; 1983, p. XLV). Pour le traducteur-commentateur, ce genre de traduction est écrite dans la « langue de la mémoire, des prières muettes et de la contemplation » (1983, p. XLV), la langue que la psychanalyse appelle « le langage de l'inconscient ». Le traducteur, qui « n'a plus l'impression de copier un texte, mais de retrouver en lui les choses » (*ibid.*, p. XIX), utilise son esprit comme un instrument, un « espace transitionnel » (Winnicott, 2005, p. 55), dans lequel il s'immerge, en s'identifiant au poète, pour saisir à travers le sens du rythme et la « forme sonore », non seulement ce que le poète voulait dire, mais aussi les significations émotives, conscientes et inconscientes, que ce dernier voulait transmettre.

L'analyste aussi utilise son esprit comme un espace transitionnel. Il trouve ainsi des réponses aux émotions de son patient en traduisant les significations inconscientes de son discours. La méthode psychanalytique dérive en effet de l'existence de l'inconscient et est caractérisée par les libres associations, l'interprétation des rêves, du transfert, du contre-transfert et par l'attention flottante. Cette approche peut également être appliquée à l'analyse de l'écriture littéraire (Lucattini, 2019).

La méthode traductive de Pézard fonctionne d'une manière analogue : il privilégie le sens inconscient du texte. Chez les écrivains et traducteurs polyglottes, comme c'est son cas, on peut détecter toujours des traces textuelles de transferts sémantiques inconscients qui s'expriment à travers les mots, le rythme et les images évoquées ; ces traces peuvent être mises en évidence par des explications paratextuelles auctoriales (Lucattini, 2020, p. 161). Pézard parle à ce propos « d'incantation poétique » (Pézard, 1983, p. XXI). Il affirme du reste que ce qu'il a voulu faire en traduisant l'œuvre de Dante « ce n'est, ou ce n'est plus, qu'un rêve » (*ibid.*, p. XLV). D'après lui, son lecteur doit se laisser transporter par le flux onirique et poétique (« libres associations ») sans essayer de tout comprendre rationnellement (« attention flottante »). C'est, on l'a déjà cité, le « versant somnambulique, en transe », dont parle J. Risset (1989, p. 23). Mais, bercé par ce flux enchanteur, le traducteur essaye de trouver en lui-même les choses décrites par Dante, de les exprimer dans la traduction, processus que l'on peut définir comme « l'interprétation du transfert ». Il faut souligner que Pézard, après cette phase d'interprétation, va filtrer dans son for intérieur les mots, les images et les rythmes de Dante pour passer à l'acte de la réécriture qui aboutit au choix heureux grâce à sa propre lecture de son « contre-transfert ».

Pézard affirme d'autre part que « l'interprète a l'illusion de créer lui aussi » (Pézard, 1983, p. XIX), qu'il a l'impression de créer avec le lecteur et l'auteur quelque chose qui n'existait pas auparavant. C'est la « transformation » dont parle Bion (1984b). Même l'analyste et son patient créent dans la relation analytique un lieu qui n'existait pas auparavant, où ils peuvent retrouver les significations, donner un « sens », saisir les pensées et les placer. Il s'agit donc de la « liaison » (*ibid.*), que Pézard définit entre autres dans l' « Avertissement » comme une « rencontre » (Pézard, 1983, p. XXXIX). En outre, à l'instar de l'interprétation, la traduction doit être « contextualisée » : le temps de la traduction appartient toujours au présent (Masson, 2014, p. 112), chaque traduction porte une date précise, comme les rêves et les interprétations.

Les procédés techniques de la traduction se modifient selon les stratégies et les conceptions du traduire. Les multiples approches de la technique psychanalytique changent également selon l'époque, l'âge du patient et ses phases de développement. La langue utilisée dans les domaines de la traduction et de la psychanalyse change aussi dans le temps et ces changements ont lieu non seulement dans les différentes parties du discours écrit ou traduit, mais aussi dans les préfaces, les postfaces et les notes accompagnant les différentes éditions des textes.

Pézard, traducteur de Dante, essaie de soustraire sa traduction à son propre temps, en cherchant au contraire les assonances sonores et culturelles des vieux joyaux de jadis (Manzari, 2017, p. 220). Cette opération est une fantaisie, une « fantaisie inconsciente » (Klein, 2017, p. 225) : ce que Winnicott (2005, p. 51) appelle un « jeu ». Pour Vegliante (2017, p. 205-206) l'opération de traduction de Pézard est « une forme d'interprétation herméneutique autonome » qui passe par la fréquentation pratique et matérielle du texte, un passage à l'écriture « enrichi de lectures préliminaires et de l'hyper-lecture », un «*passage à l'acte*, en pratique-théorie traversant tous les niveaux de la langue (y compris celui des échos sonores [...]) : translinguistique comme toute création littéraire, en l'occurrence de poésie ».

Adelia LUCATTINI
Société Psychanalytique Italienne
Italie
Doctorante, Université Sorbonne
Nouvelle – Paris 3
France

QUATRIÈME PARTIE

DISCOURS DU TRADUCTEUR

LE DISCOURS DES TRADUCTEURS DE POÉSIE À LA RENAISSANCE[1]

La Renaissance se caractérise par un accroissement massif du nombre de traductions. Au sein de la « frénésie traductrice » qui anime cette période, la poésie constitue assurément un genre privilégié, à une époque où la traduction étant « simultanément [...] *origine* et *horizon* de l'écriture en langue maternelle[2] », les poètes français forgent bien souvent leur style en traduisant et en imitant les poètes étrangers.

En dépit de l'absence de traité théorique sur la traduction de poésie au XVIe siècle, les arts poétiques et les divers textes liminaires précédant les traductions poétiques (épîtres, préfaces, prologues, avis au lecteur) constituent un terrain d'observation privilégié des enjeux de cette catégorie de traduction, qui possède un statut à part, souvent problématique. Plus que tout autre genre littéraire, la poésie apparaît en effet comme celui où la concurrence entre l'activité du traducteur et le *genius* particulier de l'auteur original s'affirme de la manière la plus aiguë, tant le langage poétique, indissociable du choix des mots, de l'*elocutio* et du rythme du vers, semble incarner le caractère irréductible de chaque langue.

Par ailleurs, placés face au redoutable défi d'adapter des critères prosodiques étrangers au moule de la versification française, les traducteurs de poésie se trouvent confrontés, plus que les autres, à la cinquième règle exposée par Étienne Dolet dans sa *Maniere de bien traduire d'une langue en aultre* (1540), et qui concerne l'« observation des nombres oratoires », « à sçsavoir une liaison, et assemblement des dictions avec telle doulceur, que non seulement l'ame s'en contente, mais aussi les oreilles en sont toutes ravies, et ne faschent jamais d'une telle harmonie de langage[3] ».

1 Cette étude à deux voix constitue le prolongement du travail mené dans le volume *Histoire des traductions en langue française. XVe et XVIe siècles (1470-1610)* (Verdier, 2015) coordonné par Véronique Duché, que nous remercions ici de nous avoir associées à ce projet.

2 Antoine Berman, « De la translation à la traduction », *TTR*, vol. 1, n° 1, 1988, p. 24.

3 Étienne Dolet, *La Maniere de bien traduire d'une langue en aultre*, Lyon, Dolet, 1540, f. non num.

Dans cette étude à deux voix, nous exposerons tout d'abord quelques aspects du discours tenu sur la traduction de poésie en France à la Renaissance, avant de présenter un exemple concret des problèmes posés par l'acclimatation en français de la poésie étrangère à travers le cas des traductions françaises des *Travaux et les jours* d'Hésiode.

Face aux réticences nombreuses qui accompagnent fréquemment l'entreprise même de la traduction poétique (souvent présentée comme une tâche impossible), le discours tenu par les traducteurs de poésie oscille entre refus pur et simple d'une tâche considérée comme trop périlleuse, acceptation de la traduction comme pis-aller, ou encore franche louange de ce que certains considèrent comme le plus « haut labeur » du traducteur, celui où son génie est le plus à même de s'illustrer. Nous verrons que l'ensemble de ces positions s'articule autour de l'épineuse (et cruciale) question du caractère traduisible (ou non) de l'*elocutio* et du vers, et que la dialectique entre identité et altérité (propre à toute entreprise de traduction) se joue dans la poésie avec plus d'acuité qu'ailleurs, tout comme la question de la rivalité entre le modèle (de la langue source) et le traducteur, tenu de se mesurer au *génie* des poètes étrangers.

LA TRADUCTION DE POÉSIE
Questions théoriques

TRADUIRE LA POÉSIE : UNE TÂCHE IMPOSSIBLE ?

On connaît la célèbre formule d'Étienne Dolet dans sa *Maniere de bien traduire d'une langue en aultre* affirmant qu'en traduisant « il ne se fault pas asservir jusques à là, que l'on rende mot pour mot. Et si aulcun le faict, cela luy procede de pauvreté, et deffault d'esprit[4] », posant les bases d'une « philosophie » de la traduction qui s'attache avant tout à ce que Dolet appelle *l'intention* de l'auteur, étayée à la Renaissance par une lecture erronée d'Horace[5]. Mais cette critique de la traduction « mot

4 Étienne Dolet, *La Maniere de bien traduire…*, *op. cit.*, f. non num.

5 Horace, *Art poétique*, v. 133-134 : *Nec verbo verbum curabis reddere fidus / interpres* : « et vous ne vous appliquerez pas à rendre, traducteur trop fidèle, le mot pour le mot ». Dans son *Art Poétique* (I, 6), Peletier du Mans (*Traités de poétique et de rhétorique à la Renaissance*, éd.

à mot », qui enjoint à saisir l'esprit plus que la lettre (véritable *topos* de la réflexion sur la traduction à l'époque[6]) se heurte, dans le cas de la poésie, à un genre où le déploiement du sens se fait justement dans les articulations mêmes du langage et de la prosodie.

C'est dans le constat de cette impasse que s'enracine la célèbre condamnation de la « translation » de poésie formulée par Du Bellay dans sa *Défense et illustration de la langue française* en 1549 (I, 5 : « Que les Traductions ne sont suffisantes pour donner perfection à la langue française » ; I, 6 : « Des mauvais Traducteurs, et de ne traduire les Poètes ») :

> Mais quant à l'Eloquution [...] dont la vertu gist [...] aux Metaphores, Alegories, Comparaisons, Similitudes, Energies, et tant d'autres figures, et ornemens, sans les quelz tout oraison, et Poëme sont nudz, manques, et debiles. Je ne croyray jamais qu'on puisse bien apprendre tout cela des Traducteurs, pour ce qu'il est impossible de le rendre avecques la mesme grace, dont l'Autheur en a usé : d'autant que chacune Langue a je ne sçay quoy propre seulement à elle, dont si vous efforcez exprimer le Naïf en une autre Langue observant la Loy de traduyre, qui est n'espacier point hors des Limites de l'Aucteur, vostre Diction sera contrainte, froide, et de mauvaise grace. Et qu'ainsi soit, qu'on me lyse un Demosthene, et Homere Latins : un Ciceron, et Vergile Françoys, pour voir s'ilz vous engendreront telles Affections [...] comme vous sentez lysant ces Aucteurs en leurs Langues. Il vous semblera passer de l'ardente Montaigne d'Aethne sur le froid Sommet de Caucase. Et ce, que je dy des Langues Latine, et Greque, se doit reciproquement dire de tous les vulgaires[7]...

Selon Du Bellay, il ne faut donc pas traduire les poètes et « profaner ainsi les sacrées reliques de l'antiquité », car la poésie repose avant tout sur l'*elocutio* (tropes, figures, « ornements de poésie »), ce « je ne sais quoi propre seulement » à chaque idiome qui ne peut être traduit sans dénaturer le texte source, comme le remarquera à sa suite Loys Le Roy dans *De la vicissitude ou varieté des choses en l'univers*

F. Goyet, Paris, Librairie générale française, 1990, p. 264) remarque bien, contrairement à Sébillet (*Art poétique français*, II, 14, éd. F. Goyet, p. 189), qu'Horace ne parle pas ici du traducteur, mais stigmatise seulement la mauvaise *imitation*, qui finit par ressembler à une traduction. Il s'agit bien pour Horace d'opposer la libre *inventio* des imitateurs au devoir de fidélité qui s'impose aux traducteurs.

6 Voir Glyn P. Norton, *The Ideology and Language of Translation : in Renaissance France and their Humanist Antecedents*, Genève, Droz, 1984, p. 98-101 et Terence Cave, *Cornucopia : figures de l'abondance au* XVI*e siècle*, [1985], trad. G. Morel, Paris, Macula, 1997, p. 81-83.

7 Du Bellay, *La Deffence et Illustration de la langue françoyse*, I, 5, éd. J.-C. Monferran, Genève, Droz, 2007, p. 86-88.

> Il n'est possible tourner si fidelement et elegamment, qu'il n'y ait tousjours plus de grace en l'original qu'en la traduction [...] és metaphores, allegories, comparaisons, similitudes, et autres figures et ornemens de parler, ayant chasque langue je ne sçay quoy de naif et propre non exprimable en l'autre[8].

La rhétorique violemment anti-traductive de Du Bellay, dénonçant la froideur des traductions poétiques et décrétant l'*elocutio* intraduisible fait ainsi de cette dernière « la pierre d'achoppement de la traduction, le domaine où s'affirme inexorablement la différence essentielle entre les langues[9] ». Elle apparaît ainsi comme un exercice quasi sacrilège :

> Celuy donques qui voudra faire œuvre digne de prix en son vulgaire, laisse ce Labeur de traduyre, principalement les Poëtes, à ceux, qui de chose laborieuse, et peu profitable, j'ose dire encore inutile, voire pernicieuse à l'Accroissement de leur Langue, emportent à bon droict plus de modestie, que de gloyre[10].

Même si certains, dans la lignée de Du Bellay, n'ont pas de mots assez durs pour fustiger les traductions (Des Autels les qualifie par exemple de « perversions[11] », Laudun d'Aigaliers déclare qu'il faudrait brûler toutes les traductions du latin et du grec[12]), on traduit pourtant beaucoup de poésie au XVIe siècle. Néanmoins, les pièces liminaires des traducteurs ménagent toujours une large place à l'exposé des difficultés rencontrées. On y retrouve la plupart des grands *topoi* des discours sur la traduction, présentée comme « besogne de plus grand travail que de louange[13] » : le traducteur se présente ainsi comme un modeste « petit

---

8 Loys Le Roy, *De la vicissitude ou varieté des choses en l'univers*, Paris, P. L'Huillier, 1575, éd. P. Desan, Fayard, 1988, livre II, p. 98-99.

9 Terence Cave, *Cornucopia*, *op. cit.*, p. 88. Cette condamnation des traductions de poésie n'est pourtant pas aussi absolue qu'on a bien voulu le dire : Du Bellay exclut en effet de cet anathème les commandes royales, en reconnaît l'utilité pédagogique dans un cadre scolaire, et surtout traduit lui-même, moins de trois ans plus tard, le livre IV de l'*Énéide*.

10 Du Bellay, *La Deffence et Illustration de la langue françoyse*, I, 6, *op. cit.*, p. 91.

11 G. Des Autels s'en prend violemment à Louis Meigret, « un de ces triviaux et vulgaire translateur », auteur de version ou plutôt « perversions », « un de ceux qui viennent pervertir leur pays de ces drogues amenées des pays estrangers (*Replique de G. Des Autelz aux furieuses defenses de Louis Meigret*, [1550], Lyon, J. de Tournes et J. Gazeau, 1551, p. 9).

12 « Si j'avoy puissance, je feroy donner un arrest par lequel je feroy brusler tous les livres qui ont esté traduicts du Grec ou Latin en François depuis cent ans, excepté quelques uns comme Plutarque, et autres necessaires », (*L'art poëtique françois*, IV, II, « De la version », éd. sous la dir. de J.-C. Monferran, STFM, 2000, p. 151).

13 Peletier du Mans, *Art Poëtique*, I, 6, éd. F. Goyet, p. 262.

sous-diacre[14] » des poètes étrangers, se peint volontiers se rognant ou se mordant les ongles[15] sur cet exercice « très laborieux et chatouilleux » qu'est la « translation » des poètes pour reprendre les termes de Marie de Gournay[16]. Mais ces *topoi* sont assortis du constat d'une difficulté supplémentaire inhérente à la versification.

TRADUIRE VERS À VERS : UN DÉFI IMPOSSIBLE ?

En effet, outre la difficulté à « convertir » l'*elocutio* d'une langue à l'autre, la traduction poétique « vers à vers » réussie reste également une limite idéale, un but que les traducteurs savent pourtant inaccessible, comme le constate Peletier du Mans (traducteur d'Horace et de Pétrarque) :

> Et qui pourrait traduire tout Virgile en vers français, phrase pour phrase, et mot pour mot : ce serait une louange inestimable. Car un traducteur, comment saurait-il mieux faire son devoir, sinon en approchant toujours le plus près qu'il serait possible de l'Auteur auquel il est sujet ? Puis, pensez quelle grandeur ce serait de voir une seconde Langue répondre à toute l'élégance de la première : et encore avoir la sienne propre. Mais, comme j'ai dit, il ne se peut faire[17].

Comme le souligne Terence Cave[18], on ne peut d'ailleurs qu'être frappé des résonances que ce « rêve utopique de l'équivalence entre la traduction et son modèle », et la reconnaissance finale du « caractère irréductible » de

14 La formule est employée par Blaise de Vigenère dans la préface de sa traduction de la *Jérusalem délivrée* du Tasse : « Et pour tout cela me voudrois-je en rien mesurer aux poëtes, et me mettre de leur escot ? Dieu m'en garde, je ne suis qu'un de leurs moindres petits soubsdiacres » (*La Hierusalem du Sr. Torquato Tasso, rendue françoise par B. D. V. B.*, Paris, Abel l'Angelier, 1595, f. iij v°).

15 Citons par exemple Étienne de La Boétie qui, dans l'épître préfacielle de sa traduction de L'Arioste, déclare ainsi : « Car à tourner d'une langue estrangere / La peine est grande et la gloire est legere [...] / Le traducteur ne donne à son ouvrage / Rien qui soit sien que le simple langage : / Que mainte nuict dessus le livre il songe, / Et depité les ongles il s'en ronge : / Qu'un vers rebelle il ait cent fois changé / Et en trassant le papier outragé : / Qu'il perde apres mainte bonne journee, / C'est mesme corps mais la robbe est tournee : / Tousjours l'autheur vers soy la gloire ameine, / Et le tourneur n'en retient que la peine. » (« A Marguerite de Carle, sur la traduction des plaintes de Bradamant au XXXII chant de Loys Arioste », dans *Vers françois de feu Etienne de La Boetie*, Paris, F. Morel, [1553], 1571, p. 5 r°-v°).

16 « C'est un très laborieux et chatouilleux métier que de tourner [les] poètes » (Marie de Gournay, épître dédicatoire à Montaigne du *Promenoir de Monsieur de Montaigne par sa fille d'alliance*, Paris, L'Angelier, 1594, f. 4 r°-v°).

17 Peletier du Mans, *Art poétique*, I, VI, « Des traductions », éd. citée, p. 265.

18 Terence Cave, *Cornucopia*, *op. cit.*, p. 85-86.

la différence, entretient avec les débats contemporains sur le cicéronianisme (d'après les notions mises en place par le *Ciceronianus* d'Érasme en 1528).

Thomas Sébillet, dans l'avis « Aux lecteurs » qui précède sa traduction de l'*Iphigénie* d'Euripide (1549), déclare également :

> Si au reste je n'ai traduit vers pour vers, ça a été pource que je ne l'ai pu et que je crois qu'il ne se peut faire, et l'eussent entrepris ceux qui fondent l'immortalité de leur nom sur moindre chose que cela[19].

Dans l'« Epistre de dame Poesie au très chrestien Roy » qui sert de préface à sa traduction de *l'Iliade* (1545), Hugues Salel expose le même embarras ressenti par le traducteur face au défi métrique et prosodique constitué par les vers étrangers :

> Tu pourras veoir en brief l'œuvre advancée
> De l'Iliade et puis de l'Odyssée ;
> Non vers pour vers, car persone vivante,
> Tant elle soit docte et bien escrivante,
> Ne sçauroit faire entrer les epithetes
> Du tout en rythme. Il souffist des poëtes
> La volunté estre bien entendue
> Et la sentence avec grace rendue[20].

La paraphrase et le « dérimage » semblent dès lors s'offrir comme deux solutions parallèles pour résoudre ce défi.

La paraphrase, l'amplification

Face à cette gageure, les traducteurs de poésie de la Renaissance revendiquent donc une certaine liberté par rapport à leur modèle. Les traductions françaises (majoritaires) qui font le choix du vers sont donc souvent des traductions « libres » où règne la pratique de l'amplification, et sont avant tout guidées par une « mystique du sens » pour reprendre une formule de Jean Balsamo[21]. Peletier du Mans, dans un poème « A Monsieur de saint Gelais » constate ainsi :

---

19 *L'Iphigene d'Euripide [...] tourné de Grec en Français*, Paris, Gilles Corrozet, 1549, f. A iiij.

20 *Les Dix premiers Livres de l'Iliade d'Homere, prince des poëtes, traduictz en vers françois par M. Hugues Salel*, Paris, V. Sertenas, 1545, p. xv.

21 *Les rencontres des Muses. Italianisme et anti-italianisme dans les lettres françaises de la fin du XVIe siècle*, Genève, Slatkine, 1992, p. 103.

> Le plus souvent la regle et loy du metre
> Nous rend contreintz d'ajouter ou d'omettre :
> Ou en voullant suyvre fidelement
> L'original, il nous prend tellement,
> Qu'il faut user d'une grand' periphrase,
> Qui veut sauver du vulgaire la phrase[22].

Pierre Tamisier dans l'avis au lecteur qui ouvre sa traduction d'épigrammes de l'*Anthologie grecque « mis en vers françois sur la version latine de plusieurs doctes personnages »* (1589), déclare pour sa part :

> Je ne me suis pas tellement lié à la version latine que j'aye voulu representer vers pour vers, ains ay pris une liberté et licence plus grande, pour leur donner quelque peu plus de grace, en ayant aucuns traduit, aucuns imité, aucuns accourcy et aucuns amplifié selon les sujets y contenus[23].

soulignant au passage combien sont poreuses les frontières qui séparent traduction et imitation à la Renaissance.

Le choix de la prose ou « dérimage »

Face à une tâche jugée impossible, une autre solution peut être constituée par la pratique du « dérimage », que Pierre de Deimier recommandera par exemple au traducteur de poésie dans son *Académie de l'Art poétique* (1610) :

> Mais touchant [...] la Traduction, je ne conseillerai jamais un Poète de traduire en vers : mais bien en prose, comme on voit que *Roland furieux* et *La délivrance de Jérusalem*, y ont été mis. [...]. Car de traduire en vers un long ouvrage, c'est un labeur trop contraint et pénible, et qui d'ailleurs n'apporte pas le plus grand honneur : vu que pour bien que l'on fasse on en défère toujours la gloire à l'Inventeur[24].

---

22 *Les Œuvres poétiques de Jacques Peletier du Mans*, Paris, Michel de Vascosan, 1547. Ed. Léon Séché, 1904 ; Genève, Slatkine Reprints, 1970, p. 135.

23 Pierre Tamisier, « L'auteur au lecteur », *Anthologie, ou recueil des plus beaux epigrammes grecs, pris et choisis de l'Anthologie grecque, mis en vers françois sur la version latine de plusieurs doctes personnages*, Lyon, J. Pillehoette, 1589.

24 *L'Académie de l'art poétique, où par amples raisons, demonstrations, nouvelles recherches, examinations et authoritez d'exemples sont vivement esclaircis et deducts les moyens par où l'on peut parvenir à la vraye et parfaicte connoissance de la poësie Françoise*, Paris, J. de Bordeaux, 1610, p. 257-258.

Ce choix de la prose, fait dans la traduction du *Roland furieux* de l'Arioste (attribuée à Jean des Gouttes, en 1554) ou par Blaise de Vigenère dans celle de la *Jérusalem délivrée* du Tasse en 1595, est légitimé par les traducteurs au moyen de plusieurs arguments.

Dans la dédicace de Jean des Gouttes à Hippolyte d'Este qui ouvre la traduction du *Roland Furieux*, le translateur, constatant qu'il aurait fallu douze ou quinze ans de travail pour « représenter » le poème de l'Arioste « en vers français qui fussent d'aussi bonne grâce, et résonance, qu'il est en son original », se justifie d'avoir « laissé là les rymes et mesures », alléguant que les histoires en prose ont plus de grâce, et surtout que les vers, comme les langues, vieillissent, se corrompent, et constituent un obstacle supplémentaire au sens du texte :

> et que ainsi soit, tesmoings en sont maintz Poëtes provensaulx, et Picquardz, qui a cause de leur peu de grace, et rudesse de vers n'ont peu durer jusques à ce present siecle plus heureux, ayant toutes langues, soient grammaticalles ou vulgaires, tousjours esté corrompues par la necessiteuse contrainete, ou trop grande liberté de Poésie [...][25]

Dans le prologue « Aux lecteurs » qui précède sa traduction, Blaise de Vigenère prévient quant à lui d'éventuelles critiques, en déclarant avec malice qu'il aurait « perpetré [...] une forme de sacrilège »

> en broüillant les rymes et nombres de ces beaux elabourez vers, et les ravallant à une basse prose champestre : le mesme que si j'avois desmonté ces sainctes venerables deesses de leur beau chariot triomphal [...] pour les faire trotter à pied comme chambrieres apres leurs maistresses[26].

Le traducteur se justifie en arguant que ce prétendu « sacrilège » a pour but de rendre le texte du Tasse plus intelligible :

> (afin de), a la maniere de pionnier aller explaner tout plein de rabotteux passages, à ceux qui n'entendans la langue italienne, et la poesie, seroient cupides d'estre rendus participans de tant de beaux riches joyaux, qui leur sont icy comme renfermez soubz la clef. Ce qui a esté aultrefois pratiqué en nos vieils Romans, mis de ryme en prose pour les rendre intelligibles[27].

25 *Roland furieux, composé premièrement en ryme thuscane par messire Loys Arioste, [...] et maintenant traduict en prose françoise*, Lyon, Sulpice Sabon, pour Jehan Thellusson, 1544, p. 2.

26 *La Hierusalem du Sr Torquato Tasso rendue françoise par B.D.V.B*, *op. cit.*, f. iij r°-v°.

27 *La Hierusalem...*, *op. cit.*, f. iij v°.

Blaise de Vigenère s'autorise donc de la tradition de dérimage des « vieils Romans », mais justifie également la liberté du traducteur de poésie par un autre argument moins fréquent et plus original :

> (aussi) n'est ce pas un texte de l'escriture saincte, dont il ne seroit loisible de se destorner tant soit peu : tout n'y entend qu'à delecter, et donner plaisir : Parquoy nous n'avons point fait de scrupule de nous y extravaguer par endroits [...]. Nous nous sommes contentez d'exprimer à peu pres les conceptions de l'autheur, sans le desfrauder de son droict : et y entrelacer d'abondant quelques ornemens [...][28].

Idée intéressante s'il en est, qui considère que la traduction de poésie profane ne soulève pas les mêmes enjeux que celle des textes sacrés, puisque n'y règne pas une exigence aussi cruciale du respect de la lettre. Le choix radical de la prose dans la traduction de poésie serait donc autant le signe d'un affranchissement par rapport à la loi du mètre et du mot à mot, qu'une revendication de la liberté d'un traducteur laïc, apte à s'autoriser toutes les « licences poétiques » pour servir avant tout le *plaisir* du lecteur.

RIVALISER AVEC LES MODÈLES

En dépit de ces multiples difficultés techniques (ou plutôt *grâce à* ces difficultés mêmes), et sans doute plus que dans tout autre type de textes, la traduction de poésie apparaît comme une *re-création*, où s'exerce pleinement le talent poétique des traducteurs, et où se joue leur capacité à conquérir un statut de poète.

On observe ainsi que les traducteurs de métier du XVIe siècle traduisent peu de poésie, et que les traductions poétiques sont bien souvent l'œuvre de poètes (citons Octovien de Saint-Gelais, Clément Marot, Peletier du Mans, Du Bellay, François Habert, Jean de la Jessée...). De manière significative, dans l'*Art poétique français* (1548) de Thomas Sébillet, la traduction accède ainsi au statut de genre poétique à part entière :

> La version ou traduction est aujourd'hui le Poème plus fréquent et mieux reçu des estimés Poètes et des doctes lecteurs, à cause que chacun d'eux estime grande œuvre et de grand prix rendre la pure et argentine invention des Poètes dorée et enrichie de notre langue. Et vraiment celui et son œuvre

28 *La Hierusalem...*, *op. cit.*, f. iiij v°.

méritent grande louange, qui a pu proprement et naïvement exprimer en son langage, ce qu'un autre avait mieux écrit au sien, après l'avoir bien conçu en son esprit[29].

Dans la traduction de poésie incombe donc au traducteur la lourde tâche de rivaliser avec le génie des poètes, à une époque où la poésie, liée aux théories de l'inspiration et de la « fureur », commence à incarner l'essence même de la littérature et le lieu où s'affirme la singularité du sujet[30]. Peletier du Mans, dans un sonnet précédant sa traduction de Pétrarque (*Œuvres poétiques*, 1547), affirme ainsi :

Qui d'un poëte entend suivre la trace
En traduisant, et proprement rimer,
Ainsi qu'il faut la diction limer,
Et du François garder la bonne grace,
Par un moyen luy conviendra qu'il face
Egale au vif la peinture estimer [...][31]

Dans sa traduction du *Sympose de Platon*, qui contient « plusieurs passages des meilleurs Poëtes grecs et Latins, citez aux Commentaires du Sympose de Platon, mis en vers françois par J. Du Bellay angevin », Loys le Roy explique qu'il a fait appel à Du Bellay (« tres excellent poëte en Latin et en François ») pour « les translater », car il n'était pas assez expert en matière poétique, et reconnaît que Du Bellay est sorti vainqueur de cet exercice d'*emulation* :

lequel [...] s'est tant bien acquitté, qu'il ne les a seulement traduictz fidelement, gardant la majesté de leurs sentences, qui est fort difficile en vers, mais aussi a representé les traictz, figures, couleurs, et ornemens poëtiques des deux plus belles langues, avec telle dexterité qu'il semble en avoir egallé les uns, et surmonté les autres[32].

Il est à cet égard significatif que le poète et traducteur François Habert, dans son « Epitre à Monseigneur Mellin de Saint-Gelais sur l'immortalité des Poètes français » ajoutée à sa traduction des *Sermons*

29 Thomas Sébillet, *Art poétique français*, II, 14, « De la version », éd. F. Goyet, p. 146.
30 Luce Guillerm, « L'auteur, le modèle et le pouvoir ou la topique de la traduction en France au XVIe siècle », *Revue des Sciences Humaines*, Lille III, 1980-1984, n° 180, p. 23.
31 *Les Œuvres poétiques de Jacques Peletier du Mans*, *op. cit.*, p. 73.
32 *Le Sympose de Platon, ou de l'amour et de beauté, traduit du grec en françois [...]* par Loys le Roy, Paris, Vincent Sertenas, 1559, f. 184 v°.

d'Horace (1551), donne, sous forme de songe allégorique, une description du mont Parnasse où les plus illustres traducteurs de poésie côtoient les poètes antiques et français auprès des Muses : Charles Fontaine, Michel d'Amboise, Des Masures (l'Énéide), Jean Martin pour sa traduction de l'Arcadie, mais également Salel :

> Hugues Salet [Salel] en sa translation
> D'Homère grec, sans contradiction
> Fut estimé poète grand et grave
> Digne pour vrai qu'en la mémoire on grave
> Ses vers polis, hardis et assurés
> Au poids de l'Or pur et fin mesurés[33].

Pour ne prendre qu'un exemple, la traduction versifiée de la *Jérusalem délivrée* du Tasse par Du Vigneau (1595) peut se lire comme une tentative ambitieuse pour proposer un modèle de traduction poétique, mais aussi comme un exemple réussi d'épopée en langue française reposant sur l'appropriation et « l'habillage à la française » d'une prestigieuse source italienne. En rivalisant avec ses glorieux modèles antiques ou contemporains, la traduction de poésie s'offre donc comme un formidable terreau d'innovations multiples.

HABILLER LES POÈTES ÉTRANGERS « À LA FRANÇAISE » : UN LABORATOIRE D'EXPÉRIMENTATIONS POÉTIQUES

En effet, à bien des égards, les traductions de poésie de la Renaissance ont constitué un véritable laboratoire d'expérimentations formelles (métriques, strophiques, génériques) qui ont contribué à profondément renouveler le visage de la poésie en langue « vulgaire » par « l'épreuve de l'étranger » pour reprendre les termes d'Antoine Berman[34] : dans l'épître à Jean de Morel qui précède sa traduction du quatrième livre de *l'Énéide* en 1552, Du Bellay désignera ainsi sa traduction comme « l'accoustrement » d'un « estranger naturalizé[35] ».

D'un point de vue générique, ce sont bien les traductions françaises de Pétrarque par Marot, Peletier du Mans ou Vasquin Philieul de Carpentras

33 *Les Sermons satiriques du sentencieux Poëte Horace*, Paris, Fezandat et Granjon, 1551, f. R iiij r°.

34 Antoine Berman, *L'Épreuve de l'étranger. Culture et traduction dans l'Allemagne romantique*, Paris, Gallimard, [1984], Gallimard, « Tel », 1995.

35 « Au Seigneur J. de Morel », dans Du Bellay, *Œuvres complètes*, t. III, éd. M.-D. Legrand, M. Magnien, D. Ménager et O. Millet, Paris, Classiques Garnier, 2013, p. 62.

qui constituent de véritables « laboratoires » dans lesquels s'élabore et s'invente alors le sonnet français, et c'est encore par la traduction des *Psaumes* que Marot acclimate à la poésie française la forme de l'ode.

D'un point de vue métrique, la contrainte, pour les traducteurs ayant fait le choix du vers, de l'adaptation au modèle syllabique du vers français (par le biais de mètres comme l'octosyllabe, le décasyllabe, ou l'alexandrin) couplée à la contrainte non moins forte de la rime, « transmue » ainsi inévitablement (pour reprendre un terme de Marot) les œuvres poétiques étrangères. Mais certains choix audacieux de traduction en matière métrique renouvellent également en retour les formes vernaculaires.

Enfin, sur le plan linguistique, il est indéniable que la langue des traducteurs de poésie à la Renaissance a très largement contribué à l'élargissement du vocabulaire poétique *français* par la création de nombreux néologismes (que l'on songe par exemple à la vogue en poésie des infinitifs et adjectifs substantivés, ou encore à celle des adjectifs composés).

Ce sont donc ces différents problèmes concrets « d'habillage à la française » des poètes étrangers que nous étudierons à présent, à partir de l'exemple de traductions d'Hésiode.

ACCOMMODER HÉSIODE AU GOÛT FRANÇAIS
L'exemple du mythe de Pandore dans *Les Travaux et les Jours*

Ainsi, le discours théorique de la Renaissance préfère généralement à la méthode « vers par vers » les traductions qui offrent un texte français élégant et intelligible. Cependant, dans la pratique, les traducteurs n'ont pas tous la même idée des interventions qu'ils peuvent se permettre, et de la manière dont il faut rendre sensible ce qui fait l'originalité du texte source : la volonté de faire comprendre l'« intention » de l'auteur et d'acclimater le texte au goût français autorise-t-elle à estomper les particularités linguistiques et stylistiques du texte source ? Ne convient-il pas, au contraire, de faire en sorte que le lecteur reste toujours conscient de lire une traduction, et donc de refléter, quitte à ce que le sens conserve une part d'obscurité, les propriétés du texte source ? Dans ce second cas, le traducteur ne se conçoit pas comme un simple passeur de sens : il a aussi pour mission de faire ressentir à ceux qui ne la maîtrisent pas les spécificités d'une langue et de sa poésie.

L'exemple d'Hésiode montre que, dans la pratique, il est rare que les traducteurs choisissent de sacrifier toutes les particularités d'*elocutio* du texte source, car son prestige se manifeste notamment dans son *étrangeté*. Cependant, la plupart des traducteurs semblent estimer que, pour faire ressentir cette dernière, une sélection de formulations calquées sur le grec peut s'avérer suffisamment représentative, même si le reste de la traduction édulcore quelque peu la langue d'origine afin d'offrir un texte agréable au lecteur français.

L'échantillon que nous prendrons pour exemple est le passage qui explique et relate la création de Pandore dans *Les Travaux et les jours*. Le poète commence par décrier ceux qui s'écartent de la frugalité des premiers temps, qui permettait aux hommes de se procurer en un jour de travail de quoi subsister une année entière. Il explique ensuite que les dieux ont privé les hommes de cette heureuse oisiveté à la suite d'une tromperie de Prométhée. Le vol du feu, également perpétré par ce dernier, entraîne la création de Pandore, qui fera le malheur des hommes. Voici le récit dans la traduction moderne de Paul Mazon, parue aux Belles Lettres :

> Pauvres sots ! ils ne savent pas combien la moitié vaut plus que le tout, ni quelle richesse il y a dans la mauve et l'asphodèle !
>
> C'est que les dieux ont caché ce qui fait vivre les hommes ; sinon, sans effort, tu travaillerais un jour, pour récolter de quoi vivre toute une année sans rien faire ; vite, au-dessus de la fumée, tu pendrais le gouvernail, et c'en serait fini du travail des bœufs et des mules patientes. Mais Zeus t'a caché la vie, le jour où, l'âme en courroux, il se vit dupé par Prométhée aux pensers fourbes (*ankulomètès*). De ce jour aux hommes il prépara de tristes soucis. Il leur cacha le feu. Mais ce fut encore le brave fils de Japet qui alors, pour les hommes, le vola au sage Zeus, dans le creux d'une férule, et trompa l'œil du dieu qui lance la foudre (*terpikeraunon*). Et, courroucé, Zeus qui assemble les nuées (*néphélègereta*) lui dit : « Fils de Japet, qui en sais plus que tous les autres, tu ris d'avoir volé le feu et trompé mon âme, pour ton plus grand malheur, à toi, comme aux hommes à naître : moi, en place du feu, je leur ferai présent d'un mal en qui tous, au fond du cœur, se complairont à entourer d'amour leur propre malheur. »

> Il dit et éclate de rire, le père des dieux et des hommes ; et il commande à l'illustre Héphaïstos de tremper d'eau un peu de terre sans tarder, d'y mettre la voix et les forces d'un être humain et d'en former, à l'image des déesses immortelles, un beau corps aimable de vierge ; Athéné lui apprendra ses travaux, le métier qui tisse mille couleurs ; Aphrodite d'or sur son front répandra la grâce, le douloureux désir, les soucis qui brisent les membres (*guiokorous*), tandis qu'un esprit impudent, un cœur artificieux seront, sur l'ordre de Zeus, mis en elle par Hermès, le Messager, tueur d'Argos.
>
> Il dit, et tous obéissent au seigneur Zeus, fils de Cronos. En hâte, l'illustre Boiteux modèle dans la terre la forme d'une chaste vierge, selon le vouloir du Cronide. La déesse aux yeux pers, Athéné, la pare et lui noue sa ceinture. Autour de son cou les Grâces divines, l'auguste Persuasion mettent des colliers d'or ; tout autour d'elle les Heures aux beaux cheveux disposent en guirlandes des fleurs printanières. Pallas Athéné ajuste sur son corps toute sa parure. Et, dans son sein, le Messager, tueur d'Argos, crée mensonges, mots trompeurs, cœur artificieux, ainsi que le veut Zeus aux lourds grondements (*baruktupou*). Puis, héraut des dieux, il met en elle la parole et à cette femme il donne le nom de « Pandore », parce que ce sont *tous* les habitants de l'Olympe qui, avec ce *présent*, font présent du malheur aux hommes qui mangent le pain (*alphèstèsin*)[36].

Ce passage nous a, à plus d'un titre, paru constituer un bon terrain d'observation. Premièrement, il en existe un nombre important de versions françaises. Entre 1547 et 1586, *Les Travaux et les jours* font en effet l'objet de cinq traductions complètes, que nous comparerons ici. La première, à usage pédagogique, est l'œuvre de Richard Le Blanc (1547), sans doute effectuée à partir du latin[37]. Suivent celles du chartrain Pierre Sorel (1566)[38], du théologien calviniste Lambert Daneau (1571)[39], du poète Jean-Antoine de Baïf (parue en 1574 dans les *Etrennes de poésie française*)[40], et du rouennais Jacques Le Gras (1586)[41]. Ajoutons que Baïf, outre sa traduction intégrale du poème d'Hésiode, adapte notre passage dans le

36 *Les Travaux et les jours*, v. 37-82, trad. Paul Mazon, Paris, Les Belles Lettres, 2002, p. 87-89.

37 *Les livres d'Hesiode poëte grec, intitulez les œuvres et les jours, nouvellement traduictz de Grec en François*, par Richard Le Blanc, Lyon, Jean de Tournes, p. 5 : « [Hésiode] est toutesfois plein de grande utilité tant en abondance de termes, ou dictions, que de sentences : je men rapporte à ceux, qui lont veu en Grec, et la traduction Latine emporte bon tesmoingnage ».

38 *Les Fantaisies et Paraphrase du premier livre de loeuvre et Jour d'Hesiode*, dans *Les Œuvres de Pierre Sorel Chartrain*, Paris, Gabriel Buon.

39 *Les Trois livres d'Hésiode, appellez : Les Œuvres et Jours* par Lambert Daneau, (La Rochelle), pour Antoine Chuppin.

40 Baïf, *Les Besognes et jours*, dans les *Etrennes de poésie française en vers mesurés*, Paris, de l'imprimerie de D. Du Val, 1574 (orthographe modernisée).

41 *Les Besongnes et les jours d'Hesiode Ascraean*, Paris, Chez Étienne Prevosteau.

poème « Du naturel des femmes » (paru en 1572 dans *Le Neuvieme livre des Poemes*[42]) ; parce qu'il est davantage une récriture qu'une traduction rigoureuse, ce texte est riche d'enseignements sur ce qui, dans le texte grec, pouvait paraître appeler des modifications pour séduire le lecteur français. Enfin, Jean de La Gessée traduit également des fragments du poème. Bien plus nombreuses, par exemple, que celles de la *Théogonie*, qui au XVIe siècle n'est traduite que par fragments, ces traductions témoignent du succès important que connaît *Les Travaux et les jours* : leurs auteurs s'accordent à louer l'utilité morale du poème qui, par exemple par sa promotion du travail comme par sa condamnation de l'oisiveté ou de l'avarice, paraît compatible avec les valeurs chrétiennes[43]. C'est tout particulièrement le cas du passage qui nous occupe : le personnage de Pandore est souvent interprété, notamment dans le commentaire de Melanchthon, paru en 1533[44], comme une allégorie de la Volupté qui vient tenter les hommes, et les écarter de la chasteté chrétienne.

Le second intérêt du récit de la création de Pandore est qu'il concentre des traits idiomatiques susceptibles de poser des difficultés au traducteur : premièrement, il est écrit en hexamètres dactyliques, vers sans équivalent en français. Deuxièmement, il présente une structure redondante, car les actions effectuées par les différents dieux pour créer Pandore répètent les consignes que Zeus, quelques vers auparavant, adresse à Héphaïstos, Athéna, Aphrodite et Hermès ; seule l'action des Grâces, de Persuasion

42 Jean-Antoine de Baïf, « Du naturel des femmes », v. 53-104, dans *Le Neuvième livre des poèmes* [8], dans *Œuvres complètes* I, *Euvres en rime*, première partie, *Neuf Livres des Poemes*, éd. critique dirigée par Jean Vignes, Paris, Champion, 2002, p. 508-509.

43 La préface de Richard Le Blanc célèbre les « utiles sentences » d'Hésiode, et affirme que, quoique païen, le poète fait partie des auteurs « à limitation desquelz lon puisse droitement instituer la manière de vivre, regir la Republique, maintenir justice, conserver religion, et gouverner tout le cours de la vie » (*Les livres d'Hesiode poëte grec*, *op. cit.*, p. 3-4). Lambert Daneau, dans son avis au lecteur, fait aussi l'éloge du poète grec : « Il nous pousse au travail plein de graves sentences / Il tance le faitneant par saincte remonstrances » (*Les Trois livres d'Hésiode*, *op. cit.*, p. 4). Le Gras, quant à lui, estime que *Les Travaux et les Jours* est le plus utile des livres d'Hésiode, car il enseigne aux hommes « comment ils doivent bien et heureusement vivre », et son auteur « est à priser et cherir pour les belles et frequentes sentences qui y sont » (*Les Besongnes et les jours d'Hesiode Ascraean*, *op. cit.*, p. 4)

44 « *Enarrationes* », dans *Hesiodou tou Askraiou Erga kai hēmerai. Una cum praefatione ac luculentissimis enarrationibus Philippi Melanchtonis*, Paris, apud Antonium Augerellum, 1533, f. 40 r°-v° : « Sed cum ostendisset Prometheus hominibus recta et honesta, tamen misit Juppiter Pandoram, hoc est, voluptatem, quae non sinit nos recta, etiam quae iam cognovimus, sequi ».

et des Heures, et l'absence d'intervention d'Aphrodite, distinguent les deux passages. La traduction de Sorel et l'adaptation de Baïf dans « Du naturel des femmes » procèderont d'ailleurs à des regroupements pour éviter la répétition de formules similaires[45]. Le caractère répétitif du récit tient aussi à son usage systématique des périphrases et épithètes épiques (ou homériques), pour nommer et qualifier chacun des protagonistes : à quelques vers d'intervalles, le texte grec désigne Hermès comme le « tueur d'Argos » (*Argeiophontès*) et le « messager » ; Héphaïstos est toujours qualifié d'« illustre » (*klutos, periklutos*), et Prométhée, présenté comme « le fils de Japet ». La plupart des épithètes utilisées sont, en outre, des adjectifs composés, tournure dépourvue d'équivalent strict en français. Enfin, certains vers du texte grec semblent incompréhensibles s'ils ne sont accompagnés d'un commentaire, par exemple l'explication étymologique du nom de Pandore et les énoncés gnomiques qui, au début du passage, adoptent, pour célébrer la sobriété, des formulations lapidaires, telles que « la moitié vaut plus que le tout ».

Sans nous attarder sur la valeur des cinq traductions, dont les trois premières (celles de Richard Le Blanc, Pierre Sorel et Lambert Daneau) présentent un nombre important de contresens et maladresses, alors que celle publiée en 1574 par Baïf et celle de Le Gras s'avèrent plus exactes, nous analyserons l'attitude des différents traducteurs face aux particularités métriques, linguistiques et stylistiques du texte grec.

45 *Cf. Les Fantaisies et Paraphrase du premier livre de loeuvre et Jour d'Hesiode*, *op. cit.*, f. 43 v° : Sorel limite les répétitions en rendant consécutifs, dans certains cas, les vers qui rendent compte de l'ordre de Jupiter et ceux qui décrivent son exécution. Il en est ainsi du « modelage » de Pandore : « [le père] Des hommes et des Dieux, qui commanda de faire / Du limon de la terre un pourtrait resemblant / A la forme des Dieux, cheminant et parlant, / Par tout bien composé, et qui eust mesme grace / Que les Vierges qui sont de la celeste race. / *Vulcan si employa et suyvant le dessein / De Jupin, il dressa le pourtrait d'un humain.* » Dans « Du naturel des femmes », Baïf, quant à lui, supprime les passages au discours direct et rapporté pour ne conserver que les passages narratifs.

LES TRADUCTEURS ET LA MÉTRIQUE GRECQUE

Le poème d'Hésiode est écrit en hexamètres dactyliques, vers qui jouent sur l'alternance, sans équivalent en français, des syllabes longues et des syllabes brèves. Selon la quantité de dactyles et de spondées, le nombre de syllabes varie entre 12 et 17. S'ils font tous le choix du vers, les traducteurs, à l'exception de Baïf, ne cherchent pas à rendre ces variations en français, ni à faire coïncider le contenu du vers français avec celui du vers grec.

Ainsi, Richard Le Blanc n'opte pas pour l'alexandrin, alors que, par son nombre de syllabes, il semble être le vers français le plus proche de l'hexamètre. Il lui préfère un vers bref, l'octosyllabe, dont l'usage entraîne le doublement du nombre de vers par rapport au texte source : puisqu'il ne peut condenser en un octosyllabe le contenu d'un hexamètre grec, le traducteur tente, la plupart du temps, de faire coïncider une unité de sens avec un distique d'octosyllabes en rimes suivies. Cela le conduit à amplifier le texte, par exemple en ajoutant des verbes conjugués. Par exemple, là où le texte source dit que Prométhée vole le feu dans une férule, la traduction ajoute un verbe conjugué et présente deux propositions au lieu d'une : dans la première, Prométhée s'empare du feu, dans la seconde, il « le transporte icy dessus la terre / En un fallot[46] ». Pour que chaque système de rime corresponde à un prédicat du texte source, le traducteur peut même, dans certains cas, ajouter des vers de son cru. Ainsi, lorsque Zeus signale à Prométhée qu'il vient de faire le malheur des hommes, Le Blanc dit bien, comme Hésiode, que le voleur de feu provoque « un detriment / à tout jamais pour [sa] postérité », mais il précise, dans un vers ajouté pour la rime : « Mieux te vaudroit ny avoir onc esté[47] ».

Sorel, quant à lui, fait le choix de l'alexandrin, de même que Lambert D'Aneau et Jacques Le Gras. Chez ces trois traducteurs, cependant, les limites du vers français ne coïncident toujours pas avec celles du vers grec, et la traduction compte plus de vers que le texte source. Elle « déploie » le texte, et ne rend pas telles quelles les tournures grammaticales économes

46 *Les livres d'Hesiode poëte grec, intitulez les œuvres et les jours*, *op. cit.*, p. 11.
47 *Ibid.*, p. 12.

en mots qui existent en grec, comme l'apposition ou le participe présent, ainsi que les tournures infinitives du discours indirect. Le français remplace ces dernières par des subordinations qui nécessitent souvent l'ajout de nouveaux verbes conjugués, par exemple de verbes introducteurs dans le cas du discours indirect. Ainsi, dans la traduction de Le Gras, quasiment tous les verbes déclaratifs ou verbes de volonté sont des ajouts du traducteur :

> Lors au noble Vulcain commanda pour en faire
> Une image, que tost de la terre il paistrist
> Dans de l'eau, puis que voix et force humaine y mist,
> Et son regard aimable ornast de beautez telles
> Qu'ez Deesses on voit pucelles immortelles.
> *Il voulut que* Minerve aux ouvrages l'apprit
> Et à toiles ourdir d'un tres-subtil esprit.
> *Il enjoignit aussy* à Cyprine dorée
> Luy verser sur le chef une grace honorée
> Et un desir moleste et des soucis aigus
> Puis au pront messager Mercure tu'-argus
> *Enchargea* de luy mettre au fond de la poitrine
> Et un esprit chenin et mainte ruse fine[48].

Alors que le respect de la syntaxe grecque et l'équivalence du nombre et du contenu des vers est loin d'être la norme chez les traducteurs français d'Hésiode, la traduction en vers mesurés offerte en 1574 par Jean-Antoine de Baïf apparaît comme l'exception qui confirme la règle. Désireux d'illustrer la poésie française et de montrer que celle-ci peut égaler les Grecs et Latins du meilleur temps, dont les meilleurs poèmes furent écrits en vers mesurés[49], le poète de la Pléiade affirme qu'il est possible de composer, en français, l'équivalent de ces derniers. Il est difficile de vérifier que tous les vers obtenus sont bien des hexamètres dactyliques, même si l'orthographe « conforme au parler » qu'il adopte pour rendre les sons vocaliques par une lettre unique est censée lever toute ambiguïté sur les quantités syllabiques[50]. Cependant, les vers de

48 *Les Besongnes et les jours*, *op. cit.*, p. 11-12, v. 78-90. Déjà, la traduction de Le Blanc n'utilise pas le style indirect libre, mais introduit un verbe d'ordre à chaque fois que Zeus s'adresse à un nouvel interlocuteur.

49 « Au roi », dans *Etrennes de poésie française*, *op. cit.*, f. a ii r°.

50 *Cf.* Jean Vignes, « Brève histoire du vers mesuré français au XVIe siècle », dans *Albineana*, Cahiers d'Aubigné n° 17, 2005, notamment p. 28-33.

Baïf importent plusieurs caractéristiques du vers hésiodique : comme ce dernier, ils sont de longueur variable (autour de 15 ou 16 syllabes), et non rimés. La plupart du temps, ils épousent la structure syntaxique du vers grec, et le poète, libéré du carcan de l'alexandrin, respecte souvent, contrairement à ses prédécesseurs, l'ordre des mots voulu par le poète grec. Il essaie même de tenir compte des rejets et contre-rejets, par exemple dans ce distique qui rend compte d'un propos de Jupiter :

> Quant au lieu de ce feu mal leur donnerai, *duquel eux tous*
> *Ejouiront le cœur*, cherissant leur douce malurté[51].

Ce parti-pris de fidélité se traduit aussi par le choix de conserver la plupart des particularités syntaxiques du texte source, notamment les participes présents que les prédécesseurs de Baïf rendent généralement par des relatives (« me defraudant »). Ses rares ajouts sont des doublets synonymiques, qui permettent de renforcer une idée :

> Dès que le caut Promété *li (sic) donnant une trousse* le trompa.
> Cach' et *resserre* le feu[52].

Isolé dans ses choix métriques, le cas de Baïf fait ressortir, en négatif, les choix de la majorité des traducteurs d'Hésiode : ces derniers optent pour un mètre familier au lecteur français, quitte à ce que le contenu du vers grec soit réparti sur plusieurs vers français et à ce que les effets d'enjambements présents dans le texte grec disparaissent dans la traduction.

La même volonté de proposer une traduction qui soit aussi un texte poétique français agréable et immédiatement clair se manifeste dans les choix que font les traducteurs lorsqu'ils sont confrontés à des tournures obscures dans le texte-source.

---

51 *Les Besognes et jours*, *op. cit.*, f. 2 r°. Orthographe modernisée.

52 *Ibid.*, f. 1 v°.

DE LA TRADUCTION AU COMMENTAIRE
Le traitement des obscurités du texte grec

Nos cinq traducteurs d'Hésiode ont conçu de différentes manières leur rôle de passeurs de texte : pour la plupart d'entre eux, il ne consiste pas seulement à donner accès au poème grec, mais à le rendre compréhensible. Dès lors, la frontière entre le travail du traducteur et celui du commentateur n'est pas toujours très nette, comme en témoigne le cas de la première traduction étudiée : l'édition, qui se place dans le prolongement des cours de Le Blanc, et s'adresse à un public scolaire[53], comporte des manchettes, qui élucident le texte en puisant notamment dans le commentaire de Mélanchthon. Mais le traducteur a également tendance, à l'intérieur même de sa traduction, à gloser le texte pour élucider ses « sentences » et enseignements. Par exemple, afin que le lecteur ne soit pas dérouté par le fait que Zeus éclate de rire au moment où il s'apprête à se venger des hommes, il ajoute le vers « Et soubs tel ris à punir prevoyant[54] » pour préciser l'état d'esprit du dieu. De même, il associe au nom de Prométhée un groupe participial absent du texte grec :

> Mais Prometheus *prevoyant son affaire*,
> Secretement derechef le va querre[55].

Cet ajout intègre au texte un contenu similaire à celui de la manchette qui, inspirée du travail philologique de Mélanchthon, indique au lecteur que « Prometheus signifie deliberant devant le fait[56] », donc que le titan se signale par sa prévoyance. De même, la formule cryptique et paradoxale qu'utilise Hésiode pour célébrer la sobriété, « la moitié vaut plus que le

53 « A noble seigneur Monsieur Étienne de Morainville, Seigneur de la Mezengere, et du Couldray, Maistre d'hostel de Monseigneur le Duc de Guise, R. le Blanc Salut », dans *Les livres d'Hesiode poëte grec*, *op. cit.*, p. 5 : « Or pour autant, Monseigneur, que voz enfans nont encore lintelligence de la langue Grecque et Latine, iay traduit le sententieux Poëte en nostre langue Françoise, à fin que par icelle ilz puissent parvenir à la congnoissance des autres, et ce pendant imprimer en leur esprit les graves et profitables sentences de lautheur ».

54 *Les Livres d'Hesiode poëte grec, intitulez les œuvres et les jours*, *op. cit.*, p. 12.

55 *Ibid.*, p. 11 (nous soulignons).

56 V. Melanchthon, « *Enarrationes* », *op. cit.*, f. 40 v° : « Nomen Prometheus significat deliberantem ante factum ».

tout », est éclairée par l'ajout d'un adjectif (« Mieux que le tout vault le *certain* moyen[57] »), qui permet de comprendre qu'Hésiode veut dire, à peu près, qu'« un tiens vaut mieux que deux tu l'auras ». Ici, Le Blanc se démarque de l'interprétation de Mélanchthon, dont le commentaire, qui inspire la manchette « Par le tout il entend superfluité : par la moitié, mediocrité », explique que pour Hésiode, « la moitié » est synonyme de modération, et que « le tout » renvoie aux désirs excessifs. Par ailleurs, Richard Le Blanc accentue la dimension édifiante du texte : il christianise volontiers celui-ci, en remplaçant « les dieux » par « Dieu », en cohérence avec les manchettes, qui signalent des convergences avec le texte biblique[58].

À l'inverse, Sorel hésite à intervenir sur le texte source pour élucider ses obscurités. Une étonnante confession du traducteur reflète son embarras devant le passage dans lequel Hésiode fait l'éloge de la sobriété. Le choix d'être fidèle à la « sentence » (donc à l'*elocutio*) de l'auteur s'avère en effet peu satisfaisant sur le plan du sens, comme l'indique cette note, insérée entre les vers de la traduction :

> On tourne autrement ce passage icy, et eust esté besoing de le traduire en plus de carmes pour en donner la vraye signification, de moy je me suis contenté d'ensuivre seulement la sentence de l'Autheur à l'Imitation des autres traducteurs[59].

De fait, s'il affiche une volonté de respecter la phrase hésiodique, le traducteur ne s'interdit pas d'éclairer les formules les plus obscures. Par exemple, l'ajout d'une relative atténue le caractère paradoxal de « la moitié vaut plus que le tout » :

> Qui ne scait combien une moitié vault mieux
> Que tout un bien entier, *qui ne vient point des Cieux*[60].

Lambert Daneau élucide également certaines difficultés du texte, et sacrifie pour cela des figures de style, comme l'oxymore « ils aimeront leur mal », utilisé par Hésiode pour désigner la servitude volontaire des adorateurs de Pandore. Là où Le Blanc et Sorel s'accommodent de la

57 *Ibid.*, p. 11 (Nous soulignons).

58 Voir par exemple *ibid.*, p. 25 : Une manchette « L'ecclesiaste » accompagne les vers « Mais à cestuy, qui de mal se delecte, / Et s'esjouit de besongne malfaite, / Dieu le punit, et tourmens luy envoye / Presque infiniz [...] ».

59 *Les Fantaisies et Paraphrase*, *op. cit.*, f. 43 r°.

60 *Ibid.* Nous soulignons.

tournure grecque[61], Daneau ajoute un hémistiche pour préciser comment un tel paradoxe peut être possible :

> Car au lieu de ce feu, un mal je feray naistre,
> Dont tous s'esjouiront, et *sans leur mal cognoistre*
> Leur mal ils aimeront[62].

En revanche, dans la traduction en vers mesurés de Baïf comme dans celle de Jacques Le Gras, le caractère intangible de la « sentence » hésiodique semble acquis : loin de développer les formules obscures, les deux auteurs laissent au lecteur le soin d'interpréter, par exemple, les énoncés « plus que le tout la moitié vaut » (Baïf) ou « plus que le tout se monte la moitié » (Le Gras). Ainsi, c'est uniquement par les ressources propres au traducteur que Baïf s'emploie à faire comprendre l'une des difficultés du texte, l'explication étymologique du nom propre « Pandore ». Dans un vers incompréhensible au lecteur non hélléniste, Hésiode décompose ce nom en *pan* (« tous ») et *dora* (« dons »), pour signifier que *tous* les dieux ont fait un *don* à la créature maléfique. Dans la majorité des traductions étudiées, le jeu de mots disparaît car, tant chez Le Blanc que chez Sorel, Daneau et Le Gras, l'explication étymologique est traduite et le nom de Pandore, laissé tel quel :

> Cest Pandora, ainsi dite et nommee
> Pourtant que tous, et deesses et dieux
> Luy ont fait don. [...][63]

> Par le vouloir divin imposa le premier
> Le nom à ceste femme, et la nomma Pandore,
> Pourtant que chacun dieu de quelque don l'honore[64].

> [...] et [elle fut] par luy surnommée
> Pandore, pourautant que tous les dieux celestes
> Luy avoyent donné dons, pour nous estre molestes[65].

> Et la nomma Pandore, à raison que tous ceux
> Qui demeurent au ciel un present luy donnerent[66].

---

61 Le Blanc traduit le passage par « aymant son mal », et Sorel, par « amateur de son mal ».
62 *Les Trois livres d'Hésiode*, *op. cit.*, p. 8. Nous soulignons.
63 *Les Livres d'Hesiode poëte grec*, *op. cit.*, p. 14.
64 *Les Fantaisies et Paraphrase*, *op. cit.*, f. 44 r°.
65 *Les Trois livres d'Hésiode*, *op. cit.*, p. 9.
66 *Les Besongnes et les jours d'Hesiode Ascraean*, *op. cit.*, p. 12.

Baïf se distingue en considérant qu'il faut, pour que le texte soit compréhensible, traduire à la fois l'explication étymologique et le nom de Pandore :

> [...] et nomma la pucelle du beau nom
> Nom TOUTEDON : D'autant que tous ceux qui d'Olympe habitants sont
> Don lui donnoient [...][67]

Dans le cas étudié, la comparaison des différentes traductions et les scrupules formulés par Sorel semblent indiquer que, dans la seconde moitié du XVIe siècle, le désir de faire comprendre l'*inventio* du texte source autorise de moins en moins à bouleverser l'*elocutio* et à combiner commentaire et traduction. Cette conscience de la spécificité stylistique du texte grec se manifeste aussi dans la traduction des tours idiomatiques, comme les épithètes homériques, dont le caractère répétitif et la construction composée peuvent faire difficulté.

LE TRAITEMENT DES IDIOMATISMES STYLISTIQUES
L'exemple des épithètes homériques

En 1547, lorsque paraît la première traduction d'Hésiode, il n'est plus envisageable d'escamoter les épithètes homériques comme l'avait fait Jean Samxon en 1530 dans sa traduction d'Homère. Si, en 1545, l'« Epistre de dame Poesie au très chrestien Roy » qui introduit la traduction de *l'Iliade* (1545) par Hugues Salel plaide pour une traduction sélective des épithètes, qui ne peuvent pas tous entrer dans l'espace restreint du décasyllabe[68], l'année 1547 marque un tournant. Dans sa traduction des chants I et II de l'*Odyssée*, Peletier du Mans affirme en effet sa volonté de traduire en français l'ensemble des traits stylistiques « sortis d'usage », notamment les épithètes :

> J'y ay voulu les Epithetes mettre,

67 Dans « Du naturel des femmes », Baïf fera l'économie de l'explication étymologique, et ne conservera que le nom propre de Pandore.

68 Voir la citation commentée par Nadia Cernogora en première partie.

En ne voulant d'Homere rien omettre :
Et m'a semblé sur ce, qu'en les ostant
Hors du François, ce seroit tout autant
Que s'on ostait d'iceluy mesme livre
Habitz, bancquetz, et manieres de vivre,
Que ja pieça sont d'usage estrangees,
Et en façons bien diverses changees[69].

Toutefois, le traducteur s'autorise à faire l'économie des épithètes lorsqu'elles sont répétées.

La même règle prévaut dans les traductions d'Hésiode offertes par Richard Le Blanc, Pierre Sorel et Lambert Daneau : si, en général, ils rendent les épithètes lorsqu'elles interviennent ponctuellement, ils semblent gênés par la lourdeur induite par la répétition à l'identique des mêmes adjectifs. Ainsi, à propos d'Hermès, Le Blanc et Sorel ne conservent l'épithète « tueur d'Argos » que dans sa première mention ; chez Sorel, elle est rendue par une parenthèse, « (Ce fut celuy (Argus) qui te trancha la teste.) », dont la longueur est peut-être censée compenser la suppression de la deuxième occurrence d'« Argeiophontès ». Le Blanc, Sorel et Daneau profitent par ailleurs de ce que le dieu bénéficie de deux épithètes, « tueur d'Argos » et « messager », et les utilisent en alternance, alors que le texte grec utilise systématiquement les deux. L'embarras des traducteurs vis-à-vis du caractère systématique des épithètes peut également les conduire à remplacer celles-ci par un tour syntaxique plus développé, dont la fonction n'est plus seulement de désigner, mais de décrire. Par exemple, chez Le Blanc, l'adjectif *amphiguèeis* (boiteux), qui désigne Héphaïstos, est développé en une évocation burlesque, dans laquelle « Vulcanus boiteux et contrefait / *Se trousse court* pour la terre arrouser[70] ». Baïf, qui comme nous le verrons se distingue pourtant par son souci de livrer une traduction respectueuse de la catégorie grammaticale des épithètes, suivra, dans le cas de Vulcain, ce pittoresque modèle en introduisant une relative pour désigner le dieu comme « Vulcain renommé, *qui de ses deux hanches clochant va* ». De même, chez Sorel, le fameux adjectif qualifiant Athéna de *glaukopis* (« aux yeux pers ») est développé sur un vers entier, comme

69 « Epistre au Roy », dans *Les œuvres poetiques de Jacques Peletier du Mans*, Paris, imprimerie de Michel de Vascosan, pour luy et Gilles Corrozet, 1547, f. 6 r°.

70 *Les Livres d'Hesiode poëte grec*, *op. cit.*, p. 13 (Nous soulignons).

pour ébaucher un véritable portrait de la déesse : « Palas aux beaux yeux verds d'une couleur diverse[71] ».

À ce désir de variété s'ajoute, dans la traduction pédagogique livrée par Le Blanc, puis chez Sorel et Daneau, un souci d'intelligibilité : dans les cas où, chez Hésiode, un personnage mythologique est désigné par sa seule épithète épique, le traducteur rajoute son nom propre. Par exemple, « le fils de Japet » (*Iapetionidès*) devient « Prometheus [...] beau filz d'Iapetus » ou, tout simplement, « Prometheus ». Les choix de traduction seront sensiblement les mêmes chez Pierre Sorel, ou encore chez Daneau, qui choisit soit d'escamoter la périphrase « fils de Japet », soit de préciser de qui il s'agit.

Les traductions les plus tardives de notre corpus se signalent, en revanche, par leur souci de rendre quasiment toutes les épithètes telles qu'elles apparaissent dans le texte grec : Baïf ne précise pas que les périphrases « d'Iapet le bon enfant » et « l'enfant d'Iapet » désignent Prométhée, pas plus que Le Gras, lorsque, sans hésiter à répéter la même formule, il mentionne le « fils d'Iapet[72] ». De même, à propos d'Hermès, les deux traducteurs répètent respectivement les épithètes « Tuargus » et « tu'-argus ».

Ce dernier exemple invite à se pencher sur le cas spécifique des épithètes composées, qui abondent dans le récit hésiodique, mais dont la traduction fidèle nécessite, en français, l'introduction de néologismes. Puisque, comme nous l'avons vu, Baïf et Le Gras s'efforcent de traduire le contenu des épithètes par une forme adjectivale, c'est, sans surprise, sous leur plume que se trouvent les plus audacieuses compositions. Ainsi, le premier met en scène « l'amassenue Jupiter » (*nephelègereta*), « Jupin le tonnant gros » (*baruktupos*), « Minerve aux yeux azurins » (*glaukopis*), et le second, Jupiter « aime-foudre » (*terpikeraunos*), Jupiter « amasse-nue » (*nephelègereta*), ou encore Minerve « aux yeux bluets » (*glaukopis*). Cependant, l'ensemble des cinq traducteurs ont tendance à simplifier les adjectifs composés lorsque leur sens peut être exprimé par un adjectif français courant. Par exemple l'épithète *agkulomètès* (« à l'esprit tordu »), associée à Prométhée, est remplacée, chez Le Blanc, par deux adjectifs brefs, « cault et subtil », tandis que Daneau modifie le sens en rendant l'épithète par le groupe prépositionnel « par cautelle » :

71 *Les Fantaisies et Paraphrase*, *op. cit.*, f. 44 r°.

72 *Les Besongnes et les jours d'Hesiode Ascraean*, *op. cit.*, p. 11.

sous sa plume, en effet, Prométhée n'est plus fourbe par essence, mais ponctuellement, lors du vol du feu. Même Baïf et Le Gras résument respectivement à de laconiques « caut » et « fin » l'évocation des ruses tortueuses si caractéristiques du héros grec.

De même, lorsque l'adjectif composé qualifie un nom commun, il n'est pas rare que les traducteurs préfèrent aux néologismes le recours à des adjectifs français de sens équivalent, quitte à sacrifier la dimension métaphorique du terme grec. Par exemple, lorsqu'il est question des « soucis dévoreurs de membres » (*guioborous*) que Pandore inspire aux hommes, l'étrangeté de l'image grecque est estompée par les traducteurs, qui peuvent, comme Le Blanc, substituer à l'adjectif composé une longue relative :

> Ardant amour, *qui desfait et consomme*
> *Le povre cœur, et les membres de l'homme*[73].

Baïf et Le Gras, quant à eux, choisissent un adjectif plus passe-partout (« soucis amenuizans » pour le premier, « soucis aigus » pour le second), tandis que Sorel opte pour un doublet synonymique (les « soucis et les peines[74] »). Seule la traduction de Lambert Daneau, pourtant peu soucieux de fidélité stylistique, tente de rendre la formulation grecque en parlant d'un « soucy mangecueur[75] ».

À la suite de la parution de la *Maniere de bien traduire d'une langue en aultre* d'Étienne Dolet, un relatif consensus semble se dessiner en faveur de traductions qui proscriraient le mot à mot, mais respecteraient les « sentences » du texte source. Dans la pratique, ce second point donne lieu à des interprétations très diverses, en fonction de la mission que s'assignent les traducteurs. Auteur d'une traduction destinée à des élèves dont il souhaite surtout assurer l'éducation morale, Le Blanc entend par « sentences » les enseignements philosophiques d'Hésiode, et n'hésite pas (comme le fera encore Lambert Daneau) à intervenir largement sur l'*elocutio* pour faciliter la compréhension et la mémorisation de ceux-ci. Chez Sorel, en revanche, les « sentences » désignent désormais les phrases du texte source, dont le traducteur prétend – sans que cette intention se concrétise nécessairement – s'efforcer de respecter la structure syntaxique,

73 *Les livres d'Hesiode poëte grec*, *op. cit.*, p. 13.
74 *Les Fantaisies et Paraphrase*, *op. cit.*, f. 44 r°.
75 *Les Trois livres d'Hésiode*, *op. cit.*, p. 8.

même lorsqu'elles ne sont pas immédiatement limpides. La dissociation qui s'opère entre les tâches du traducteur et celle du commentateur permettent au premier d'affirmer ses missions poétiques : pour Baïf et Le Gras, il s'agit, au prix de néologismes, voire d'expérimentations métriques, de rendre sensibles les particularités linguistiques du grec et de la poésie hésiodique, éventuellement dans le but – clairement affirmé par Baïf – d'ouvrir à la poésie française de nouveaux horizons formels et lexicaux.

L'exemple des traductions d'Hésiode illustre ainsi un certain nombre des questions et problèmes théoriques soulevés par la traduction de poésie à la Renaissance : entre refus du mot à mot et innovations formelles et lexicales, les traductions poétiques s'offrent comme un véritable laboratoire d'expérimentations qui renouvelle en profondeur la langue cible.

Nadia CERNOGORA
Université de Paris Nanterre (CSLF)
France

Alice VINTENON
Université Bordeaux Montaigne
EA TELEM (Centre Montaigne)
France

ANNEXE

Les livres d'Hesiode poëte grec, intitulez les œuvres et les jours, nouvellement traduictz de Grec en François, par Richard Le Blanc, Lyon, Jean de Tournes, 1547, p. 11-14[76].

O l'homme fol[77], qui ne scait pas combien
Mieux que le tout[78] vault le certain moyen,
Et ne congnoit combien sont tresutiles
La maulve molle avec les aphrodilles,
Et maintenant Dieu empesche de suivre
Des anciens la manière de vivre.
En ce temps là chacun facilement
Par le labeur d'un iour tant seulement
Pouvoit gaigner assez de nourriture
Pour tout son an : adonc la peine dure
Pouvois laisser, et au fouier suspendre
Pour endurcir, ta charue encor tendre.
Car lors le bœuf au labeur endurci
Se reposoit, et les asnes aussi.
Mais Jupiter ha vers luy repeté
Ce bon moyen gardant sobrieté,
Comme fasché, pourtant que Prometheus
Cault et subtil, beau filz d'Iapetus
L'avoit deceu : dont il ha des maux maints
Excogité encontre les humains,
En leur ostant le feu[79] tant necessaire.
Mais Prometheus prevoyant son affaire,
Secretement derechef le va querre,
Et le transporte icy dessus la terre
En un fallot, n'ayant plus en sa teste

76 Nous indiquons en note de bas de page les manchettes qui accompagnent la traduction.
77 *Exclamation.*
78 *Par le tout il entend superfluité : par la moitié, mediocrité.*
79 *Par le feu on peult entendre verité. Prometheus signifie deliberant devant le fait.*

Que Jupiter s'esjouit de tempeste.
Lors Jupiter des nues densateur,
Parle en ce point comme dominateur :
O Prometheus en conseil diligent,
Tu te gaudis d'avoir prins pour ta gent
Le feu du ciel ravy furtivement.
Je te promets, que c'est un detriment
A tout jamais pour ta posterité,
Mieux te vaudroit ny avoir onc esté :
Car j'envoieray un mal, qui tout consomme,
Pour tel larcin, dont rit le mortel homme,
Aymant son mal, et sa propre misere[80].
Ainsi des Dieux et des hommes le pere
Ha Prometheus reprins se soubriant,
Et soubs tel ris à punir prevoyant,
Incontinent Vulcanus il regarde,
Et luy commande arrouser, sans qu'il tarde,
Masse de terre, et qu'il mist son estude
La transformer en la similitude
D'une Deesse, ou de Vierge immortelle,
Qu'il feist aussi la face aymable et belle,
En luy donnant la voix, et force humaine :
Puis commanda à Pallas souveraine
En tous les artz, d'instruire ceste image
En l'art de tistre, et d'autres d'avantage,
Qui ne luy sont nullement incongnuz ;
Puis ha voulu, que sa fille Venus
Luy ait sa teste, et chevelure orné
D'ornemens d'or, aussi luy ait donné
Ardant amour[81], qui desfait et consomme
Le povre coeur, et les membres de l'homme.
Pareillement apres telle ornature,
Il commanda au messager Mercure,
Le messager, qui ha tué Argus,

80 *Les hommes sont si folz, qu'ilz se delectent de leur mal.*
81 *Amour est plein d'angoisses, et sollicitudes.*

Qu'il inspirast par ses moyens agus
En ceste vierge un vouloir depravé,
En toute fraude et luxure esprouvé.
Voila l'edit du hault dieu Jupiter.
Et tous alors craingnans le despiter,
Son mandement mettent bien en effet.
Tost Vulcanus boiteux, et contrefait
Se trousse court pour la terre arrouser,
De quoy la Vierge il convient composer.
Adonc Pallas la deesse aux yeux pers
Luy ha baillé dons de couleurs appertz :
Tantost apres les benignes Charites,
Avec Pitho aymant choses bien dites,
Ont preparé pour ceste vierge atour
De bagues d'or, les mettans à l'entour
De son collet accoustré à la Turque :
Heures aussi à la belle perrucque
Luy ont donné une ronde couronne
Faite des fleurs, que le Printemps nous donne :
Par devant tous Pallas ha proprement
Bien adapté un chacun ornement :
Apres ce fait, le messager Mercure
Luy ha muny le coeur de telle cure,
Quell' s'esjouit de tout genre de vice :
En elle rien n'abonde que malice,
Pleine de dol, variable en parole,
Excogitant chose faulse, et frivole.
Quand Jupiter ha eu fait cest edit,
Mercurius proprement nom ha dit
Et imposé à la vierge formee,
Cest Pandora[82], ainsi dite et nommee
Pourtant que tous, et deesses et dieux
Luy ont fait don : à l'homme curieux
Un tresgrand mal, et peste fort damnable.

---

82 *Pandora nous signifie volupté la mere de tous maux.*

Les Fantaisies et Paraphrase du premier livre de loeuvre et Jour d'Hesiode, dans *Les Œuvres de Pierre Sorel Chartrain*, Paris, Gabriel Buon, 1566, f. 43-44.

Qui ne scait pas combien une moitié vault mieux
Que tout un bien entier, qui ne vient point des Cieux :
Et qui ores ne sent combien de l'Antherique
L'odeur est bien fleurante. Ainsi le Dieu celique
Aux humains à caché le vivre, et le passé
Tu eusses en un jour pour un an amassé :
Et ne fust point besoing de prendre la charrue,
Affin que de son soch la terre feust ferue.
Ton Beuf semblablement dans l'estable eust esté
Sans rien faire, le jour bien soefvement traité :
Mais Jupiter faché encontre Promethée,
Par luy l'Humanité fut fierement domptée
Et depuis ce temps la, toujours il à demis
Sa rigueur dessus nous comme sur ennemys :
Et pour rancueur premiere il nous oste l'usage
Du feu que nous avions, dont s'enfla le courage
Du fils de Japetus, qui soudain sans le sceu
De Jupin, retourna empelleter le feu.
Jupiter ceste fois ne peut souffrir l'offence,
Ains voyant Promethée outre toute deffence,
Avoir ravy du feu, il s'adressa à luy :
Prometheus (dist il) qui surpasse aujourdhuy,
La reste des humains en ruse tromperesse,
Asseure toy pour vray, que toute ta liesse,
En douleur changera, et le temps advenir,
Ce pendant que j'auray du fait le souvenir,
Je ne me tiendray point que tousjours je ne lance,
Dessus le genre humain une mortelle ang[e]ance
De maux, et de tourment pour ton ardant larcin,
Duquel s'ejouira tout le monde malin
Amateur de son mal : à tant se teut le père
Des hommes et des Dieux, qui commanda de faire
Du limon de la terre un pourtrait resemblant

A la forme des Dieux, cheminant et parlant,
Par tout bien composé, et qui eust mesme grace
Que les Vierges qui sont de la celeste race.
Vulcan si employa et suyvant le dessein
De Jupin, il dressa le pourtrait d'un humain :
Jupiter mesmement à Minerve commande
D'y adjouster par art quelque chose bien grande :
Venus eut charge aussi d'y poser le maintien,
La grace du visage, et pour le second bien,
Le remplir de desirs, de soucis, et de peines :
Mercure au lieu de sang, d'enfler les noires veines
De tromperesses meurs, et remplir de nouveau
D'un esprit malheureux son humide cerveau,
(Ce fut celuy (Argus) qui te trancha la teste.)
A ce commandement un chacun d'eux s'apreste
A faire son devoir, et Vulcan le boiteux,
Composa son estoffe en semblance des dieux,
Palas aux beaux yeux verds d'une couleur diverse,
Elle tire le corps, et dextrement s'exerce
A bien le faconner. Les Charites aussi
Entourerent son col de chesnes d'or, et si
La deesse Venus chevelant sa dorure
Luy en fist sur le sein une jaune parure.
Les heures au pareil filles de Jupiter
Luy virent un printemps sur les temples boutter.
Minerve le surplus par bonne convenance
Aplicqua l'un à l'autre : et selon l'ordonnance
Du foudrant Jupiter dedans l'estomach creux
Mercure luy lanca des propos venimeux,
Une voix mensongere et toute tromperie,
Ou son cueur se debat remply de mocquerie.
Luy mesme qui des Dieux est fidelle courrier,
Par le vouloir divin imposa le premier
Le nom à ceste femme, et la nomma Pandore,
Pourtant que chacun dieu de quelque don l'honore.

Les Trois livres d'Hésiode, appellez : Les Œuvres et Jours par Lambert Daneau, (La Rochelle), pour Antoine Chuppin, 1571, p. 7-9.

Estourdis sont ils bien, qui ne peuvent cognoistre
Combien plus que le tout la moitié se voit estre,
Quelle commodité la maulve nous presente.
Car les dieus ont donné en peu vie contente :
Toutesfois il convient par chacun jour peiner,
Et de grand' alaigraisse au travail ahanner,
Afin que nous puissions vivre en nostre maison
Quand il ne sera plus de travailler saison.
Aisément tu pouras paresseux ton soc pendre,
Mais cependant on voit le faitneant se mespendre :
Car l'ouvrage des beufs et asnes travailleurs
Se pert, et la saison des ouvrages meilleurs.
Juppin secretement en son cueur courroucé,
Ordonna ceste loy de vengeance poussé,
Quand le fin Promethe le deceut par cautelle,
Dont dessus les humains inventa peine telle.
Juppin avoit caché à nous hommes le feu.
Ce qu'ayant Promethe sagement apperceu,
Aux hommes le rendit le prenant par finesse,
Et trompa ce Juppin par grande hardiesse.
Car ayant en sa main le bout d'un faux coudré,
Sans qu'il feut apperceu, ce feu a rencontré.
Dont Juppin poussenue irrité en courage,
Depuis à Promethe tint ce fascheux langage :
Quoy doncq Jappetien, qui cognois toutes choses,
Tu t'esjouis dequoy le feu ravir tu m'oses,
Et que tu m'as trompé ? chose qui te coustera,
Et aux hommes futurs grand meschef apportera :
Car au lieu de ce feu, un mal je feray naistre,
Dont tous s'esjouiront, et sans leur mal cognoistre
Leur mal ils aimeront. Ainsi finit son dire
Ce dieu pere de tous, et puis se print à rire.
Il huche incontinent ce Vulcan renommé,
Auquel a commandé, par son art consommé

Pestrir la terre en eau, puis y pousser d'un homme
Et la force et la voix : bref, la former en somme
Semblable de viair' aux vierges immortelles,
D'un regard gratieux attraiant d'estincelles.
Puis à Minerve aussi, qu'elle ait à l'enseigner
Tout l'ouvrage divers ou femme peut besogner.
Que Venus d'autre part luy verse sur la face
Tout accueil gratieux et toute honneste grace,
Un appetit mouvant, un soucy mangecueur,
Qu'elle jette des oeilx sur les hommes vaincqueur.
Mais il commande aussi au messager Mercure,
Que dedans ceste femme il print de pousser cure
Un esprit de chien et noisif et trompeur.
Aussi tost qu'il eust dit, tous ces dieux ayants peur,
Obeirent aussi à ce grand roy Juppin,
Et pour incontinent mettre son vueil à fin,
Cest excellent boiteux d'une terre fangeuse
Une image forma d'une vierge honteuse,
Pour faire le vouloir de ce Saturnien :
Minerve l'anima, et l'embellit du sien :
Les Graces, puis apres, et la doulce Eloquence,
Luy mirent sur le col le beau de leur chevance :
Puis les Heures aussi de belle chevelure,
Luy couvrirent le chef de fleurs et de verdure :
Mais quant à l'ornement qu'elle eust tout à l'entour,
Pallas luy agença, et luy en fist l'atour.
Le messager meurtrier d'Arge dans la poictrine
Luy souffla et mensonge, et harengue divine,
Et esprit desguisé, en faisant le vouloir
De ce dieu qui de tout esbranler a pouvoir.
Quant à la doulce voix, elle luy fut donnée
Du messager des dieux : et par luy surnommée
Pandore, pourautant que tous les dieux celestes
Luy avoyent donné dons, pour nous estre molestes.

Les Besongnes et les jours d'Hesiode Ascraean, par Jacques Le Gras de Rouen, Paris, Chez Étienne Prevosteau, 1586, p. 10 *sqq.*

Fols qu'ils sont, ne sachans combien plus que le tout
Se monte la moitié, ny mesme en quelle sorte
La mauve et l'afrodille un grand profit apporte.
Car le vivre aux humains tiennent caché les Dieux.
Sinon, quand seulement aurois esté songneux
De besongner un jour, aisément sans rien faire
Tu te pourrois tenir toute l'année entiere.
A la fumée alors seroit le gouvernail,
Et des bœufs et mulets cesseroit le travail.
Mais Juppin l'a caché, ayant l'ame irritée
D'avoir esté trompé par le fin Promethée.
Pour ceste occasion aux hommes pourpensa
Plusieurs maux angoisseux, et le feu leur mussa
Que le fils d'Iapet par ruse cauteleuse
Pour les hommes reprint dans une verge creuse,
Et en le desrobant subtilement deceut
L'aime-foudre Juppin qui rien n'en apperceut.
De quoy se colerant Juppin amasse-nuë,
Fils d'Iapet (dit il) de qui l'ame est pourveuë
De mainte invention, pour le feu desrobé
Tu t'esjouis d'avoir ma sagesse trompé.
Mais je feray tourner ta finesse à toy mesme
Et aux hommes futurs en un dommage extreme.
Un mal au lieu du feu leur don'ray qu'en leur coeur
Joyeux cheriront tous, embrassans leur malheur.
A tant se rit des Dieux et des hommes le pere.
Lors au noble Vulcain commanda pour en faire
Une image, que tost de la terre il paistrist
Dans de l'eau, puis que voix et force humaine y mist,
Et son regard aimable ornast de beautez telles
Qu'ez Deesses on voit pucelles immortelles.
Il voulut que Minerve aux ouvrages l'apprit
Et à toiles ourdir d'un tres-subtil esprit.
Il enjoignit aussy à Cyprine dorée

Luy verser sur le chef une grace honorée
Et un desir moleste et des soucis aigus
Puis au pront messager Mercure tu'-argus
Enchargea de luy mettre au fond de la poitrine
Et un esprit chenin et mainte ruse fine.
Ainsi ordonna il, et chacun promtement
Du grand Saturnien fit le commandement.
Le renommé boiteux de terre fit l'image
D'une vierge honteuse, à la volonté sage
Du grand Saturnien : Minerve aux yeux bluëts
La ceignit et orna : puis de joyaux bien-faits
De pur or, mistement firent la fille brave
Les Graces et Peithon venerablement grave.
Les Heures mesmement vierges aux beaux cheveux
La couronnoient des fleurs du printens gracieux.
Pallas tous ses atours agença dessus elle.
Puis le tueur d'Argus, l'ambassadeur fidelle
Ensuivant le vouloir du gros-tonnant Juppin
Luy composa l'esprit malicieux et fin
Pour savoir apiper par belles menteries
Et decevoir les sens par douces flateries.
La voix y mit aussy ce grand heraut des Dieux :
Et la nomma Pandore, à raison que tous ceux
Qui demeurent au ciel un present luy donnerent
Dont aux pôvres mortels grand dommage ils causerent.

« UNE RATURE DEPUIS LA PREMIÈRE PAGE JUSQU'À LA DERNIÈRE »

La leçon de traduction de Jean de Montlyard

De tous les romans latins antiques, *L'Âne d'or* d'Apulée est le seul à avoir été plusieurs fois traduit en France à la Renaissance, signe de sa fortune considérable à partir de l'édition commentée par le Bolognais Filippo Beroaldo parue en 1500. On compte ainsi pas moins de quatre traductions en français entre 1517 et 1602, qui balancent entre des interprétations sérieuses et légères de la fable[1]. C'est précisément la quatrième et dernière traduction renaissante, œuvre de Jean de Montlyard[2], qui sera au centre de notre propos, non pas tant pour évoquer la réception d'Apulée, que pour interroger une compétition entre traducteurs. En effet, c'est la préface de ce texte qui a retenu notre attention, préface dans laquelle Jean de Montlyard délivre une leçon de traduction à l'un de ses prédécesseurs, Jean Louveau, comme on administre une correction – dans tous les sens du terme.

Il est vrai que le procédé consistant à critiquer une traduction antérieure pour justifier d'en proposer une nouvelle est classique ; on sait que les préfaces des traducteurs de la Renaissance sont souvent le lieu de l'affirmation d'une compétition (entre auteur et traducteur, ou entre traducteurs) ou celui du motif du « mien » par lequel un traducteur revendique de faire œuvre personnelle[3]. Ainsi Jean Louveau lui-même, qui est donc en 1602 la cible des attaques de Montlyard, critiquait lui aussi en son temps l'auteur de la première traduction française d'Apulée. Publiant son texte en 1553, Louveau juge que la version de 1517 due à Guillaume de Tours est « plustost nouveau Apulée que traduction »,

1 Sur les trois premières traductions renaissantes, voir Heyerick, 2005 ; Pédeflous, 2007 ; et Gasser, 2008.

2 Sur Jean de Montlyard, voir Primot, 2020.

3 Voir à ce sujet les travaux de Luce Guillerm (Guillerm, 1988 et Guillerm, 1996).

en s'étonnant des « mots adjoutez qui ne sont pas au livre Latin[4] ». En réalité, ce qui semble plus original dans cette préface de Montlyard, c'est la vigueur et la précision de la charge, ainsi que le volume qu'elle occupe : vingt-cinq pages sur les trente-six que compte la préface, dans lesquelles Montlyard relève pas moins d'une cinquantaine d'exemples fautifs à ses yeux, extraits du texte de Louveau – allant du simple mot au paragraphe[5]. Le relevé des erreurs de Louveau est donc le propos principal de ce texte préfaciel véhément, avec deux conséquences : d'une part, Montlyard délaisse quelque peu l'interrogation traditionnelle des traducteurs d'Apulée sur l'interprétation de la fable, comme si le style de l'auteur était premier ; et d'autre part, presque aucune réflexion en positif sur son propre travail de traduction n'est formulée. En outre, dans ce dispositif critique, Montlyard cite souvent sa propre traduction, et non le texte latin original, afin de la comparer directement au passage de Louveau incriminé. Il semble ainsi considérer son texte comme parfaitement fidèle à celui d'Apulée, comme s'il y avait équivalence, alors même qu'il reconnaît par ailleurs que traduire l'auteur latin n'est pas chose aisée. Ainsi, au-delà d'une réflexion sur le fonctionnement et les enjeux de cette rhétorique de l'agression, on tentera de dégager la conception de l'activité de traduction à l'œuvre chez Montlyard, que l'on confrontera à sa pratique.

ENTRE DISCOURS TOPIQUE ET AGRESSION JUBILATOIRE
Le plaisir de l'éreintement

La préface à *L'Âne d'or* se présente dans ses premières pages comme un texte liminaire relativement classique, visant à justifier la nouvelle traduction d'un texte alors déjà bien connu. De fait, en 1602, Montlyard n'est pas un traducteur débutant. Il s'est fait connaître deux ans auparavant, en publiant la traduction des *Mythologies* de l'humaniste italien Natale Conti, une des dernières grandes mythographies de la Renaissance. Le texte, dans la version de Montlyard, a connu une fortune considérable

4 « Advertissement aux Lecteurs », Louveau, 1553, f. a3v°.
5 Nous citons le texte dans l'édition originale (Montlyard, 1602).

en France. Quelques années plus tard, Montlyard sera aussi le traducteur des *Hiéroglyphiques* de Valériano, de différents textes du portugais, ainsi que du roman d'Héliodore, les *Éthiopiques*, en 1623[6]. Cependant, dans la plupart de ces ouvrages, Montlyard ne propose pas de réflexion sur sa pratique de traducteur. Le seul texte qui l'évoque, brièvement, est la préface aux *Éthiopiques*, dans laquelle il explique avoir voulu mettre au goût du jour la traduction d'Amyot, mais sans évoquer précisément ses choix de traduction[7]. La préface à *L'Âne d'or* constitue ainsi un document singulier, au regard des textes liminaires de Montlyard traducteur.

Il s'agit donc dans cette préface de justifier une retraduction d'Apulée. Après un développement sur l'art magique, dont l'auteur latin serait l'un des représentants, Montlyard évoque le style d'Apulée, à la fois élégant et unique – un lieu commun dans la tradition des commentateurs. Puis Montlyard présente l'origine de son projet, initialement conçu comme une simple révision de la version de Louveau[8] :

> Les afflictions et traverses nous sont assez ordinaires : j'en avois n'agueres une qui me travailloit durement. Un jeune gentil-homme qui me fait l'honneur de m'aymer, me visitant ez heures que les relasches de ses estudes luy donnoient : Desennuyez-vous (ce me dit-il une fois) à nous faire un Asne d'Or en François. J'y consens, son amitié peut beaucoup sur moy. Or pensois-je en estre quitte d'apporter une seconde main à la reveue de la premiere. Mais je trouvay dés l'entree que pour l'amender il ne faloit qu'une rature depuis la premiere page jusqu'à la derniere, et que j'en aurois plustost fait une qu'amendé [sic] celle-là. J'y descouvre plus d'omissions, plus de depravations, que de traductions ; et tout ce que l'œuvre contient de scabreux, passé sous silence. De toutes ses ignorances, corruptions, inepties, oyez-en quelques unes afin que par l'ongle vous conoissiez le lion (e4v°).

On trouve dans cet extrait un certain nombre de propos topiques : la fiction de l'ami à l'origine de la traduction, le caractère délassant de cette activité, vue comme un simple loisir, ainsi que la modestie de l'entreprise initiale. Mais ce qui retient davantage l'attention, c'est la virulence du geste inaugural, cette « rature » fortement emphatique qui

6 Cioranescu ne retient cependant pas ce dernier texte dans la bibliographie des œuvres de Montlyard (Cioranescu, 1966, t. II, p. 1489).

7 Voir Plazenet, 1997, p. 83-86.

8 Précisons que la traduction de Louveau, parue en 1553, avait été réimprimée plusieurs fois dans la seconde moitié du XVIe siècle, contrairement à la traduction de George de la Bouthière, également publiée en 1553 mais tombée dans l'oubli.

invalide la totalité de la traduction précédente. Ce geste peut d'ailleurs se lire comme une réponse en miroir à la violence avec laquelle Louveau aurait malmené le texte d'Apulée : au fil de la préface, il est accusé d'avoir « corrompu », « lacéré », « rogné », « déchiré », « mutilé », « bourrellé » et même « châtré » le roman latin. Surtout, cette rature se prolonge par une agression verbale continue, une rhétorique extrêmement virulente utilisant l'insulte et l'invective pour disqualifier Louveau, que Montlyard manie avec complaisance, voire jubilation. Le relevé des erreurs de Louveau tourne ainsi à l'éreintement en règle, allant au-delà des propos habituels justifiant une retraduction, ou de la simple évaluation d'une traduction précédente. Le plaisir de l'éreintement se manifeste de plusieurs façons. On est ainsi frappé par le recours fréquent aux jeux de mots. En effet, Montlyard use et abuse de calembours en lien avec le titre et le contenu de l'œuvre d'Apulée. Voici par exemple comment il qualifie la traduction de Louveau : « Certes au lieu d'un Asne d'Or il nous en avoit donné un de fer, un de plomb » (e4v°). Il écrit encore, à propos d'un contre-sens de son prédécesseur : « Et cestuy-cy par un [sic] autant estrange metamorphose que celle d'Apulee, nous faict icy d'un cheval un homme » (e5v°). Par ailleurs, les erreurs de Louveau sont fréquemment qualifiées « d'âneries », et Louveau lui-même est régulièrement traité d'« âne » ou de « baudet », Montlyard exploitant au maximum cette série d'images. Il met aussi à profit l'onomastique du nom de Louveau, créant un bestiaire assorti au reste des images ayant trait à l'âne :

> En somme jamais Loup affamé ne deschira plus gloutonnement une pauvre brebis esgaree, que ce Louveau nostre Apulee, duquel il se vante en sa preface estre beau restaurateur (i1r°).

La violence faite au texte d'Apulée se retourne donc contre Louveau, et Montlyard va plusieurs fois jusqu'à fantasmer un châtiment corporel, comme dans ces commentaires qui suivent les citations de passages incriminés :

> Mais que de coups de fouet à ce plagiaire, de nous avoir si chetivement resserre la mesme en peu de malotrues paroles (e7v°).
>
> Et que diriés vous de ceste ignorance, que la verge corrigeroit mesme en un enfant de basse classe ? (e9v°)

La vigueur inhabituelle de la charge se note aussi à travers la prise à témoin du lecteur, comme on le voit dans les exemples précédents : interpellations, questions rhétoriques et usage du datif éthique visent à construire une communauté contre Louveau, un « nous » contre un « lui ». Mais cet éreintement qui se poursuit sur des pages et des pages, jusqu'à l'excès, risque précisément d'ennuyer son public. Montlyard en a bien conscience, puisqu'il sollicite à plusieurs reprises la patience de celui-ci, et prend soin de justifier à nouveau sa démarche, comme ici :

> Il me desplaist extremement de vous ennuyer par si mauvais discours : mais ne trouvant page qui ne soit fort cruellement bourellee je ne puis que me plaindre de l'outrage fait à nostre Apulee (i2v°-i3r°).

Quel est le sens de cet acharnement quelque peu suspect, et parfois lassant ? Plusieurs bénéfices peuvent être dégagés. En première analyse, il s'agit évidemment de convaincre le lecteur de la nécessité absolue d'une nouvelle traduction : Montlyard se pose en défenseur et restaurateur du texte d'Apulée corrompu par Louveau. On peut aussi faire l'hypothèse que c'est une façon pour Montlyard d'exprimer une compétition par ailleurs impossible vis à vis d'Apulée, puisque l'auteur latin, au style inatteignable, est loué au début de la préface pour son éloquence et sa majesté :

> En somme ainsi qu'on appelle de nom, ainsi trouve-t'on de faict nostre Asne vraiment d'or : basti et composé d'un si beau dire, de pointes si rehaulsees par-dessus le commun, d'une si polie netteté de mots triez, d'une telle elegance de paroles non triviales ; qu'à bon droict pourroit-on dire de luy cela, *Si les Muses vouloyent parler Latin, elle useroyent des termes d'Apulée.* Et pour dire ce qui m'en semble, la frequente lecture d'Apulee peut beaucoup servir pour façonner la langue, et s'exercer à ceste partie d'eloquence qui concerne le bien-dire. Sidonius Apollinaris surhaulse l'eloquence d'iceluy comme fulminente (e3v°-e4r°).

Le rapport de compétition se déplace donc sur une cible plus accessible, sur laquelle Montlyard peut s'acharner. Enfin, et surtout, il ne s'agit peut-être pas tant de pointer les erreurs de Louveau que de signaler les réussites de sa propre traduction, abondamment citée, puisque Montlyard juxtapose presque systématiquement les deux versions. Ainsi, le détour par la critique de Louveau serait un prétexte permettant à Montlyard de poser une équivalence entre le texte d'Apulée et le sien.

UN DISPOSITIF CRITIQUE SINGULIER

Examinons ainsi plus précisément le dispositif critique mis en place par Montlyard. Au fil de la traduction de Louveau, il relève un certain nombre d'erreurs, d'approximations et d'oublis, dans l'ordre où ils se présentent à la lecture, du livre I au livre VIII, qu'il s'emploie à rectifier en citant sa propre version. Certains de ces problèmes, bien que classiques en traduction, sont somme toute ponctuels : ils relèvent davantage d'un manque de compétence que d'un parti-pris affirmé du traducteur. C'est par exemple le cas du calque, générateur de faux-sens :

> D'avantage combien se monstre-il peu pratic en la lecture d'Apulee, toutes les fois qu'il traduit ineptement le mot de *appellare*, appeler, familier à cest autheur au lieu de ce que nous disons prendre congé ? (e8r°)

Dans le même ordre d'idée, Montlyard reproche à Louveau la confusion de termes, liée au défaut de pratique des auteurs classiques :

> Mais ô lourde et plus qu'asinine ignorance ! Apulee (comme Ciceron et Plaute) tire souvent de *spes* esperance, ce diminutif *specula*, petite esperance : ce badin en fait par tout une caverne. En quelle escole a-il appris que *specula* signifie le mesme que *spelunca* [?] (i4r°)

Montlyard pointe également des erreurs qui trahissent un manque de connaissance des références historiques, géographiques, *etc.* :

> Dés l'entree du premier livre, il a cuidé que *Isthmos Ephyraea* fussent deux places differentes ; et n'a sçeu que le dernier n'est qu'adjoinct du premier, ny que Corinthe fut premierement nommée *Ephyra* (e4v°-e5r°).

Mais à côté de ces contre-sens et faux-sens ponctuels, le reproche le plus fréquent, et le plus grave sans doute aux yeux de Montlyard, est celui qui concerne les nombreuses omissions ou contractions du texte d'Apulée, des altérations qui ne relèvent cette fois pas d'une simple incompétence, mais d'un vrai parti-pris. En effet, Montlyard accuse non seulement Louveau d'avoir censuré tout ce qui était scabreux, mais il relève aussi une tendance fréquente à contracter le texte. Louveau résume Apulée, sacrifiant ainsi l'éloquence et la majesté du style. Ainsi, dans ce passage du livre VI, Louveau a-t-il tronqué une description des colombes entourant le char de Vénus – Montlyard cite d'abord sa traduction, avant de donner celle de Louveau :

> *Jugés semblablement de ces paroles esclatantes : fueillet 173. page 2.* Entre plusieurs autres qui suivent la cour de ceste Dame, voicy venir quatre Colombes blanches, qui d'une gaye desmarche portans de travers le col peinturé, le ployent sous un joug emperlé : puis leur Dame estant montee, s'en volent toutes joyeuses. Plusieurs, etc., *au pris de celles cy qui pour estre cruellement lacerees, ne font que se trainer.* Quatre pigeons blancs menoient ledit chariot en grande diligence, à l'entour d'iceluy plusieurs, etc (e9r°-e9v°).

Louveau a effectivement coupé (« lacere ») la description détaillée des oiseaux accompagnant la déesse, retranchant de nombreux détails galants. Le même phénomène est à l'œuvre dans l'exemple suivant tiré du livre VII, où Louveau s'est montré peu sensible à une énumération destinée à produire un effet d'attente et d'insistance sur l'élément final :

> *Ha que je plains pareillement ce gay passage si piteusement delabré !* Ses parens, amis et serviteurs accoururent pour voir la pucelle en grand triomphe sur un asne. *Ces termes approchent-ils de la grace d'Apulee ?* Les parents, les alliez, les clients, les domestiques, les serviteurs accoururent transportez de joye. Vous eussiez veu une longue suitte de tous sexes et de tous aages, avec une nouvelle et vrayement memorable rencontre, UNE VIERGE TRIOMPHANT SUR UN ASNE (i2r°-i2v°).

Or, comme on le voit dans ces exemples, le texte latin n'est pas cité : Montlyard compare sa propre version au passage de Louveau incriminé. De fait, dans la majorité des cas, le texte latin n'est pas convoqué, et les deux traductions sont mises directement en parallèle. Bien sûr, cette pratique peut se justifier par un souci de clarté, pour des lecteurs peu familiers de la langue parfois difficile d'Apulée et qui verraient donc mieux en quoi la traduction de Louveau est fautive, en comparant deux textes français. Mais ce faisant, Montlyard semble considérer que sa propre traduction est transparente et fiable, et pose une équivalence pleine et entière entre le texte d'Apulée et le sien. Cela est manifeste à travers une série d'expressions servant à introduire les extraits de sa traduction, tout au long de la préface : « ce dit Apulée », « ainsi parle Apulée », « escoutons Apulée », « ainsi dit Apulée » ou encore « je dis avec Apulée » – cette dernière expression concédant deux instances distinctes. Dans ce processus de comparaison, Montlyard va même plus loin puisqu'en louant le style d'Apulée, c'est en réalité sa traduction dont il fait l'éloge, comme dans les deux exemples précédemment cités : « Jugez semblablement de ces paroles esclatantes » (e9r°) s'applique à son propre texte, de même que « la grace d'Apulée » (i2v°). Il écrit encore, pour introduire un extrait qu'il a mis en français : « oyez la majesté des paroles d'Apulée » (e8v°). Tout se passe donc comme si la traduction de Montlyard se superposait exactement au texte d'Apulée, comme si la question de l'écart entre les langues et de sa propre adaptation n'était volontairement pas abordée. Pourtant, une réflexion à ce sujet est formulée au début de la préface :

> L'autheur ne se manie point sans moufles, et la plu-part de ses termes ne se peuvent exprimer en nostre langue sinon par periphrases ou circonlocutions (e4r°).

Les deux derniers termes (« periphrases ou circonlocutions ») disent bien la nécessité de l'adaptation langagière. Mais cette phrase est le seul commentaire de Montlyard touchant à sa pratique traductrice ; et encore, elle relève en partie d'un discours topique des commentateurs d'Apulée. Les difficultés de l'adaptation ne seront donc pas évoquées ni illustrées plus loin dans la préface ; tous les exemples commentés sont ceux des erreurs de Louveau, et, par ricochet, des réussites de Montlyard, données d'emblée pour telles. Il nous semble donc que le dispositif critique de la préface vise à naturaliser le texte de Montlyard, à faire oublier ce travail de mise en français, en posant une équivalence entre le texte source et le texte traduit.

MONLYARD TRADUCTEUR

Si l'exigence de fidélité au texte source, le souci de l'éloquence, l'attention portée au beau style et à *l'elocutio* sont des principes de traduction qui se déduisent aisément, en creux, de la préface, qu'en est-il en pratique ? En quoi consiste le travail d'adaptation de Montlyard, que celui-ci s'ingénie à passer sous silence ? Nous avons examiné en détail les passages de sa propre traduction cités par Montlyard dans la préface, pour tenter d'évaluer sa pratique et de comprendre ce que recouvrent concrètement les « périphrases et circonlocutions ». De fait, la plupart du temps, la traduction de Montlyard est très proche du texte d'Apulée. Il n'y a pas de censure massive des passages scabreux comme chez Louveau, pas d'interpolation non plus d'un matériau étranger au texte. Mais dans le détail de la mise en français, Montlyard a tendance à développer le texte source – plus rarement il lui arrive de retrancher des éléments. Il y a en tout cas effectivement chez lui une volonté de rendre les figures de style présentes chez Apulée, et au-delà, d'être lui aussi éloquent en français. Précisément, l'un des derniers passages convoqués par Montlyard dans sa préface nous semble caractéristique de son appropriation du texte, entre utilisation de « périphrases » et accentuation de l'éloquence. Précisons quelque peu le contexte de cet extrait du livre VIII. Il s'agit des propos tenus par une jeune femme, Charite, à l'assassin de son mari. Elle lui a fait boire un somnifère, il est endormi, et elle s'apprête à se venger en lui crevant les yeux. Montlyard compare la version de Louveau à la sienne, et reproche à son prédécesseur d'avoir effacé la « majesté » des paroles d'Apulée :

> *Adjoignons ce passage que nous ne pouvons qu'autant admirer comme plaindre sa depravation.* Resveille toy, et regarde la vengeance, et ton malheur. Je feray en telle sorte qu'a toujours mais [sic] tu auras un remors de conscience de ce que tu as fait, *Ha plagiaire ! Ces chetives paroles approchent-elles de la majesté de celles d'Apulée ? f. 327. pag. 1* Laisse laisse moy ces tenebres endormies, et te resveille pour sentir un autre tenebreux esblouyssement duquel je te vay punir. Esleve ton visage aveuglé ; recognoy la vengeance qu'on prend de toy : apprend quel est ton mal-heur ; advise si les traverses de quelles tu m'as affligee en faisant mourir mon espoux, sont plus grandes que celles que tu souffriras desormais. Ainsi tes yeux ont esté trouvez aggreables par une femme pudique : ainsi les torches nuptiales ont esclairé le lict de tes espousailles : tu trouveras une veufve vengeresse ; tu seras tousjours accompagné d'aveuglement, avec un perpetuel aiguillon et remors de conscience (i3r°-i3v°).

Voici le texte d'Apulée, que Montlyard ne cite pas :

> *Relictis somnulentis tenebris ad aliam poenalem evigilia caliginem. Attole vacuam faciem, vindictam recognosce, infortunium intellege, aerumnas computa. Sic pudicae mulieri tui placuerunt oculi, sic faces nuptiales tuos illuminarunt thalamos. Ultrices habebis pronubas et orbitatem comitem et perpetuae conscientiae stimulum* (Sers, 2010, p. 314).

> « Réveille-toi, quitte les ténèbres du sommeil, une autre nuit t'attend, la nuit du châtiment ! Tends ta face vide, connais ma vengeance, comprends ton infortune, mesure tes douleurs ! C'est ainsi que tes yeux auront su séduire une épouse fidèle, ainsi que les torches nuptiales auront éclairé ta chambre de marié ! Les Furies seront tes demoiselles d'honneur, la cécité ton guide, le remords éternel ton aiguillon ! » (Sers, 2010, p. 315)

Si la version de Louveau est effectivement très en retrait, celle de Montlyard développe à plusieurs titres le texte latin. On peut ainsi repérer divers changements, tels que l'épizeuxe initiale (« laisse laisse moy ») qui ajoute force et emphase, accompagnée d'un datif éthique. On relève aussi l'oxymore dans l'expression « tenebreux éblouissement dont je vais te punir », qui traduit « *poenalem caliginem* », « la nuit du châtiment ». Montlyard a conservé la succession des quatre verbes à l'impératif, mais il a très nettement amplifié l'expression « *aerumnas computa* » par une longue phrase (« advise si les traverses … »), qui insiste sur les malheurs de la jeune femme. On relève enfin la présence d'un binôme synonymique, « aiguillon et remord », clôturant le passage. Il y a donc un véritable travail de détail sur l'éloquence, qui va au-delà de ce qu'exigeait le simple mot à mot ; on le voit dans ce court passage, avec ajout de plusieurs figures de style, et développement à visée dramatisante. Pourtant Montlyard n'y insiste pas, et qualifie simplement sa traduction comme « paroles d'Apulée ». La bonne traduction est celle qui conserve, voire développe les qualités stylistiques du texte source, mais qui ne se dit pas comme telle. Celle qui naturalise, de manière invisible, le texte en français. En ce sens, dans ce passage, l'accusation de plagiaire à l'endroit de Louveau est intéressante[9] : Louveau serait celui qui s'attribue les mots d'un autre à mauvais escient ; en dénaturant le texte, sa traduction s'apparenterait à un vol. À l'inverse, on pourrait faire l'hypothèse qu'un bon traducteur selon Montlyard est un anti-plagiaire : non pas celui qui s'attribue les mots d'un autre, mais celui qui attribue à un autre ses propres mots, pour lui restituer son éloquence et sa grâce, de manière naturelle. « De la traduction comme un anti-plagiat », tel pourrait être le titre de cette préface toute en pugnacité.

Mentionnons pour conclure la fortune de cette traduction de Jean de Montlyard. Elle a connu un certain succès puisqu'elle a été réimprimée

9 Le terme est employé trois fois au total dans la préface, toujours à propos de Louveau.

quatre fois jusqu'en 1648, date à laquelle elle connaît une nouvelle édition chez Nicolas et Jean de la Coste. À cette occasion, la traduction est à son tour corrigée – ironie du sort. Voici un extrait du discours de l'imprimeur au lecteur :

> Mais d'ailleurs, comme j'ay commencé à le mettre sur la Presse, et que je me suis apperçeu que son Traducteur n'avoit pas tant pris garde à la politesse du discours, qu'à suivre ponctuellement la Traduction ; Je me suis avisé de le revoir tout entier, afin d'adoucir, et rendre plus intelligibles les endroits les plus rudes (Montlyard, 1648, f. a3r°-v°).

La traduction est à son tour expurgée des passages jugés grossiers. On imagine sans peine ce qu'en aurait pensé Montlyard.

Carole PRIMOT
Université de Rennes 1
CELLAM – Université de Rennes 2
France

CONCEPTIONS SUR LA TRADUCTION AU COURS DES LUMIÈRES NÉOHÉLLÉNIQUES

Durant la période des Lumières néohelléniques et particulièrement à son apogée (1774-1821)[1], les traductions en grec d'ouvrages en langues étrangères, surtout en français mais aussi en italien et en allemand, présentent une augmentation notable[2]. Les érudits grecs considèrent que les traductions sont le biais par lequel l'éducation et la civilisation, les *Lumières*, vont retourner au lieu de leur naissance, la Grèce, où l'Europe les a empruntées. Ils se libèrent progressivement de l'aristotélisme scolastique de l'enseignement et de la morale traditionnelle de l'Église. De nouveaux schémas de pensée sont introduits par le courant du despotisme éclairé qui s'épanouit dans le milieu de l'élite phanariote, à Constantinople et dans les Principautés danubiennes, dont les membres occupent des positions importantes dans le mécanisme bureaucratique de l'Empire ottoman et sont élevés au rang de princes de Valachie et de Moldavie[3].

C'est dans ce milieu phanariote où, dès les premières décennies du XVIIIe siècle furent traduites des œuvres de Cervantès[4] et Molière[5], et

1 Konstantinos Th. Dimaras, *La Grèce au temps des Lumières*, Genève, Droz, 1969 ; Paschalis M. Kitromilides, *Enlightenment and Revolution. The Making of Modern Greece*, Cambridge, Ma, Harvard University Press, 2013.

2 Alexandra Sfoini, *Ξένοι συγγραφείς μεταφρασμένοι ελληνικά* [Écrivains étrangers traduits en grec], *1700-1832*, Athènes, Institut de recherches historiques / Fondation nationale de la recherche scientifique (désormais IRH/FNRS), 2019.

3 *Symposium « L'époque phanariote »*, 2-25 octobre 1970, dédié à la mémoire de Cléobule Tsourkas, Thessalonique, Institut des Études balkaniques, 1974.

4 Georges Kehayoglou – Anna Tabaki, *Μιχαήλ Τσερβάντες, Ο επιτήδειος ευγενής δον Κισότης της Μάντσας. Η πρώτη γνωστή ελληνική μετάφραση* [Miguel de Cervantes, L'ingénieux hidalgo don Quichotte de la Manche. La première traduction grecque connue], Athènes, IRH/FNRS, 2007.

5 Anna Tabaki, *Ο Μολιέρος στη φαναριώτικη παιδεία. Τρεις χειρόγραφες μεταφράσεις* [Molière dans l'éducation phanariote. Trois traductions manuscrites], *Τετράδια Εργασίας* [Tetradia Ergasias/Cahiers], t. 14, Athènes, IRH/FNRS, 1988.

autour de 1770 l'*Essai sur les mœurs de* Voltaire[6], et qui est aussi l'époque de l'introduction de l'*Encyclopédie*, que seront formulées les premières réflexions autour de la traduction. Elles sont dues à Dimitrios Katartzis, dignitaire des Principautés danubiennes, personnage vénérable qui avait constitué un réseau personnel de confrères érudits et d'élèves, dont certains se sont adonnés à la traduction. Lui-même traduit autour de 1784, à l'incitation du prince Michel Soutsos, l'ouvrage de Réal de Curban, *La Science du gouvernement, ouvrage de morale, de droit et de politique*, qui exprime les principes du despotisme éclairé. Les conceptions de Katartzis sur la traduction portent l'empreinte de l'*Encyclopédie* : elle doit présenter méthode et clarté, et la langue de réception doit conserver la grâce de l'original[7] ; il s'agit de plus d'exprimer le sens de l'ouvrage dans « un grec coloré, riche et naturel », à savoir la langue quotidienne du milieu phanariote. La reconstitution du texte est réussie à des degrés divers : « souvent il me semble que j'ai réussi. Ainsi, en de nombreux endroits, la traduction est plus belle que le texte (et cela tient essentiellement à la supériorité de notre langue), et en certains endroits elle est tout comme elle, et dans beaucoup d'autres elle est pire[8] ». Katartzis croit que sa traduction va aussi servir à celui qui se lancera dans une entreprise semblable avec méthode, en ayant soin de cultiver la langue, d'éduquer et d'« éclairer » la nation, comme cela avait eu lieu dans d'autres nations d'Europe.

De fait, Panagiotis Kodrikas, secrétaire du prince et familier de Katartzis, également incité par Michel Soutsos, entreprend de traduire l'ouvrage de Fontenelle, *Entretiens sur la pluralité des mondes*, qui vulgarise la science. Ce qui préoccupe le traducteur, c'est le manque de principes et de règles stables de la langue grecque, qu'il attribue au déclin de la Grèce antique et aux conquêtes successives qui ont suivi, dont la culmination a été la conquête ottomane. La langue est « dégradée »,

6 Ariadna Camariano-Cioran, « Nicolas Caragea, prince de Valachie, traducteur de la langue française », *Αθηνά* [Athina], t. 73-74, 1972-1973, p. 245-266.

7 Anna Tabaki, « Αντιλήψεις και θεωρίες για τη μετάφραση στον 18ο αιώνα. Πρόδρομη ανακοίνωση » [Conceptions et théories sur la traduction au XVIIIe siècle. Communication préliminaire], *Περί Νεοελληνικού Διαφωτισμού, Ρεύματα ιδεών και δίαυλοι επικοινωνίας με τη δυτική σκέψη* [Sur les Lumières grecques. Courants et canaux de communication avec la pensée occidentale], Athènes, Ergo, 2004, p. 113-125.

8 Konstantinos Th. Dimaras, *Δημήτριος Καταρτζής, Τα ευρισκόμενα* [Dimitrios Katartzis. Écrits conservés], Athènes, Όμιλος Μελέτης Νεοελληνικού Διαφωτισμού [Association d'étude des Lumières en Grèce], 1970, p. 325. (Toutes les traductions en français des remarques des traducteurs sont les miennes.)

bonne seulement à l'expression de « banalités » à l'aide de mots pour la plupart étrangers et ne se prêtant nullement à la traduction d'écrits scientifiques et de « nobles » idées. La position du traducteur est incommode, « un chaos le recouvre de toutes parts. À chaque sens une lacune l'accueille, chaque période est pour lui un nouveau doute, et l'ensemble un entier embarras ». Ce qu'il faut c'est un système de langue unifié, à l'intérieur duquel on pourrait choisir tel ou tel style pour traduire tel ou tel auteur. Kodrikas, qui en général traduit fidèlement, ne parvient pas à restituer le style serré de l'original dans une langue qui oscille entre le registre familier et le registre savant. En outre, l'ajout de nombreuses notes, puisées dans l'*Encyclopédie*, ôte à la traduction la grâce et la légèreté de l'original et lui confère un ton plus scientifique[9].

Un autre familier de Katartzis et secrétaire du souverain Nikolaos Mavrogénis, Rigas Vélestinlis, qui a pris part à l'action insurrectionnelle grecque lors de la Révolution française, a dressé un programme complet d'édition et de traduction afin de préparer moralement les Grecs à secouer le joug de la servitude ottomane. Il traduit Restif de la Bretonne, Marmontel, l'abbé Barthélémy, Montesquieu, Métastase, ainsi que la Constitution française de 1793[10]. Rigas suit la méthode de Katartzis en traduisant le sens, mais il s'avance plus audacieusement vers un remaniement du texte auquel il imprime le style de la langue grecque, ce que permet le genre littéraire qu'il traduit, tout en effectuant des ajouts personnels afin d'adapter l'ouvrage au contexte grec. Dans l'avant-propos de la traduction de l'ouvrage de Restif de La Bretonne, *Les Contemporaines* (1780-1782), il remarque : « Ma traduction est libre, à savoir seulement selon le sens (j'en ai ajouté d'autres) car, si je suivais l'auteur à la lettre, il me semble qu'il ne s'accorderait pas au style de notre langue, car chacune a sa particularité[11] ». Mais dans la traduction de la

9 Alexandra Sfoini, « Το μεταφραστικό έργο του Κοδρικά : *Ομιλίαι περί πληθύος κόσμων του κυρίου Φοντενέλ* » [L'œuvre de traduction de Kodrikas : *Entretiens sur la pluralité des mondes* de monsieur Fontenelle], *O Ελληνικός Κόσμος ανάμεσα στην Ανατολή και τη Δύση 1453-1981* [Le monde grec entre Orient et Occident 1453-1981], Actes du Premier Congrès européen d'Études néohelléniques], Berlin, 2-4 octobre 1998, t. 1, éd. Asterios Argyriou – Konstantinos A. Dimadis – Anastasia-Danaï Lazaridou, Athènes, Hellenika Grammata, 1999, p. 327-338.

10 Anna Tabaki, « Η μεταφραστική στρατηγική του Ρήγα στο πλαίσιο του νεοελληνικού Διαφωτισμού » [La stratégie de traduction de Rigas dans le cadre des Lumières grecques], *Περί Νεοελληνικού Διαφωτισμού* [Sur les Lumières grecques], *op. cit.*, p. 167-179.

11 *Σχολείον των ντελικάτων εραστών* [École des amants délicats], trad. Rigas Velestinlis, Vienne, Joseph Baumeister, 1790, p. 1.

Constitution française, il prend souvent des libertés en s'autorisant des ajouts et des modifications de son cru, de sorte que le texte constitutionnel français se transforme en manifeste révolutionnaire[12].

Dans le climat des idées révolutionnaires, Stéphanos Dimitriadis, qui a occupé la fonction de secrétaire du souverain Nicolas Mauvrogénis à Bucarest, où il a probablement fait la connaissance de Rigas, publie en 1797, à Vienne, l'ouvrage de Louis-Sébastien Mercier, *L'An 2440 ou rêve s'il en fut jamais.* Il traduit librement, recueillant « à l'instar des abeilles » ce qui est utile, limitant l'étendue de l'ouvrage : il choisit tous les extraits qui répondent aux problèmes qui préoccupent les Grecs à cette époque en apportant de nouvelles idées, tandis qu'il rejette ou modifie les éléments contextuels pour les rendre plus familiers aux Grecs, ainsi qu'il l'explique dans son avant-propos : « J'ai recueilli tout ce qui était utile et profitable, et en l'adaptant je l'ai traduit dans notre simple dialecte, afin de procurer aux gens de ma nation et la faveur de l'étude, et celle de nouvelles idées, et celle d'un bienfait[13] ». Ainsi, il se concentre sur des sujets d'éducation, de science et de religion conformément à la raison, et il évite de traduire tout ce qui contient une critique envers le clergé ou l'administration de l'État, afin de ne pas provoquer les cercles conservateurs et d'éviter l'intervention de la censure autrichienne, l'année même où les autorités de ce pays avaient arrêté Rigas. Quoi qu'il en soit, cette traduction fournissait aux Grecs un texte engagé prophétisant un avenir qui commençait à devenir réalité en France[14].

Les traductions d'ouvrages de philosophie effectuées par des élèves de Katartzis ont été utilisées comme manuels d'enseignement. Daniel Filippidis traduit la *Logique* de Condillac (1801). Cet ouvrage philosophique, qui est régi par les principes du sensualisme et met en relief l'importance des sensations dans la formation de la langue et par conséquent de la pensée, a été utilisé comme manuel d'enseignement à l'Académie de Bucarest et dans d'autres écoles, car il combattait la

12 Alexandra Sf[o]ini, « Langages de la Révolution et transferts conceptuels : la constitution montagnarde en grec », *Annales historiques de la Révolution française*, t. 248, 2007, p. 83-92.

13 *Απανθίσματα έκ τινος βιβλίου ετερογλώσσου* [Florilège tiré d'un ouvrage étranger], trad. Stéphanos Dimitriadis, Vienne, Markides Pouliou, 1797, p. 1.

14 Stessi Athini, « Στ. Δημητριάδης και L.-C. Mercier : Ουτοπικά όνειρα του 18ου αιώνα » [St. Dimitriadis et L.-C. Mercier : Rêves d'utopie au XVIIIe siècle], *Σύγκριση/Comparaison*, t. 6, juin 1995, p. 25-40.

scolastique des aristotéliciens[15]. Le traducteur a utilisé la langue courante et a affronté une difficulté supplémentaire en raison des déficiences grammaticales et lexicales. Néanmoins, il remarque que la raison « nous enjoint d'écrire de façon à être accessibles à tous. Nous sommes donc contraints de suivre la nature de la langue, c'est-à-dire d'écrire comme nous nous exprimons en parlant, et non comme nul ne s'exprime ». Il ne manque pas de souligner que la langue usuelle a besoin d'être cultivée et enrichie par la langue ancienne[16].

Grigorios Konstantas, également élève de Katartzis, semble avoir aussi subi l'influence du sensualisme ; il traduit en 1804 l'ouvrage de l'italien Francesco Soave, *Istituzioni di Logica, Metafysica et Etica*, qu'il compare à Locke, Condillac et Socrate[17]. Dans son avant-propos, il dramatise le manque d'ouvrages méthodiques dans les écoles, ce qui oblige les enseignants à avoir recours soit à des écrits de l'antiquité, qui sont des « rébus pour nous et autant d'énigmes » mais aussi à nombre d'ouvrages vieillis par rapport aux besoins de l'éducation de son temps, soit à des traductions de traités étrangers, « imparfaits » eux aussi, qui gaspillent le temps des élèves au lieu de les instruire. Il traduit le livre le plus fidèlement possible afin de l'utiliser dans son enseignement, tout en essayant d'éviter les « idiotismes » de la langue italienne. Pour Konstantas, la difficulté de la traduction réside dans la recherche d'une restitution fidèle de l'original, dans le bannissement de tournures étrangères et dans la trouvaille de correspondances grecques ; mais un autre écueil est le manque d'outils appropriés, qui fait que l'on n'aboutit pas toujours au résultat souhaité. Ce qui le préoccupe, c'est l'ingérence de l'élément étranger dans son texte, ce qu'a aussi admis Barthélémy : « Ce serait grande vanité de dire que ma plume est débarrassée de tout relent italien[18] ».

---

15 Nasia Iakovaki, « Ο Δανιήλ Φιλιππίδης και η Λογική του Κοντιγιάκ. Μια "Λογική" για τη γλώσσα » [Daniel Philippidis et la *Logique* de Condillac. Une « Logique » pour la langue], *Το έντυπο ελληνικό βιβλίο 15ος-19ος αιώνας* [Le livre grec imprimé, XVe-XIXe siècles], Actes d'un colloque international, Delphes, 16-10 mai 2001, Athènes, Kotinos, 2004, p. 415-448.

16 *Η Λογική* [La Logique], trad. Daniel Filippidis, Vienne, Fr. A. Schraembl, 1806, p. 25-26.

17 Athanasia Glycofrydi-Leontsini, « Traduzione di testi filosofici italiani durante l'illuminismo neogreco (Genovesi, Muratori, Soave) », *Testi letterari italiani tradotti in greco (dal '500 ad oggi)*, éd. Mario Vitti, Messina, Rubettino, 1994, p. 203-218.

18 *Στοιχεία της λογικής, Μεταφυσικής και Ηθικής* [Éléments de logique, de métaphysique et de morale], trad. Grigorios Konstantas, Venise, Nikolaos Glykis, 1804, p. 16-17.

Les écarts par rapport au texte original sont parfois considérés comme nécessaires, au bénéfice de la clarté du texte et de sa compréhension par le récepteur. Adamantios Koraïs, l'éminent érudit des Lumières grecques, qui vivait à Paris et proposait à ses compatriotes des ouvrages à retraduire en critiquant le style et la langue des traductions effectuées[19], traduisit en 1802 l'ouvrage classique de Cesar Beccaria, *Des délits et des peines* (*Dei delitti e delle pene*, 1764), dont il remanie la législation pénale sur la base des idées humanistes des Lumières ; il considère en effet que cet ouvrage contribuera à la renaissance morale des Grecs, le but étant de réaliser la vision idéale d'un État grec libre[20]. Les interventions qu'il entreprend au cours de la traduction ont pour objectif de rendre l'ouvrage plus clair, car il est difficile à comprendre même pour les Italiens qui ont une bonne connaissance du sujet. En 1812, il traduit les *Facéties d'Hiéroclès le philosophe*, ainsi que certains textes du recueil italien de Lodovico Domenichi, *Les facéties et mots subtils d'aucuns excellents esprits* (*Facetie, motti e burle di diversi signori*), afin de s'exercer aux langues tout en renforçant la langue grecque, ce qu'il conseille aussi aux gens de sa nation. Il aborde également la question de l'intraduisible. En effet, il n'a pas traduit certaines plaisanteries car « délicieuses à des oreilles italiennes, elles ne peuvent faire naître le rire chez nous, ou bien parce qu'elles se réfèrent à des coutumes inconnues des Grecs, ou bien parce que leur drôlerie tient à un mot, à une syllabe, à une seule lettre, qu'il est absolument impossible de transporter d'une langue à l'autre[21] ».

La restitution fidèle du style de l'auteur est un souci majeur chez les traducteurs, particulièrement lorsque l'auteur suscite un respect parfois inhibant, comme c'est souvent le cas pour les textes classiques mais aussi pour certains grands textes modernes. Le respect de l'original est une règle pour Dimitrios Darvaris, professeur des écoles grecques de Vienne, qui traduisant en 1799 « le plus fidèlement possible » deux

19 Viki Patsiou, « Απόψεις και παρεμβάσεις του Κοραή στο θέμα των μεταφράσεων » [Conceptions et interventions de Koraïs sur le sujet de la traduction], *Ο Ερανιστής* [O Eranistis], t. 21, 1997, p. 210-234.

20 Ines de Salvo, « Momenti della fortuna di Beccaria in Grecia », *Atti del Convegno Nazionale di Studi Neogreci, Italia e Grecia : Due Culture a Confronto (Palermo 19-20 Ottobre – Catania 21 Ottobre)*, Palermo, Instituto di Filologia Greca, 1991, p. 49-69.

21 *Ιεροκλέους αστεία* [Facéties d'Hiéroclès], trad. Adamantios Koraïs, Paris, J. M. Eberhart, 1812, p. 6-7.

ouvrages de morale empruntés à la littérature grecque ancienne[22], s'efforce de restituer également le style de l'auteur mais sans toujours y parvenir :

> J'ai veillé le plus possible non seulement à interpréter le sens des Auteurs mais aussi à exprimer dans toute leur brièveté la beauté et le haut style quasiment inimitables, ne divergeant de l'Original qu'en cas de grande nécessité : car selon moi, la Traduction est à l'égard de l'Original ce qu'est la copie envers l'image originale[23].

Dans la traduction du texte autobiographique de Napoléon, le patriote Nikolaos Skoufos tente de conserver le style laconique de l'auteur dont il était l'admirateur, car le style « est l'image la plus complète de la pensée intime de cet homme fameux[24] ». Pour Dimitrios Gouzelis, commerçant et patriote ayant des intérêts philologiques, qui traduit en 1807 la *Jérusalem délivrée* (*La Gerusaleme liberata*) du Tasse, le respect et la restitution fidèle du style de haute volée du Tasse est une tâche ardue, surtout en le rejouant sur l'« humble » instrument qu'est la langue grecque. Gouzelis souligne la différence entre les genres littéraires, appelés à suivre des règles différentes dans leur traduction : celles de la précision dans les écrits scientifiques et pour la poésie le devoir de « plaire » au lecteur. La nécessité de conserver le « plaisir du texte » exige davantage de temps mais permet aussi de prendre quelques libertés qui rendent l'œuvre plus familière sans en modifier le sens :

> Il fallait nécessairement user de quelque liberté même dans la traduction en prose. Mais cette liberté, je ne l'ai pas poussée au-delà des limites : quelques modifications dans quelques phrases, quelques éliminations en des cas point trop remarquables, quelques digressions, quelques déplacements de strophes ou bien l'emploi de prolepses, voici toute la liberté. J'ai essayé d'adapter les idées du Tasse de sorte telle qu'elles semblent être miennes.

Mais, ajoute-t-il, la traduction pèche toujours par rapport à l'original et nul ne doit juger de la valeur d'un ouvrage à partir de ses traductions, à plus forte raison lorsque le traducteur n'est pas à la hauteur de

22 *Ibid.*
23 *Χρυσούν Εγκόλπιον* [Vademecum], trad. Dimitrios Darvaris, Vienne 1799, p. 8-9.
24 *Χειρόγραφον εκ της Αγίας Ελένης* [Manuscrit venu de Sainte-Hélène], trad. Nikolaos Skoufos, Munich 1818, p. 3-4.

la tâche : « la véritable beauté, ainsi que la véritable laideur, ne sont conservées que dans les originaux[25] ».

C'est dans un environnement allemand qu'est transporté Konstantinos Koumas, directeur du Gymnase Philologique de Smyrne et ami de Koraïs, lorsqu'il traduit l'*Agathon* de Wieland, travail qu'il entame d'abord comme un divertissement mais qui le conduit à un approfondissement de l'œuvre et de la langue. Dans cette traduction, il considère qu'une certaine liberté est permise afin de transposer le texte étranger dans la langue grecque « de façon adaptée », à condition de ne pas en altérer le sens. Il cite des éléments tirés de Wieland, le « père » de la langue allemande, dont les ouvrages sont considérés comme des classiques et « sont des exemples de phrases animées et agréables », éloquence due en grande partie au fait que Wieland puise dans les écrits de l'Antiquité, comme l'attestent le choix de ses sujets grecs et ses traductions de Lucien et d'Aristophane. Par conséquent, la traduction de cet auteur allemand en grec s'impose : étant donné qu'il s'inspire de la langue grecque et la traduit, les Grecs doivent lui rendre la pareille :

> Si la langue allemande s'épure et se corrige, et devient la langue des poètes, des orateurs, des philosophes, grâce à l'ancienne langue des Athéniens, avons-nous donc un autre espoir afin d'orner la langue nue, de corriger la langue torse, à condition toutefois d'étudier chaque jour nos glorieux ancêtres et de transférer les beautés de l'ancienne langue sur notre langue moderne[26].

Un autre traducteur ira encore plus loin pour ce qui est de la liberté prise par raport à l'original : Konstantinos Oikonomos, ami et collaborateur de Koraïs, qui traduit en 1816 *L'Avare* de Molière, en adaptant l'œuvre au contexte grec et qui plus est aux mœurs de Smyrne, où la pièce se déroule[27]. Pour l'auteur, la comédie n'a pas de sens si elle ne « peint » pas les mœurs de la nation à laquelle elle s'adresse, devenant ainsi plus vivante et attrayante : « Molière a peint l'Avare selon les coutumes des gens de sa nation. Le Grec doit le peindre selon les coutumes de ses propres concitoyens ». L'adaptation

25 *Η Ιερουσαλήμ ελευθερωμένη* [La Jérusalem délivrée], trad. Dimitrios Gouzelis, Venise, Panos Théodossiou, 1807, p. 7-12.

26 *Βειλάνδου Αγάθων* [L'Agathon de Wieland], trad. Konstantinos Koumas, Vienne 1814, p. 18.

27 Dimitris Spathis, « Έλληνες φιλάργυροι, εχθροί των Φώτων » [Grecs avares, ennemis des Lumières], *Κοινωνικοί αγώνες και Διαφωτισμός, Μελέτες αφιερωμένες στον Φίλιππο Ηλιού* [Luttes sociales et Lumières. Études dédiées à Philippos Iliou], éd. Christos Loukos, Héraklion, Éditions Universitaires de Crète, 2007, p. 27-60.

se fait en changeant les noms, les lieux, les phrases, même certaines scènes, c'est-à-dire qu'il en ressort un nouveau texte, sur lequel s'appuiera la représentation. Outre la règle générale d'adaptation de la comédie aux mœurs grecques, une autre raison de ne pas traduire *L'Avare* à la lettre était l'existence de certaines critiques françaises sur l'œuvre, comme celles de Rousseau, qui considère qu'elle contient des plaisanteries indignes et une insolence exagérée du fils à l'égard du père, contraire au principe de vertu, ou encore celles de Diderot et d'autres critiques qui démolissent l'intrigue des scènes. Oikonomos utilise la langue courante, quoique « imparfaite », car la vivacité du texte l'exige, vivacité qui se perdrait s'il usait de la langue grecque savante. Pour conférer davantage de vie à son texte, et afin de mettre en valeur l'élément comique, il a aussi recours aux dialectes, expédient qu'Aristophane professait également :

> Par l'usage du dialecte, l'auteur comique représente la naïveté, l'inculture, souvent l'état du personnage qui le parle. C'est pourquoi le très spirituel Aristophane insère dans ses comédies des Laconiens, des Béotiens, des Mégariens, des Perses, des Scythes, conversant comme il sied, les Grecs en fonction de la particularité de leur langue, les barbares en fonction de la barbarie de leur accent et de leur âme.

Il critique cependant la « comédie importune » (la farce) qui use de dialectes incompréhensibles. Mais les dialectes grecs sont tous intelligibles d'une région à l'autre et d'autant plus à Smyrne où s'effectue un « grand mélange[28] ».

Konstantinos Kokkinakis, lui aussi ami de Koraïs, traduisant en 1815 l'œuvre de Molière, *Tartuffe*, semble avoir choisi la pratique de la traduction fidèle et souligne que, lorsqu'il s'agit de poésie, il est plus difficile pour le traducteur de transposer « de façon convenable et adaptée les idiotismes et les grâces de la langue étrangère dans la sienne propre », ce qui l'oblige à recourir à des « paraphrases et des périphrases, et à divers autres moyens complexes de la syntaxe afin d'approcher la nature de l'original ». Lui-même a connu de grandes difficultés, en raison de la nature de la langue française qu'il décrit en ces termes :

> J'ambitionnais de placer autant que possible les vers en regard, mais souvent le bref nombre de syllabes des mots français, opposé au grand nombre de syllabes

28 *Ο Φιλάργυρος* [L'Avare], trad. Konstantinos Oikonomos, Vienne, J. B. Zweck, 1816, p. 6-8.

du mot grec, me forçait à traduire un seul vers de l'original par deux vers grecs ; très rarement, le petit nombre de syllabes des mots grecs m'obligeait à remplir en proportion le vers français symétrique de mots ou de sens entiers ajoutés, comme approximativement adaptés au sens entendu par l'auteur[29].

L'opinion en faveur de la liberté en traduction est soutenue de façon détaillée par l'éditeur du *Recueil de chansons diverses* (1820) qui furent jouées au théâtre de Bucarest ; cet éditeur considérait que la traduction littérale de la poésie était pointilleuse à l'excès et il renvoyait au *Cours de littérature* de Laharpe, adversaire du scolasticisme des latinistes qui ont bien appris le latin et très mal le français. La difficulté supplémentaire soulevée par la poésie oblige le traducteur à traduire en prose pour tous ceux qui ignorent la langue étrangère, même si cela ôte la grâce de l'original[30]. La solution que propose Ioannis Petritzopoulos, originaire des îles Ioniennes, qui traduisit Alfieri[31] en 1827 est l'usage de l'hendécasyllabe non rimé : il explique que d'une part la prose ne convient pas à la tragédie, et que d'autre part il ne pouvait pas utiliser le mètre antique qui sied mal à la langue moderne. Il a donc eu recours à un nouveau mètre, tout italien d'ailleurs, car la langue italienne a une plus grande analogie avec la langue grecque usuelle. C'est ainsi qu'il a choisi l'hendécasyllabe, car il a jugé qu'il se rapproche de l'iambe de la tragédie antique, tandis que le vers non rimé convient à la tragédie italienne et qu'il est d'ailleurs employé par Alfieri[32].

La question du choix de l'outil linguistique convenable dans la traduction tout comme dans l'écriture, a suscité les débats et même provoqué des querelles parmi les érudits grecs, connues sous le nom de la Question de la langue[33]. La plupart des traductions sont commentées par des démoticistes, comme Katartzis, ou bien des partisans de Koraïs qui sont en faveur de la voie moyenne entre la langue usuelle et la langue savante, tandis que les conservateurs ardents défenseurs de la langue

29 *Ο Ταρτούφος* [Tartuffe], trad. Konstantinos Kokkinakis, Vienne, J. B. Zweck, 1815, p. 33.

30 *Συλλογή διαφόρων τραγωδιών, όσαι παρεστάθησαν εις το θέατρον του Βουκουρεστίου* [Recueil de chansons diverses représentées au théâtre de Bucarest], trad. Mihaïl Christaris ou Iakovos Rangavis, Νεοσύστατον Τυπογραφείον [Nouvelle Imprimerie], 1820, p. 13.

31 *Ibid.*

32 *Ο Αγαμέμνων* [Agamemnon], trad. Ioannis Petritzopoulos, Corfou, Τυπογραφείον της Κυβερνήσεως [Imprimerie du Gouvernement], 1827, p. 5-7.

33 Georges Babiniotis (éd.), *Το γλωσσικό ζήτημα. Σύγχρονες προσεγγίσεις* [La Question de la langue. Approches contemporaines], Athènes, Ίδρυμα της Βουλής των Ελλήνων [Fondation du Parlement des Grecs], 2011.

savante ou « langue des nobles » de la nation, soutenue par Kodrikas[34], se font plus rarement entendre.

Le souci commun de la plupart des traducteurs est la pratique assidue de la langue grecque, comme l'ont fait les Européens et justement les Allemands avec leur langue natale, ainsi que l'affirme Vassilios Papaefthymiou en traduisant l'histoire de John Lockman en 1807 :

> Si l'on observe attentivement les Européens, et qui plus est les Allemands, on verra que lorsqu'ils ont commencé à s'adonner à l'étude et aux sciences, ils sont alors sortis de la barbarie, tout comme quand ils ont commencé, en cultivant leur propre langue, à rédiger en celle-ci ; c'est eux que nous devons imiter nous aussi[35].

Kokkinakis revient à la difficulté de traduire dans une langue inculte comme le grec, tout en soulignant à son tour la nécessité de cultiver la langue usuelle. La langue actuelle a hérité des grâces de la langue grecque ancienne et s'est enrichie d'emprunts étrangers, de sorte que, quoiqu'inégale, elle peut « s'enorgueillir de sa beauté et de sa richesse ». Dans la phase présente d'ailleurs, ni la « stricte perfection des choses » ni les ornements recherchés des langues cultivées ne sont exigés, mais comme le dit le sage Koraïs, « le premier besoin de l'homme nu est de recouvrir comme il le peut sa nudité[36] ».

Le médecin Mihaïl Christaris, qui est pénétré lui aussi des idées des Lumières européennes et de l'éducation grecque antique, traduit en 1816 l'ouvrage de Jean-Zacharie Paradis de Raymondis, *Traité élémentaire de morale et du bonheur*, pour répondre aux besoins des écoles grecques. Christaris emploie un style usuel et utilise de nouveaux mots là où il l'estime nécessaire. Il soutient que « l'usage commun est la loi suprême » et que les gens lettrés de la nation ont l'obligation de « saisir l'outil » et de « le cultiver guidés par le bon sens et la philosophie » afin qu'il devienne un acquis commun de la nation, affirmant que « la culture et le progrès de la langue sont analogues à l'étendue des Lumières, et vice-versa ». Les mots doivent exprimer les choses et la langue nouvelle et inintelligible au plus grand nombre ne doit pas être introduite sans

34 Alexandra Sfoini, « Φωτισμένες αυθεντίες σε γραφειοκρατικά περιβάλλοντα : ο Παναγιώτης Κοδρικάς και η γλώσσα των ευγενών » [Autorités éclairées dans un milieu bureaucratique : Panayotis Kodrikas et la langue des nobles], *Τα Ιστορικά* [Ta Istorika], t. 59, 2013, p. 325-362.

35 *Ιστορία συνοπτική της Ελλάδος* [Histoire abrégée de la Grèce], trad. Vassilios Papaefthymiou, Vienne, Νέα Τυπογραφία [Nouvelle Imprimerie], 1807, p. 18.

36 *Ο Ταρτούφος* [Tartuffe], *op. cit.*, p. 7-8.

nécessité, car elle ne contribue pas à éclairer la nation. Le guide doit être « l'intérêt commun[37] ».

En ce qui concerne la question de la terminologie, un certain nombre de traducteurs insistent également sur la nécessité d'« helléniser » les mots étrangers, en usant d'un seul mot si possible, ce que permet d'ailleurs la grande richesse de la langue antique, richesse déjà exploitée par les Européens qui ont emprunté tant de mots grecs. Mais dans des textes administratifs officiels, comme la Constitution de la République des îles Ioniennes, qui fut traduite de l'anglais vers le grec en 1817 dans une langue médiane proche de Koraïs, qui d'ailleurs n'est pas exempte d' erreurs, il est également déclaré qu'« il était nécessaire d'affermir dans notre Langue les mots politiques que nous devons utiliser en accord avec notre Régime et nos Lois ». Ces mots ont été tantôt empruntés à la « riche réserve ancestrale », tantôt forgés conformément à la nature de la langue[38].

Pour conclure, nous pourrions dire que les pensées des traducteurs grecs, telles qu'elles apparaissent dans leurs avant-propos, sont structurées autour de certaines conceptions et oppositions essentielles : la difficulté de l'entreprise de traduction, la traduction suivant la lettre ou le sens, la fidélité ou la liberté, l'intraduisible, la traduction en langue savante ou usuelle, la pratique de la langue grecque et l'introduction d'une nouvelle terminologie. Ces conceptions se caractérisent dans les grandes lignes par leur empirisme, tandis que parfois elles se fondent sur la lecture du livre occidental et sur de nouvelles théories et pratiques européennes (plutôt françaises) de la traduction.

Alexandra SFOINI
Institut de recherches historiques
Fondation nationale
de la recherche scientifique
Athènes
Grèce

37 *Στοιχειώδες Σύγγραμμα Περί ηθικής και ευδαιμονίας* [Traité élémentaire de morale et du bonheur], trad. Mihaïl Christaris, Vienne, Z. B. Zweck, 1816, p. 7-8.

38 *Πολίτευμα των Ενωμένων Επαρχιών των Ιωνικών Νήσων* [Constitution des États-Unis des îles Ioniennes], trad. Platon Petridis, Corfou, Τυπογραφείον της Διοικήσεως [Imprimerie du Gouvernement] 1818, p. 7-8.

TRADUIRE LA POÉSIE NÉO-ZÉLANDAISE CONTEMPORAINE EN FRANÇAIS

Vers une traduction polyphonique ?

INTRODUCTION

Dans « Écrire le Pacifique. L'Océanie aux voix multiples », Jean Anderson rapporte les propos de l'écrivain samoan Albert Wendt, pour lequel l'écriture doit « créer une place pour les personnages et les pratiques autochtones, mais aussi incorporer à la langue dominante des concepts et des tournures venus de ces cultures et de ces langues dominées[1] ». En Nouvelle-Zélande, un tel projet existait déjà presque cinq décennies plus tôt chez un écrivain *pākehā*[2] : James K. Baxter. Son œuvre fait même aujourd'hui figure d'emblème pour la poésie néo-zélandaise car elle trace le développement d'une conscience néo-zélandaise faisant d'abord écho aux modèles britanniques puis les dépassant en mélangeant langues et cultures du pays. Baxter admet que :

> *The problem for me in the forties and fifties was to get rid of the mere echo language in my poems, the twists of phrase (and so of thought also) that belonged by right to Hardy or Yeats or Dylan Thomas or Louis MacNeice*[3].
>
> « Le problème pour moi dans les années quarante et cinquante était de me débarrasser de cette simple langue-écho dans mes poèmes, des tournures de phrases (et donc de la pensée aussi) qui appartenaient de droit à Hardy ou Yeats ou Dylan Thomas ou Louis MacNeice. »

---

1 Jean Anderson, « Écrire le Pacifique. L'Océanie aux voix multiples », *Brèves*, vol. 91, n° 1, 2010, p. 6.

2 Néo-Zélandais d'origine européenne.

3 James K. Baxter, *James K. Baxter as Critic : A Selection from his Literary Criticism*, éd. critique par Frank McKay, Auckland, Heinemann Education Books, 1978, p. 210.

Et le poète néo-zélandais Bill Manhire d'expliquer que :

> *Baxter's problems with "echo language", and his transcending of those problems, might be allowed to stand for a development in the larger New Zealand consciousness – a growth from dependence on a world of models to a state of authentic self-possession, a self-possession which accepts but is not bound to models, which doesn't need to make them an issue*[4].
>
> « Les problèmes de Baxter avec la "langue-écho", et le fait qu'il les ait transcendés, pourraient signifier une évolution de la conscience néo-zélandaise au sens large – un passage de la dépendance à un monde de modèles à un état de possession authentique de soi, une possession de soi qui accepte les modèles mais n'est pas liée à eux, qui n'a pas besoin d'en faire un problème. »

Dès lors, comment faire ressortir la portée historique et culturelle de la poésie de Baxter en traduction ? On trouve d'abord, chez le poète, une versification rimée, inspirée des Romantiques anglais mais recontextualisée aux antipodes, puis un style relâché, « conversationnel », au métissage précurseur émaillé de « localismes » et de māori ; de ce grand écart naît une poétique néo-zélandaise profondément marquée par son arrière-plan culturel. Je présente ici mon processus, à la recherche d'une approche cohérente qui siée à ces stylistiques contrastées. En premier lieu, pour les questions de versification, je prends exemple sur d'illustres modèles tels Yves Bonnefoy ou Philippe Jaccottet. Ensuite, pour les questions culturelles, je suis la méthode de Christiane Nord, dont la théorie du *Skopos* n'a pas, jusqu'ici, été appliquée à la poésie. Enfin, pour les questions de multivocalité, je fais appel aux concepts de Mikhaïl Bakhtine pour fonder ma pratique d'une traduction polyphonique.

TRADUIRE LE LANGAGE EN ÉCHOS

La récurrence des échos aux Romantiques (Keats, Shelley, Byron, mais aussi Burns et Yeats) dans la poésie de jeunesse de Baxter (1944-1966[5])

4 Bill Manhire, *Doubtful Sounds*, Wellington, Victoria University Press, 2000, p. 212.

5 En 1944, Baxter publie son premier recueil *Beyond the Palisade* et en 1966, le recueil *Pig Island Letters*, qui marque un tournant stylistique.

est fréquemment signalée, notamment par Vincent O'Sullivan[6]. Cela m'a conduit à repérer ces échos puis à comparer différentes versions françaises des textes de ces auteurs canoniques. L'influence de Yeats, prégnante[7] dans le poème de Baxter « High Country Weather » (1948), m'a mené à considérer des traductions de Yeats analysées par Patrick Hersant en 2009. C'est la mise en valeur de la pratique des traducteurs qui m'a paru éclairante. Parmi les traductions de « Leda and the Swan » proposées par René Fréchet, Fouad El-Êtr, Anne Minkowski, Jean-Yves Masson et Yves Bonnefoy, Hersant montre que ce dernier est le seul à s'éloigner radicalement de la correspondance linguistique, à changer la structure strophique et privilégier l'interprétation sonore[8]. Suivant une démarche déductive, le repérage des influences de Baxter effectué en amont a double valeur pour ma traduction : comparative et mimétique.

Chez le jeune Baxter, les échos aux Romantiques sont manifestes dans l'utilisation des pentamètres et autres métriques traditionnelles. C'est là un premier problème : est-il possible de retranscrire la proportion accentuelle anglaise en français ? Qui plus est, les pentamètres de Baxter vont de pair avec un distique final aphoristique que décrit W. H. Oliver : « *The sudden surge, or resounding thump, which became Baxter's hallmark*[9] ». C'est l'aspect emphatique de cette métrique, même si elle semble aujourd'hui démodée, que ma traduction cherche à souligner. Par ailleurs, j'écarte l'éventualité de systématiquement traduire les pentamètres par des alexandrins puisque ceux-ci renverraient en littérature française à une pratique encore plus anachronique. Christine Lombez considère qu'« un mètre comme l'alexandrin "classicise" systématiquement son objet, ainsi que le souligne aussi Eugène Guillevic[10] ». Les solutions pour compenser

6 O'Sullivan estime que : « *Rhythms and diction are often a crude amalgam of Tennyson, Keats, Hopkins, George Barker, and Auden* » (Vincent O'Sullivan, *James K. Baxter*, Wellington, Oxford University Press, 1976, p. 12).

7 Il s'agit des vers « *Up on the upland road / Ride easy, stranger : / Surrender to the sky / Your heart of anger* » (Baxter, 1948, p. 15) qui reprennent « *Under Ben Bullen* » de Yeats : « *Cast a cold eye / On life, on death. / Horseman, pass by* ! » (William Butler Yeats, *Collected Poems of W. B. Yeats*, éd. critique par Richard J. Finneran, New York, Simon and Schuster, 2008, p. 356).

8 Par exemple, Bonnefoy transforme le premier quatrain en cinquain et traduit « *A sudden blow* » par « Le heurt d'un vent », il couvre la polysémie de *blow* (souffle et coup) en suggérant la soudaineté par un hiatus : « le heurt ».

9 W. H. Oliver, *James K. Baxter, a Portrait*, Auckland, Godwit Press, 1994, p. 33.

10 Christine Lombez, « Traduire en poète. Philippe Jaccottet, Armand Robin, Samuel Beckett », *Poétique*, vol. 3, n° 135, 2003, p. 358.

la différence de mesure poétique entre l'anglais et le français vont de la reproduction de la longueur graphique des vers à l'imitation de l'effet sonore par une « proportion syllabique équivalente » telle que la propose Claire Patoyt[11]. Je m'inspire de l'écoute de la voix décrite par Jaccottet[12] car elle encourage à assumer la perception inéluctablement subjective, l'intuition toute personnelle du rythme que mettent en valeur d'ailleurs aussi Yves Bonnefoy ou Henri Meschonnic[13].

Le jeu d'échos aux Romantiques se poursuit dans les schémas rimiques élaborés de la poésie de jeunesse de Baxter. C'est un deuxième défi. Traduire « Rocket Show » (1953) et ses hexamètres en rimes plates ou « The Fallen House » (1953) et ses sizains de rimes riches dont le schéma rappelle la « *Burns stanza*" »pose la question de la restitution des rimes. Baudelaire estimait que : « Dans le moulage de la prose appliqué à la poésie, il y a nécessairement une affreuse imperfection ; mais le mal serait encore plus grand dans une singerie rimée[14] ». Plus récemment, Robert Ellrodt pense que : « L'abandon de la rime dans la traduction en français de la poésie étrangère me paraît acceptable, et même généralement souhaitable aujourd'hui[15] ». Jaccottet explique procéder au cas par cas : « J'ai renoncé à la rime pour mes traductions de Lavant ou Mandelstam. Alors que de se passer de la rime quand on traduit Gongora équivaut à trahir l'essentiel » (Jaccottet, 1997, p. 30). Assigner aux rimes ostentatoires du jeune Baxter une fonction fondée sur l'identification des intentions du poète, selon la méthodologie de Christiane Nord[16], me conduit à reproduire les schémas rimiques. Sur la

11 Claire Patoyt, « La Traduction à l'épreuve des poèmes d'Emily Dickinson : l'impossible protocole ? », revue *Meta*, vol. 57, n° 3, 2012, p. 661-662.

12 « Quand je traduis des poèmes, ou même de la prose, j'ai l'illusion que j'entends la voix de l'écrivain et j'essaie, très intuitivement, de l'épouser de mon mieux » (Philippe Jaccottet, « Jaccottet, poète de la traduction », entretien avec Marion Graf, *Journal de Genève*, 18-19 janvier 1997, p. 30).

13 Meschonnic remarque que : « Le grand transformateur du traduire n'est pas le sens, les différences dans le sens, l'herméneutique. C'est le rythme » (Henri Meschonnic, *Poétique du traduire*, Paris, Verdier, 1999, p. 31). Bonnefoy préconise de : « Laisser monter du profond de soi des rythmes qui ne peuvent être que ceux du corps que l'on est » (Yves Bonnefoy, *La Communauté des traducteurs*, Strasbourg, Presses universitaires de Strasbourg, 2000, p. 78).

14 Charles Baudelaire, « La Genèse d'un poème », *Revue française*, Paris, G. Simon, 1859, p. 514.

15 Robert Ellrodt, « Comment traduire la poésie ? », *Palimpsestes*, Hors-Série, Paris, Presses Sorbonne Nouvelle, 2006, p. 68.

16 Nord remarque que : « *Functionality means that a text (in this case : a translation) 'works' for its receivers the way the sender wants it to work in a particular communicative situation* »

base des analyses d'Allen Curnow[17], j'établis que Baxter cherche à faire preuve d'éloquence et que les rimes participent à affirmer la légitimité de la voix poétique. Pour "The Fallen House", qui fait autant écho à Burns qu'à Thomas Hardy[18], je marque l'emphase par des rimes ostentatoires en -ique ou -ol traduisant les « *double rhymes* » :

When South the sky thickened
And rain came pelter on the hill-scurf :
So in a grove (where the wind quickened
Their young leaves like the mile-off surf)
Of gums I sheltered. Whose roots had drained the turf
Of life till a starved soil sickened[19].

« Quand au sud les cieux gonflèrent,
Pleuvant à verse sur la pelisse du col :
Dans un bosquet (où tels les flots en mer
De vertes feuilles ravivées par Éole),
Des gommiers m'abritèrent. Racines drainant du sol
Toute vie, affamant l'infirme terre[20]. »

(Christiane Nord, « Loyalty and Fidelity in Specialized Translation », *Confluencias*, n° 4, 2006, p. 31). Elle note aussi que : « *A conventional form indicating a poetic function (e.g. a rhyme) in one culture (e.g. Germany) may not be recognized as a marker of this function in another culture (e.g. Spain). […] we have to adjust the form to the norms and conventions of this culture* » (Christiane Nord, « Meaning, Sense, Function – What is Transferred ? », communication au colloque *Meaning in Translation : Illusion of Precision*, Riga, Lettonie, mai 2016, p. 5).

17 Curnow affirme que Baxter : « *seeks the eloquent rather than the inquisitively precise word* » (Allen Curnow, « *Introduction* », *A Book of New Zealand Verse : 1923-45*, Christchurch, Caxton Press, 1945, p. 55).

18 Dans le poème de Hardy « Rain on a Grave » de 1913, on trouve : « *One who to shelter / Her delicate head / Would quicken and quicken / Each tentative tread / If drops chanced to pelt her / That summertime spills / In dust-paven rills / When thunder-clouds thicken / And birds close their bills* » (Thomas Hardy, *The Collected Poems of Thomas Hardy*, éd. critique par Michael Irwin, Ware, Wordsworth Editions, 1994, p. 321).

19 James K. Baxter, *The Fallen House*, Christchurch, Caxton Press, 1953, p. 48.

20 Luc Arnault, « Traduire en français la poésie de James K. Baxter », mémoire sous la dir. de Jean Anderson et Peter Whiteford, Wellington, Victoria University of Wellington, 2015, p. 33.

TRANSCENDER LE LANGAGE EN ÉCHOS

Dans une seconde phase, la poésie éloquente du jeune Baxter fait place à un processus progressif de transcendance des problèmes liés au « langage en échos » et il s'effectue, en parallèle, une recontextualisation des motifs romantiques anglais dans le paysage néo-zélandais. Cela pose un troisième problème. Comme l'indique Manhire, on décèle un mouvement d'affirmation d'une conscience néo-zélandaise dans le traitement d'éléments néo-zélandais typiques ou de « *New Zealandness* », par exemple : *bush* ou *bach*[21]. Curnow a reproché aux poètes regroupés dans l'anthologie *Kowhai Gold* de 1930 de faire une utilisation ornementale de ces termes spécifiquement néo-zélandais. Baxter met précautionneusement en exergue à ses recueils publiés en Angleterre en 1966 et 1969 une note explicative[22]. Cette explicitation peut être lue comme l'affirmation d'un idiome unique et par extension d'une poésie néo-zélandaise authentique. Cela m'amène à recourir à la technique de l'emprunt ou comme l'identifie Michel Ballard le « report[23] ». Dans le cas de *bush*, la falsification qu'impliqueraient les connotations entourant « la brousse », associées à l'Afrique et la spécificité géographique de ce type de végétation endémique motivent aussi mon choix du report.

De façon méthodique, je déduis et dresse une typologie des facteurs contribuant au choix des reports : leur fréquence, leurs sonorités, leurs connotations, l'historicité, la « territorialisation[24] » ou encore la « scientificité » (par exemple, « sphénodon » est bien savant pour *tuatara*).

21 Type d'habitation côtière proche du bungalow et que l'on appelle "*crib*" dans l'Île du Sud.

22 En préface de *Pig Island Letters*, Baxter écrit : « *In the title sequence the following words of maori derivation are used : 'kea' – a mountain parrot ; 'kumara' – sweet potato ; 'marae' – Maori tribal meeting ground ; 'moa' – a giant extinct wingless bird ; 'paua' – a rock shellfish ; 'puha' – sowthistle, frequently used by Maoris as a vegetable* » (James K. Baxter, *Pig Island Letters*, Londres, Oxford University Press, 1966, p. VII).

23 « Acte individuel de traducteur, ponctuel, qui [...] ne consacre pas l'intégration d'un terme dans sa langue même s'il peut, dans certains cas, en avoir la visée, dans le cadre d'une option de traduction qui cherche à faire connaître l'étranger » (Michel Ballard, « À propos des procédés de traduction », *Palimpsestes*, Hors-Série, Paris, Presses Sorbonne Nouvelle, 2006, p. 118).

24 J'entends par là l'inscription du texte dans un réseau de références qui marquent son appartenance à un territoire particulier (faune, flore ou références culturelles).

L'utilisation de cette typologie confronte deux visions de la traduction telles que les définit Jean-René Ladmiral (suivant Antoine Berman) : « ciblisme » et « sourcisme » (2015), notions que Lawrence Venuti affine, notamment pour leurs implications idéologiques, en *domestication* et *foreignization* (1995). On peut trouver cette dichotomie chez bien des théoriciens, de Schleiermacher en 1838 (« *taking the text to the reader* » ou « *taking the reader to the text* ») à Juliane House (« *overt and covert translation* ») en 1977 parmi d'autres[25], et même chez Nord (« *instrumental and documentary translation* ») en 2005. D'un côté, on trouve les dangers de falsification et de dénégation culturelle qu'engendre une utilisation extrême de l'équivalence ou de la francisation dans une vision « cibliste » ou *domesticating*. De l'autre, une pratique « sourcière » ou *foreignizing* qui risque de réduire le texte à une valeur documentaire ou exotique, de manquer de clarté ou de *fluency* par accumulation de reports où le glossaire n'est plus seulement utile mais indispensable à la compréhension. Ma traduction aspire à un idéal d'équilibre entre ces deux extrêmes et à dépasser l'antique clivage « sourciers/ciblistes » que l'on trouvait déjà chez Cicéron. Prenons pour exemple trois traductions possibles pour le poème « Never No More » (1952) :

Never No More

Cigarette stink from a hole in the rushes
Dark as a dunny the under-runner
The green flax plaited for whiplashes
Cockabully finned with the fire of summer (Baxter, 1952, p. 12).

1. Plus jamais (traduction cibliste)

« D'un trou dans les joncs, puer la cigarette,
Noir comme des gogues, le souterrain,
Le lin vert tressé que l'on fouette,
Au feu de l'été, écailler les arlequins »

2. Plus jamais (traduction sourcière)

« D'un trou dans les joncs, puer la cigarette,
Souterrain noir comme un dunny,

25 Eugene Nida et « *functional or dynamic equivalence* » (1964), James Holmes et « *analogical translation and organic translation* » (1971) ou Anthony Pym et « *observational or participative reception* » (2004).

Flax vert tressé que l'on fouette,
Feu de l'été aux nageoires d'un cockabully »

3. Plus jamais (traduction « en équilibre »)

« D'un trou dans les joncs, puer la cigarette,
Tel des gogues, le souterrain sombre,
Flax vert que l'on tresse et fouette,
Feu de l'été aux nageoires des vairons » (Arnault, 2015, p. 58).

Dans ces trois strophes successives, on voit bien la différence que peut apporter le choix théorique du traducteur. Si les rimes sont maintenues dans chaque version, la version 1 gomme la spécificité locale du texte. Dans la version 2, les « localismes » sont bien présents mais sans doute trop fréquents pour que le texte soit seulement compris. Dans la version 3, la mienne, je marque bien l'étrangeté du texte par des reports ciblés et dosés mais veille à éviter l'écueil de leur suraccumulation.

Dans le sillage de Nord et son apport éthique au fonctionnalisme avec le concept de loyauté[26], mon usage équilibré du report me semble loyal à la vision de la traduction qu'avait Baxter lui-même, comme en témoignent ses traductions de Rimbaud parues dans le recueil *The Rock Woman* (1969). Critiquées en 1971 par Owen Leeming parce qu'elles adaptaient dans un cadre néo-zélandais des références typiquement françaises, une juxtaposition qui, selon lui, constituait "*a strange mix*[27]", ces traductions me semblent au contraire pertinentes et même fort habiles. Mes traductions sont également en cela loyales qu'elles s'inscrivent dans une même lignée interculturelle et mixte.

À Akitio

Une fille au collier de dents de mako
Qu'on a déterrée d'une dune plein sud,

26 Nord précise : « *Let me call 'loyalty' this responsibility translators have toward their partners in translational interaction. Loyalty commits the translator bilaterally to the source and the target sides. It must not be mixed up with fidelity or faithfulness, concepts that usually refer to a relationship holding between the source and the target texts. Loyalty is an interpersonal category referring to a social relationship between people* » (Christiane Nord, *Translating as a Purposeful Activity*, New York, Routledge, 1997, p. 125).

27 Leeming écrit : « *Kiwiisms like 'pub', 'cowshed', 'shithouse' mix strangely with 'cafés' and 'Napoleon's picture'* » (Owen Leeming, « And the Clay Man ? Reflections on *The Rock Woman : Selected Poems* by James K. Baxter », *Landfall*, n° 25, 1971, p. 15).

Hache, aiguille brisée.
Restez bien sous dalles et croix,
Os fins d'enfants brûlés de choléra,
Rangés par la dernière nourrice sévère.
Tribut d'un plus grand courant
Ton deuil solitaire élargit à présent
La voix de nuit dans les jardins de kumara,
Prière du pigeon du bush (Arnault, 2015, p. 76).

TRADUCTION POLYPHONIQUE

Dans un dernier temps, examinons les enjeux de traduire le dépassement assumé des modèles et une « *authentic self-possession* » de la conscience néo-zélandaise dans la dernière phase de la poésie de Baxter (1966-1972). Ces enjeux peuvent être regroupés en deux problématiques. D'abord, les termes māori sont de plus en plus nombreux. Plutôt que de parsemer le texte de quelques mots, Baxter incorpore des pans entiers de poèmes dans la langue *Te Reo*. Le fameux « He Waiata mo Te Kare » (1972) peut être perçu comme l'affirmation du caractère biculturel et bilingue du pays[28]. Son mélange de mythologies māori et *pākehā* exprime les revendications sociales et spirituelles du poète. Pour la traduction, l'attribution d'un genre lors du report de ces termes est problématique. Par exemple : « le *waka* » ou « la *waka* » ? Deux solutions sont possibles, on peut considérer le genre du mot français correspondant et attribuer l'article en conséquence. Pourtant, face à la polysémie que recouvrent souvent les mots māori, il peut y avoir confusion. Pour *waka* les significations possibles sont : la pirogue, le bateau mais aussi la voiture, l'avion, le moyen de transport ou le vaisseau. L'autre solution, vers laquelle je tends, est de conserver un genre invariable de façon arbitraire : soit masculin ou féminin. Évidemment, l'arbitraire est insatisfaisant. De plus, à la suite des récentes modifications de l'orthographe française pour le pluriel des mots empruntés, le traitement du pluriel des mots māori est problématique puisque l'anglais néo-zélandais ne marque

28 Cette poésie biculturelle annonce toute une génération de poètes tels Glenn Colqhoun, Hinemoana Baker ou Robert Sullivan.

pas le pluriel de ces mots avec un –s. Ces considérations mènent à nouveau à faire appel à la loyauté prônée par Nord, notamment envers les populations impliquées, pour étayer mon choix de ne pas marquer le pluriel tel que le dictent pourtant les règles orthographiques françaises. Récemment, les règles de l'orthographe du māori écrit ayant été fixées de façon plus stricte, des macrons pour les syllabes accentuées sont de rigueur[29]. Pour les textes de Baxter antérieurs à ces règles récentes, je ne reporte pas les macrons dans la traduction mais les indique dans le glossaire au besoin[30].

He Waiata mo Te Kare

Pour les autres, mon amour est un kono tressé
Plein ou vide,
Avec des bouts de riwai,
De viande collée aux pierres.
Pour toi, mon amour est un pendentif
De pierre de jade inanga,
Trop dur à croquer,
Taillé d'une roche souterraine.
Tu peux le mettre dans une boîte
Ou le porter sur ton cœur.
Un jour, il se réchauffera,
Un jour, il tremblera comme un lit de joncs
Et te dira dans la langue des hommes :
Taku ngakau ki a koe ! (Arnault, 2015, p. 111).

La dernière problématique découlant du mouvement de « *self-possession* » dans la poésie néo-zélandaise concerne l'adoption depuis les années 1970 d'un ton plutôt relâché ou « conversationnel ». Iain Sharp explique que : « *an unbuttoned, vernacular style of writing suits the sort of country we are*[31] ». Cette attitude en apparence décontractée procède aussi d'une technique polyphonique de « *code-switching* » qui a, selon Manhire, pour effet de déconstruire le cliché de la voix unique et unidirectionnelle du

29 Je n'utilise pas d'italiques pour les reports, selon la remarque de Berman : « Par un procédé typographique (les italiques), on isole ce qui, dans l'original, ne l'est pas » (Antoine Berman, *La Traduction et la Lettre*, Paris, Seuil, 1999, p. 64).

30 "He Waiata mo Te Kare" : une chanson pour *Te Kare. Taku ngakau ki a koe* : Mon cœur est avec toi.

31 Bill Manhire et Damien Wilkins, *The Best of Best New Zealand Poems*, Wellington, Victoria University Press, 2011, p. v.

poète[32]. Ce phénomène n'est pas sans rappeler le dialogisme de Mikhaïl Bakhtine. Ce dernier réserve à l'origine ce concept à la fiction et non à la poésie : « *The concept of many worlds of language, all equal in their ability to conceptualize and to be expressive, is organically denied to poetic style*[33] ». La traduction du poème en versets de Baxter « Ballad of the Junkies and the Fuzz » (1971) illustre pourtant un tel processus : le texte navigue entre argot hippie, māori, langage vernaculaire mais aussi rhétorique plus soutenue, inspirée de l'Évangile. Ce jeu poétique, au sens ludique et mécanique car il « donne du jeu » au langage, pose problème puisqu'il s'agit de traduire une voix qui déjà traduit une multiplicité de voix :

> Ballade des toxicos et de la flicaille
>
> Dans les rues bancales de Grafton, où l'on se rassemble à plusieurs
> Dans une seule maison, partager le kai, partager la peine, partager la drogue peut-être, partager la parano ;
> Barbus, pieds nus, en sandales, sortis esquintés de taule ou de l'asile.
> (Les fenêtres peintes en noir ; la peinture noire pourtant grattée encore) –
> Pour que le caillou du toxico craque et que l'eau coule,
> Que l'arc-en-ciel aroha brille sur le visage de chacun
> Car l'amour est dans les yeux, plus fort que la picole et la vérité dans la bouche, meilleure que le kai –
> Que ta lumière pleuve, oh étoile du paradis ! (Arnault, 2015, p. 103).

CONCLUSIONS

Traduire la poésie de Baxter m'a conduit à interroger les principes qui fondent mes choix de traduction. D'abord, plutôt que la fidélité à un texte et l'équivalence linguistique, le principe de loyauté me semble

32 Terry Sturm reformule la thèse de Manhire : « *A whole range of contemporary New Zealand poetry is characterized by the linguistic habit of 'code-switching' – the deployment of multiple voices, multiple registers, producing texts crammed with voices, locations and perspectives, in order to break down, move beyond the control of a single homogenizing voice* » (Terry Sturm, « New Zealand Poetry », *A Companion to Twentieth-Century Poetry*, éd. critique par Neil Roberts, Oxford, Blackwell, 2003, p. 302).

33 Mikhail Bakhtine, *The Dialogic Imagination*, trad. Michael Holquist, Austin, University of Texas Press, 1981, p. 286.

primordial. Je vise à respecter les personnes impliquées dans le processus : auteur, lecteur, mais aussi populations en jeu. Autour de ce principe s'articule nécessairement la notion d'équilibre. Cela est vrai, nous l'avons vu, pour l'utilisation du « report » de Ballard mais aussi parce que je cherche à dépasser tout systématisme concernant le clivage « sourciers/ciblistes ». Je fais la part des avantages et inconvénients et agis au cas par cas : ne pas malmener le langage si ce n'est pas l'intention du poète, mais ne pas sacrifier le processus d' « incorporation » de voix multiples qui peut être inscrit dans le texte source, comme l'énonce Albert Wendt en introduction. Enfin, je pars du principe que la créativité règne pour trouver des solutions qui rendent justice aux efforts récents en matière de mélange de voix, de tons et de langues. Cette traduction créative et polyphonique tente de faire un sort à l'idée d'une voix poétique seulement unidirectionnelle, idée encore répandue, semble-t-il, dans la poésie française contemporaine. En 2006, *Le Langage de l'avenir*, un projet d'anthologie bilingue de poésie néo-zélandaise (aux éditions Circé) mettant en commun traducteurs et poètes des deux pays, a malheureusement été abandonné[34]. La différence de conceptions de voix poétiques expliquerait-elle en partie cet abandon ? Cela dépasse mon propos aujourd'hui. Quoi qu'il en soit, j'espère avoir rendu, ici, un bref hommage à Baxter et suscité le goût d'entreprendre un voyage poétique au pays du long nuage blanc.

Luc Arnault
Doctorant
Victoria University of Wellington
Nouvelle-Zélande

34 La principale publication de poésie néo-zélandaise en français, à ce jour, se trouve dans la revue *Europe* (Pierre Furlan, « Écrivains de Nouvelle-Zélande », *Europe*, n° 931, 2006).

RÉFÉRENCES BIBLIOGRAPHIQUES

INTRODUCTION

BACHELARD, Gaston, *La Formation de l'esprit scientifique*, Librairie philosophique J. Vrin, 1938.

EMMERICH, Karen R., « Visibilité (et invisibilité) », trad. René Lemieux, *Handbook of Translation Online*, https://benjamins.com/online/hts/articles/vis1.fr (consulté le 20/07/2020)

VENUTI, Lawrence, *The Translator's Invisibility : A History of Translation*, Londres, Routledge, New York, 1995/2008.

PREMIÈRE PARTIE
Didactique de la traduction

« Formation à la traduction littéraire : où allons-nous ? », *Vingt-Septièmes Assises de la traduction littéraire (2010)*, Arles, Atlas / Actes Sud, 2011, p. 141-173.

« Portraits de traducteurs », *TransLittérature*, n° 50, Paris, ATLF, 2016, p. 17-175.

ARROJO, Rosemary, « Deconstruction, Psychoanalysis, and the Teaching of Translation » *TranScribe : The Teaching Translation Journal*, vol. 1, 2005, p. 25-35.

ASSOULINE, Pierre, *La condition du traducteur*, Paris, CNL, 2011.

AUSTIN, John Langshaw, *How to Do Things with Words*, Oxford, Clarendon Press, [1962] 1975.

BAKER, Mona et MAIER, Carol, « Ethics in Interpreter and Translator Training : Critical Perspectives », *The Interpreter and Translator Trainer*, vol. 5, n° 1, 2011, p. 1-14.

BAKER, Mona, *In Other Words : A Coursebook on Translation*, Londres, Routledge, 1992.

BALLARD, Michel, « Opération vérité pour la traduction dans l'enseignement supérieur », *De la linguistique à la traductologie*, éd. Tatiana Milliaressi, Villeneuve d'Ascq, Presses universitaires du Septentrion, 2011, p. 253-270.

BÉGHAIN, Véronique, « Transfictions of Jack London », *Transfiction* 3 : *The Fictions of Translation*, éd. Judith Woodsworth, Amsterdam, John Benjamins, 2017.

BEIGBEDER, Frédéric, « Touche pas au Gatsby ! », *Le Figaro*, 31 décembre 2010.

BENJAMIN, Walter, « The Task of the Translator », *The Translation Studies Reader*, éd. Lawrence Venuti, Londres, Routledge, [1923] 2000, p. 75-85.

BERMAN, Antoine, *Pour une critique des traductions : John Donne*, Paris, Gallimard, 1995.

BON, François, « H. P. Lovecraft | L'étranger (The Outsider) », *Le Tiers Livre*, 27 mars 2017.

BON, François, « L'instant Lovecraft, 38 : c'est quoi traduire ? », YouTube, 1er avril 2017.

BOURDIEU, Pierre, *Homo academicus*, Paris, Éditions de Minuit, 1984.

BUENO GARCIA, Antonio, « Les méthodes collaborative et coopérative dans l'enseignement de la traductologie », *De la méthode en traduction et en traductologie*, Timisoara, Eurostampa, 2013, p. 37-50.

CAZAMIAN, Louis, « Avant-propos », in Carlyle, Thomas, *Sartor Resartus. La Philosophie du vêtement*, trad. Louis Cazamian, Paris, Aubier, 1958, p. 5-6.

CHESTERMAN, Andrew, *Memes of Translation : The Spread of Ideas in Translation Theory*, Amsterdam, John Benjamins, 1997.

CLAVEL, André, « Fallait-il retraduire Gatsby le magnifique ? », *L'Express*, 16 février 2011.

DELISLE, Jean, « La formation de traducteurs et de terminologues en contexte canadien », *Intertext*, « *Cercetarea universitară în secolul* XXI *: provocări şi perspective* », vol. 3, nº 4, 2007, p. 82-95.

DELISLE, Jean, « Les Manuels de traduction : essai de classification », *TTR : traduction, terminologie, rédaction*, vol. 5, nº 1, 1992, p. 17-47.

DELISLE, Jean, *L'Analyse du discours comme méthode de traduction théorie et pratique*, Ottawa, Presses de l'Université d'Ottawa, 1984.

DELISLE, Jean, *La traduction raisonnée*, Ottawa, Presses de l'Université d'Ottawa, [1993] 2013.

DERRIDA, Jacques, « Des Tours de Babel », *Difference in Translation*, éd. Joseph F. Graham, Ithaca, Cornell University Press, 1985, p. 165-207.

ENTHOVEN, Jean-Paul, « Gatsby – Polémique autour de sa nouvelle traduction », *Le Point*, 22 février 2011.

ETKIND, Efim, *Un Art en crise : essai de poétique de la traduction poétique*, trad. Wladimir Troubetzkoy, Lausanne, L'Âge d'homme, 1982.

FURTH, Pierre-Pascal, « Traduttore, traditore », *Europe*, nº 54, 1976, p. 117-133.

GILE, Daniel, « Integrated Problem and Decision Reporting as a Translator Training Tool », *The Journal of Specialised Translation*, vol. 2, 2004, p. 1-20.

GILE, Daniel, *Basic Concepts and Models for Interpreter and Translator Training*, Amsterdam, Rodopi, 1995.

GRELLET, Françoise, *Apprendre à traduire. Typologie d'exercices de traduction*. Nancy, Presses universitaires de Nancy, 1991.

GUILBERT, Cécile, « Seul contre tous. Scott Fitzgerald entre dans "La Pléiade" », *Le Monde*, 28 septembre 2012.

HANNA, Sameh, « Exploring MA Students' Attitudes to Translation Theory and Practice », *The Sign Language Translator and Interpreter*, vol. 3, n° 2, 2009, p. 141-155.

HATIM, Basil, *Teaching and researching translation*, Harlow, Longman, 2001.

HOLMES, James, « The Name and Nature of Translation Studies », *Translated ! Papers on Literary Translation and Translation Studies*, Amsterdam, Rodopi, [1972] 1988, p. 68-80.

JAWORSKI, Philippe, « Notice », in F. S. Fitzgerald, *Romans, nouvelles et récits I*, Paris, Gallimard, 2012, p. 1524-1547.

KALINOWSKI, Isabelle, « La vocation au travail de traduction », *Actes de la recherche en sciences sociales*, n° 144, 2002/2, p. 47-54.

KELLY, Dorothy, *A Handbook for Translator Trainers : A Guide to Reflective Practice*, Manchester, St. Jerome, 2005/2012.

KIRALY, Donald, « Occasioning Translator Competence : Moving Beyond Social Constructivism toward a Postmodern Alternative to Instructionism », *Translation and Interpreting Studies*, vol. 10, n° 1, 2015, p. 8-32.

KIRALY, Donald, *Pathways to Translation : Pedagogy and Process*, Kent, Ohio, Kent State University Press, 1995.

KOVAČIČOVÁ, Oľga, KUSÁ, Mária, éd., *Slovník slovenských prekladateľov umeleckej literatúry 20. storočie. (A-K)*, Bratislava, Ústav svetovej literatúry SAV, Veda, vydavateľstvo SAV, 2015.

KOVAČIČOVÁ, Oľga, KUSÁ, Mária, éd., *Slovník slovenských prekladateľov umeleckej literatúry 20. storočie. (M-Ž)*, Bratislava, Ústav svetovej literatúry SAV, Veda, vydavateľstvo SAV, 2017.

LARBAUD, Valéry, *Sous l'invocation de Saint-Jérôme*, Paris, Gallimard, 1946.

LE DISEZ, Jean-Yves, *F.A.C.T. Une méthode pour traduire de l'anglais au français. De la version à la traduction. Mieux lire, mieux rédiger, mieux traduire*, Paris, Ellipses, 2015.

LÉCHAUGUETTE, Sophie, note de recherche en DEA, non publiée, https://www.researchgate.net/publication/299505990_La_traduction_au_risque_de_la_vulgarisation

LÉCHAUGUETTE, Sophie, *Traduire des livres : parcours de formation à la traduction pragmatique pour l'édition*, Linguistique, Université Michel de Montaigne – Bordeaux III, 2015.

LEFEBVRE, Jean-Pierre, « Écrire être soi et traduire être un autre », *Théorie*, nº 57 (*La traduction comme création. Translation and Creativity*), éd. Martine Hennard Dutheil de la Rochère et Irene Weber Henking, Lausanne, Centre de traduction littéraire, 2016, p. 179-187.

MAARKUS, *Variations sur une omelette irlandaise*, Paris, Marval, 1996.

MCGINLEY, Patrick, *Le Corbeau des Tourbières*, Paris, Marval, 1995.

MONY, Olivier, « Fitzgerald ou l'éternel retour », *Sud Ouest*, 30 septembre 2012.

MORIN, Edgar, *Les sept savoirs nécessaires à l'éducation du futur*, Paris, Unesco, 1999.

MUÑOZ MARTIN, Ricardo, « Situating Translation Expertise », *The Development of Translation Competence*, éd. Aline Ferreira, Newcastle, Cambridge Scholars Publishing, 2014, p. 2-56.

NOIVILLE, Florence, « Julie Wolkenstein : "'Gatsby' était écrit dans ma langue" », *Le Monde*, 13 janvier 2011.

NORD, Christiane, *Text Analysis in Translation*, Amsterdam, Rodopi, 1991.

NORD, Christine, « Training Functional Translators », *Training for the New Millennium : Pedagogies for Translation and Interpreting*, éd. Martha Tennent, Amsterdam, John Benjamins, 2005, p. 209-223.

PEETERS, Jean, *La Médiation de l'étranger – Une sociolinguistique de la traduction*, Arras, Artois Presses Université, 1999.

PYM, Anthony, *Exploring Translation Theories*, New York, Routledge, 2010.

RABAU, Sophie, *B. comme Homère. L'invention de Victor B.*, Toulouse, Anacharsis, 2016.

ROBINSON, Douglas, *Becoming a Translator*, Londres, Routledge, [1997] 2003.

SAKAMOTO, Akiko, *Translators Theorising Translation : A Study of Japanese/English Translators' Accounts of Dispute Situations and Its Implications for Translation Pedagogy*, Leicester, University of Leicester, 2014.

SCHÄFFNER, Christina, *The Role of Discourse Analysis for Translation and in Translator Training*, Clevedon, Multilingual Matters, 2002.

SELESKOVITCH, Danica, « Introduction », *Études de linguistique appliquée*, nº 12, Paris Éditions Didier, 1973, p. 3-6.

SHUTTLEWORTH, Mark, « The Role of Theory in Translator Training : Some Observations about Syllabus Design », *Meta*, vol. 46, nº 3, 2001, p. 497-506.

STERNBERG, Robert & WILLIAMS, Wendy, *Teaching For Creativity : Two Dozen Tips*, 2003, http://www.uf.bg.ac.rs/wp-content/uploads/2015/10/Master7.2015.pdf (consulté le 29 juillet 2020).

VENUTI, Lawrence, *The Translator's Invisibility : A History of Translation*, Londres, Routledge, New York, 1995/2008.

VITRAC, Julie, « Profession : traducteur », *TransLittérature*, nº 18-19, Paris, ATLF, 2000, p. 70-82.

WOLKENSTEIN, Julie, « Traduire "Gatsby" 1 », YouTube, 8 janvier 2011.

DEUXIÈME PARTIE
Une poétique du traduire

« Polémique sur la traduction entre M. Maillet-Lacoste et M. Charma », *Mélanges littéraires*, éd. Pierre-Laurent Maillet-Lacoste, Paris, Firmin-Didot, 1845, p. 7-71.

ALBIN, Sébastien (pseudonyme de Hortense Cornu), *Ballades et chants populaires de l'Allemagne*, Paris, Gosselin, 1840.

BARNSTONE, Willis, *The Poetics of Translation, History, Theory, Practice*, New Haven, Yale University Press, 1993.

BARTHES, Roland, *Le Plaisir du texte*, Paris, Seuil, 1973.

BENJAMIN, Walter, *Gesammelte Werke* I, Francfort, Zweitausendeins, 2011.

BENJAMIN, Walter, *La Tâche du traducteur, Œuvres I*, Paris, Gallimard, 2000.

BERMAN, Antoine, « La retraduction comme espace de la traduction », *Palimpsestes*, n° 4, « Retraduire », Paris, Publications de la Sorbonne nouvelle, 1990, p. 1-7.

BISHOP, Elizabeth, *The Complete Poems 1927-1979*, New York, Farrar, Straus and Giroux, 1979.

BLAKE, William, *The Complete Poems*, Londres, Longman, 2007.

BLAZE DE BURY, Henri, « De la poésie lyrique en Allemagne », *Revue des Deux Mondes*, Période initiale, 4e série, t. XXVII, 1841a, p. 821-875.

BLAZE DE BURY, Henri, « Poètes et romanciers modernes de la France : MM. Émile et Antoni Deschamps », *Revue des Deux Mondes*, Période initiale, 4e série, t. XXVII, 1841b, p. 545-573.

BÖCK, Sebastian, INGELMANN, Julian, MATUSZKIEWICZ, Kai, & SCHRUHL, Friederike, éd., *Lesen X.0. Rezeptionsprozesse in der digitalen Gegenwart*, Göttingen, V&R unipress, 2017.

BONNEFOY, Yves, *Quarante-cinq Poèmes de Yeats*, Paris, Hermann, 1989.

BROWNING, Robert, *The Poems*, D. Karlin & J. Phelan, éd., t. 4, Londres Routledge, 2015.

BUNTING, Basil, *Complete Poems*, New York, New Directions, 2000.

CAETANI, Marguerite, *Briefwechsel mit deutschsprachigen Autoren*, éd. Klaus E. Bohnenkamp & Sophie Levie, Fondazione Camillo Caetani Roma, Rome, Edizioni di Storia e Letteratura, 2012.

CELAN, Paul, *Gedichte*, 2 vol., Francfort, Suhrkamp, 1975.

CHERVEL, André, « Le débat sur l'arbitraire du signe au XIXe siècle », *Romantisme. Conscience de la langue*, n° 25, 1979, p. 3-33.

CHEVREL, Yves, D'HULST, Lieven, LOMBEZ, Christine (dir.), *Histoire des traductions en langue française. XIXe siècle, 1815-1914*, Lagrasse, Verdier, 2012, p. 51-148 (F. Weinmann, coord.).

COMPAGNON, Antoine, *Théorie de la littérature : la notion de genre*, Site fabula.org, 2001.

DANTE ALIGHIERI, *La Divina Commedia*, éd. G. Petrocchi, Turin, Einaudi, [1321] 1975.

DAVIS, Paul, « Marvell and the Literary Past », *The Cambridge Companion to Andrew Marvell*, éd. D. Hirst, S. Zwicker, Cambridge, Cambridge University Press, 2011, p. 26-45.

DEVLIN, Denis, « Saint-John Perse à Washington », trad. Dominique Aury, *Honneur à Saint-John Perse*, Paris, Gallimard, 1965, p. 71-73.

D'HULST, Lieven, *Cent ans de théories françaises de la traduction de Batteux à Littré (1749-1847)*, Lille, Presses Universitaires de Lille, 1990.

DUCROT, Oswald, SCHAEFFER, Jean-Marie, *Nouveau Dictionnaire encyclopédique des sciences du langage*, Paris, Seuil, 1995.

ECO, Umberto, *Lector in fabula*, Paris, Grasset, 1985.

ELIOT, Thomas Stearns, « Preface », *Anabasis, A Poem by St-J. Perse with a Translation into English by T. S. Eliot*, Londres, Faber and Faber, 1930.

ELIOT, Thomas Stearns, « Note to revised edition », *Anabasis, A Poem by St.-John Perse translated by T. S. Eliot*, New York, Harcourt, Brace and Company, 1949.

ELIOT, Thomas Stearns, *Essays Ancient and Modern*, New York, Harcourt, Brace and Company, 1932.

ELIOT, Thomas Stearns, *The Complete Poems and Plays*, Londres, Faber and Faber, 1969.

GENETTE, Gérard, *Mimologiques, voyage en Cratylie*. Paris, Seuil, « Poétique », 1976.

GENETTE, Gérard, *Palimpsestes. La littérature au second degré*, Paris, Seuil, 1982.

GUILLAUME, Gustave, *Langage scientifique et science du langage*, Roch Valin (éd.), Paris, Nizet ; Québec, Presses Universitaires de Laval, 1964.

GLOAGUEN, Philippe, *Le Guide du routard – Belgique*, Paris, Hachette, 2011.

HARTMANN, Esa Christine, « Saint-John Perse et T. S. Eliot : une traduction à deux plumes », *Traduire avec l'auteur. Textes et documents*, éd. Patrick Hersant, Paris, Presses universitaires Paris-Sorbonne, 2018.

HARTMANN, Esa Christine, « Traduction, interprétation et critique. Les traductions anglaises et allemandes des poèmes de Saint-John Perse à l'épreuve de l'imagination créatrice », *Saint-John Perse et l'écho des langues. Poésie et traduction, La nouvelle anabase, Revue d'études persiennes*, n° 5, Paris, L'Harmattan, oct. 2009, p. 233-299.

HARTMANN, Esa Christine, *Les Manuscrits de Saint-John Perse. Pour une poétique vivante*, Paris, L'Harmattan, 2007.

HEANEY, Seamus, *Field Work*, Londres, Faber and Faber, 1979.

HEANEY, Seamus, *Station Island*, Londres, Faber and Faber, 1984.

HÉBERT, Anne, *Le jour n'a d'égal que la nuit*, Boréal, Montréal, 1952.

HÉBERT, Anne et SCOTT, Frank, *Dialogue sur la traduction*, Montréal, Bibliothèque québécoise, [1970] 2000.

HEININGER, Joseph, « Making a Dantean Poetic : Seamus Heaney's 'Ugolino' », *New Hibernia Review*, vol. 9, n° 2, 2005, p. 50-64.

HERSANT, Patrick, « "Qu'ici renaisse la poésie morte" : Seamus Heaney, translateur de Dante », *Traduire-Écrire : de l'expérience à la théorie*, éd. A. Bernadet et P. Payen, Lyon, Presses de l'ENS, 2013, p. 307-324.

HILL, Geoffrey, « Homo Homini Lupus », *Agenda*, vol. 15, n° 4, Londres, 1977.

HILL, Geoffrey, *Broken Hierarchies, Poems 1952-2012*, Oxford, Oxford University Press, 2013.

HILL, Geoffrey, *Collected Poems*, Harmondsworth, Penguin, 1985.

HIMY, Laure, « Poésie contemporaine et pratique symphonique : l'exemple de Pierre Jean Jouve », *Formes et normes en poésie moderne et contemporaine*, éd. L. Bougault, Rennes, Styl-m, 2001, p. 85-114.

HIMY-PIÉRY, Laure, *Pierre Jean Jouve : la modernité et ses possibles*, Paris, Classiques Garnier, 2014.

HOFMANNSTHAL, Hugo von, « Préface pour une édition allemande d'*Anabase* », *Honneur à Saint-John Perse*, Paris, Gallimard, 1965, p. 423-425.

ISER, Wolfgang, *Der Akt des Lesens*, Munich, W. Fink, 1994.

JACCOTTET, Philippe, *L'entretien des muses : chroniques de poésie*, Paris, Gallimard, coll. « Poésie », 2015.

JAUSS, Hans Robert, *Pour une esthétique de la réception*, Paris, Gallimard, 1978.

JENDREYKO, Vadim, *Die Frau mit den 5 Elefanten*, documentaire, Suisse/Allemagne, 2009.

JOUVE, Pierre Jean, *Les Noces*, Paris, Gallimard, 1966.

JOUVE, Pierre Jean, *Poésie*, Paris, Mercure de France, 1964.

LADMIRAL, Jean-René, *Traduire : théorèmes pour la traduction*, Paris, Payot, 1979. Réédition augmentée d'une préface, Paris, Gallimard, coll. « Tel », n° 246, 2002.

LAURENTIN, Emmanuel, « Un monde de touristes. Introduction », *Esprit*, n° 426, juillet-août 2016, p. 37-44.

LOMBEZ, Christine, « Dissimulation et assimilation poétiques. Traductions cachées et traductions non-déclarées en France au XIXe siècle », *Littérature*, n° 141, 2006, p. 92-100.

LOWELL, Robert, *Imitations*, New York, Farrar, Straus and Giroux, 8e éd., 1969.

MAHON, Derek, *Adaptations*, Dublin, The Gallery Press, 2006.

MAISTRE, Xavier de, *Voyage autour de ma chambre*, présentation et dossier de Florence Lotterie, Paris, GF-Flammarion, [1794] 2003.

MALLARMÉ, Stéphane, *Œuvres complètes*, éd. G. Jean-Aubry et H. Mondor, Paris, Gallimard, coll. « Bibliothèque de la Pléiade », 1945.

MARELLE, Charles, « Poésies de Henri Heine », *Archiv für das Studium der neueren Sprachen und Literaturen*, LXII, [1858] 1879.

MASSON, Jean-Yves, « Pierre Jean Jouve lecteur de Blake », *Imaginaires de la Bible. Mélanges offerts à Danièle Chauvin*, éd. V. Gély et F. Lecercle, Paris, Classiques Garnier, 2013, p. 183-196.

MASSON, Jean-Yves, *Onzains de la nuit et du désir*, Le Chambon-sur-Lignon, Cheyne, 1995.

MATHIEU CASTELLANI, Gisèle, *Les thèmes amoureux dans la poésie française : 1570-1600*, Paris, Klincksieck, 1975.

MESCHONNIC, Henri, *Poétique du traduire*, Paris, Verdier, 1999.

MONTI, Enrico, et SCHNYDER, Peter, *Autour de la retraduction – perspectives littéraires européennes*, Paris, L'Harmattan/Orizons, coll. « Universités », 2011.

MOULIN, Joanny, *Seamus Heaney : l'éblouissement de l'impossible*, Paris, Honoré Champion, 1999.

NEUMANN, Stella, *Textsorten und Übersetzen : eine Korpusanalyse englischer und deutscher Reiseführer*, Francfort, Peter Lang, 2003.

NODIER, Charles, *Notions élémentaires de linguistique*, Genève, Slatkine Reprints, [1834] 1968.

Ó CUILLEANÁIN, Cormac, « Italian », *Encyclopedia of Literary Translation into English*, éd. Olive Classe, Londres, Fitzroy Dearborn, 2 vol., t. I, p. 714-720.

OLIVIER, Marie, « (D')Après Pouchkine : le jeu de la traduction dans "Omens" de Louise Glück », *Transatlantica* [en ligne], n° 2, 2013.

PALIERSE, Christophe, « Tourisme : un mois d'août difficile pour les agences de voyage », *Les Échos*, 16 septembre 2016.

PIERINI, Patrizia, « La ritraduzione in prospettiva teorica e pratica », in *L'atto del tradurre. Aspetti teorici e pratici della traduzione*, Rome, Bulzoni, 1999, p. 51-72.

PODIBUS / Direction de la communication de la mairie de Boulogne-Billancourt, « Le parcours des années 30 », site de la ville de Boulogne-Billancourt, n. d.

POUND, Ezra, *Personæ*, New York, New Directions, 1926.

POUND, Ezra, *The Cantos*, New York, New Directions, 1970.

POUND, Ezra, *Translations*, New York, New Directions, 1954.

PROUST, Marcel, *Le Temps retrouvé*, Paris, Gallimard, coll. « Bibliothèque de la Pléiade », 1957.

RABAU, Sophie, *L'intertextualité*, Paris, GF-Flammarion, 2002.

RAINE, Kathleen, *Poems 1987-1991*, Ipswich, Golgonooza Press, 1992.

ROCHÉ, Henri Pierre, *Jules et Jim*, Paris, Gallimard, [1953] 1979.

ROLLINS, Hyder Edward, « Shakespeare's Sonnets : Text, Textual Notes and Commentary », in William SHAKESPEARE, *The Sonnets*, Londres, Lippincott, [1609] 1944.

ROUBAUD, Jacques, *Traduire, journal*, Caen, Nous, 2000.

ROUSSEAU, Jean-Jacques, *Essai sur l'origine des langues où il est parlé de la mélodie et de l'imitation musicale*, dans *Œuvres complètes*, Bernard Gagnebin et Marcel Raymond (dir.), Paris, Gallimard, « Bibliothèque de la Pléiade », [1781] (posthume), 1995.

RUMEAU, Delphine, « Traduction, revendication et appropriation », *Traduction et partages : que pensons-nous devoir transmettre*, éd. Ève de Dampierre, Anne-Laure Metzger *et al.*, Université Bordeaux Montaigne, 2012, p. 345-354.

SAINT-JOHN PERSE, *Anabasis*, trad. T. S. Eliot, Londres, Faber and Faber, 1930 ; 1959 (édition bilingue).

SAINT-JOHN PERSE, *Anabasis*, trad. T. S. Eliot, New York, Harcourt, Brace and Co., 1938 ; 1949 (édition bilingue).

SAINT-JOHN PERSE, *Lettres atlantiques, Saint-John Perse, T. S. Eliot, Allen Tate (1926-1970)*, éd. Carol Rigolot, *Cahiers Saint-John Perse*, n° 17, Paris, Gallimard, 2006.

SAINT-JOHN PERSE, *Œuvres complètes*, Paris, Gallimard, coll. « Bibliothèque de la Pléiade », 1982.

SAINT-JOHN PERSE, *Winds*, trad. Hugh Chisholm, New York, Pantheon Books, Bollingen Series, 1953 ; 1961 (édition bilingue).

SAINTOURENS, Thomas, « Le stade *Red Bull* de l'aventure », *Usbek et Rica. Le magazine qui explore le futur*, n° 17, 2016, p. 40-41.

SEEGER, Alan, *Poems*, New York, Charles Scribner's Sons, 1917.

SKIBIŃSKA, Elżbieta, « La retraduction, manifestation de la subjectivité du traducteur », *Doletiana, Revista de traduccio literatura i arts*, p. 1-10 https://core.ac.uk/download/pdf/13287169.pdf (consulté le 03/01/2020).

STAËL, Germaine de, *De l'Allemagne* [1813], *Œuvres complètes*, A. Blaeschke (éd.), Paris, Champion, coll. « L'âge des Lumières », 2017, série I, t. III.

THEURIET, André, « De la traduction des poètes, à propos de quelques nouvelles tentatives », *Revue des Deux Mondes*, Troisième période, t. XIX, 1877, p. 674-687.

THEURIET, André, « Nicolaus [*sic*] Lenau », *Revue des Deux Mondes*, Troisième période, t. XXIX, 1878, p. 196-229.

TODOROV, Tzvetan, *Symbolisme et interprétation*, Paris, Seuil, 1978.

TOMLINSON, Charles, *Selected Poems 1951-1974*, Oxford, Oxford University Press, 1978.

UNGARETTI, Giuseppe, « Histoire d'une traduction », trad. par l'auteur, *Honneur à Saint-John Perse*, Paris, Gallimard, 1965, p. 68-70.

YEATS, William Butler, *The Collected Poems*, New York, MacMillan Publishing, 1956.

YOURCENAR, Marguerite, *Essais et Mémoires*, Paris, Gallimard, coll. « Bibliothèque de la Pléiade », 1991.

YOURCENAR, Marguerite, *Les Charités d'Alcippe*, Paris, Gallimard, 1956.

TROISIÈME PARTIE
Traduction et inconscient

AGOSTINI-OUAFI, Viviana, « Critique génétique et doute herméneutique. Réflexions de Pézard, traducteur de Dante », *Au miroir de la traduction. Avant-texte, intratexte, paratexte*, éd. Esa Hartmann et Patrick Hersant, Paris, Éditions des Archives Contemporaines, 2019a, p. 11-22.

AGOSTINI-OUAFI, Viviana, « Introduzione », in A. Pézard, *Dante e il pittore persiano*, éd. Viviana Agostini-Ouafi, Modène, Mucchi, 2014, p. 7-25.

AGOSTINI-OUAFI, Viviana, « Philologie, genèse et poétique du traduire : le cas exemplaire d'André Pézard », *Revue des études dantesques*, n° 3, 2019b, p. 89-109.

AGOSTINI-OUAFI, Viviana, *Poetiche della traduzione : Proust e Debenedetti*, Modène, Mucchi, 2010.

ALTOUNIAN, Janine, *L'écriture de Freud. Traversée traumatique et traduction*, Paris, Presses Universitaires de France, coll. Bibliothèque de psychanalyse, 2003.

AMÉRY, Jean, *Charles Bovary, Médecin de campagne*, trad. Françoise Wuilmart, Arles, Actes Sud, 1991.

AMÉRY, Jean, *Lefeu ou la démolition*, trad. Françoise Wuilmart, Arles, Actes Sud, 1996.

AMÉRY, Jean, *Par-delà le crime et le châtiment*, trad. Françoise Wuilmart, Arles, Actes Sud, 1995.

AMÉRY, Jean, *Porter la main sur soi*, trad. Françoise Wuilmart, Arles, Actes Sud, 1996.

ANONYME, *Une femme à Berlin, Journal*, trad. Françoise Wuilmart, Paris, Gallimard, 2006.

ANZIEU, Didier, « Influence comparée de la langue et de la culture française et germanique sur l'auto-analyse de Freud », *Psychanalyse à l'Université*, 1987, vol. 12, n° 48, p. 525-540.

AULAGNIER, Piera, « Condamné à investir », *Nouvelle Revue de Psychanalyse*, n° 25, 1982, *Le trouble de penser*, p. 309-330.

BALIBAR, Renée, *L'institution du français. Essai sur le colinguisme des Carolingiens à la République*, Presses Universitaires de France, 1985.

BARBONI, Thilde, « Espace transitionnel, symbolisme et littérature érotique », *Éros dans le texte*, revue *Équivalences*, éd. Jacqueline Libois, n° 1-2, Bruxelles, 2004, p. 23-30.

BARBONI, Thilde, « Traduction et inconscient », *Cahiers internationaux du symbolisme, Théorie et pratique de la traduction III, La traduction littéraire, L'Atelier du Traducteur*, C.I.E.P.H.I.U.M., Université de Mons-Hainaut, août 1999, p. 23-33.

BARBONI, Thilde, « Traduction et inconscient », *Cahiers internationaux du symbolisme*, Théorie et pratique de la traduction III : « La traduction littéraire », L'Atelier du traducteur, C.I.E.P.H.I.U.M., Université de Mons-Hainaut, août 1999.

BENJAMIN, Walter, « La tâche du traducteur » (1923), trad. Maurice de Gandillac, Rainer Rochlitz et Pierre Rusch, *Œuvres I*, Paris, Gallimard, coll. Folio, 2000.

BENJAMIN, Walter, « Quelques thèmes baudelairiens » (1939), *Œuvres III*, Paris, Gallimard, 2000.

BERGERET, Jean, *Psychologie pathologique*, Paris, Masson, 2008.

BION, Wilfred Ruprecht, *Second Thoughts : Selected Papers on Psycho-Analysis*, Londres, Karnac Books, [1967] 1984b.

BION, Wilfred Ruprecht, *Transformations* : *Change from Learning to Growth*, Londres, Tavistock, 1965 ; Londres, Karnac Books, 1984a.

BLOCH, Ernst, *Le Principe Espérance*, trad. Françoise Wuilmart, Paris, Gallimard, 1976, t. I,; 1982, t. II ; 1991, t. III.

BOUVET, Maurice, *La cure psychanalytique classique*, Paris, Presses Universitaires de France, 2007.

CASTRO, Dana *et al.* « La supervision de la pratique clinique : définitions et questionnements », *Le Journal des psychologues*, n° 270, 2009, p. 45-48.

CHIANTARETTO, Jean-François, *Trouver en soi la force d'exister, clinique et écriture*, Paris, Campagne Première, 2011.

DANTE ALIGHIERI, *La Divina Commedia*, *Inferno*, Milan, Mondadori, 1985.

DANTE, *Œuvres complètes. Traduction et commentaires par André Pézard*, Paris, Gallimard, coll. « Pléiade », [1965] 1983.

DE DECKER, Jacques, « L'hypothèse de l'apesanteur linguistique », *Translation in Fabula* : *enjeux d'une rencontre entre fictions et traductions*, dir. Sophie Klimis, Laurent Van Eynde et Isabelle Ost, Bruxelles, Publications des Facultés universitaires Saint-Louis, 2011.

De Sanctis, Francesco, *Studio su Giacomo Leopardi*, Venosa (Potenza), Osanna Edizioni, [1858] 2001.

Delius, Friedrich Christian, *Les Poires de Ribbeck*, trad. Françoise Wuilmart, Bruxelles, Labor, 1994.

Dorra, Max, *La syncope de Champollion*, Paris, Gallimard, 2003.

Eco, Umberto, *Dire quasi la stessa cosa*, Milan, Bompiani, [2003] 2016.

Etchegoyen, Horacio, *Fondements de la technique psychanalytique*, Paris, Éditions Hermann, 2005.

Felman, Shoshana, « À l'âge du témoignage : *Shoah* de Claude Lanzmann », *Au sujet de* Shoah, *le film de Claude Lanzmann*, éd. M. Deguy, Paris, Belin, 1990, p. 55-145.

Ferro, Antonino & Civitarese, Giuseppe, *Il campo analitico e le sue trasformazioni*, Milan, Raffaello Cortina Editore, 2015.

Fonagy, Ivan, *La Vive Voix. Essais de psycho-phonétique*, Paris, Payot, 1983.

Freud, Sigmund, *Œuvres complètes de Freud. Psychanalyse [OCF.P]*, dir. Jean Laplanche, Paris, Presses Universitaires de France, 21 vol., 1994-2019.

Freud, Sigmund, *The Standard Edition of the Complete Psychological Works of Sigmund Freud, vol. XI : Five Lectures on Psycho-Analysis, Leonardo and Other Works*, Londres, Hogarth Press and the Institute of Psycho-Analysis, [1910] 2001.

Freud, Sigmund, *Abrégé de psychanalyse*, Paris, Presses Universitaires de France, 1950.

Freud, Sigmund, *Au-delà du principe de plaisir* (1920g), *OCF.P*, vol. XV, Paris, Presses Universitaires de France, 2002, p. 277-338.

Freud, Sigmund, *Au-delà du principe du plaisir, Essais de psychanalyse*, Paris, Payot, 1951.

Freud, Sigmund, *Contribution à la conception des aphasies* (1891b), traduction française de Claude van Reeth, préface de Roland Kuhn, Paris, Presses Universitaires de France, 1983

Freud, Sigmund, *Inhibition, symptôme et angoisse*, Paris, Presses Universitaires de France, 1965.

Freud, Sigmund, *L'interprétation du rêve* (1900a), *OCF.P*, vol. IV, Paris, Presses Universitaires de France, 2003.

Freud, Sigmund, *Lettres à Wilhelm Fliess 1887-1904* (1985c), traduction de François Robert et Françoise Kahn, Paris, Presses Universitaires de France, 2006.

Freud, Sigmund, *Sur la conception des aphasies*, *OCF.P*, vol. I, Paris, Presses Universitaires de France, 2015, p. 177-285.

Freud, Sigmund, « Résumés des travaux scientifiques du Dr Sigm. Freud, Privatdocent » (1897b), *OCF.P*, vol. III, Paris, Presses Universitaires de France, 1989, p. 181-213.

FREUD, Sigmund et BREUER, Josef, *Études sur l'hystérie* (1895d), *OCF.P*, vol. II, Paris, Presses Universitaires de France, 2009.

GALLY, Michèle & MARGUIN-HAMON, Elsa, éd., *André Pézard, autobiographe, italianiste, romaniste et médiéviste (1893-1984)*, Paris, Classiques Garnier, 2017.

GUIDÈRE, Mathieu, *Introduction à la traductologie*, Bruxelles, Éd. De Boeck, 2008.

GUILLERAULT, Gérard, *Le miroir et la psyché*, Paris, Gallimard, 2003.

HELLER-ROAZEN, Daniel, *Echolalies, essai sur l'oubli des langues*, trad. Justine Landau, texte entièrement revu et augmenté par l'auteur, avec la collaboration d'Agathe Sultan, Paris, le Seuil, [2005] 2007.

JANIN, Claude, *Figures et destins du traumatisme*, Paris, Presses Universitaires de France, 1996.

JURGENSON, Luba, *L'expérience concentrationnaire est-elle indicible ?*, Monaco, Éd. du Rocher, 2003

KAËS, René, « Le sujet de l'héritage », *Transmission de la vie psychique entre générations*, Paris, Dunod, 1993.

KAËS, René, « Ruptures catastrophiques et travail de la mémoire », *Violence d'État et psychanalyse*, Paris, Dunod, 1989.

KLEIN, Melanie, *The Collected Writings of Melanie Klein*, Londres, Karnac Books, [1946] 2017.

LA BRASCA, Frank, « André Pézard : philologue de(s) passion(s) », *Revue des études dantesques*, n° 2, 2018, p. 51-64.

LAPLANCHE, Jean, « Le mur et l'arcade », *Le Primat de l'autre*, Paris, Flammarion, 1997, p. 287-306.

LAPLANCHE, Jean, « Trois acceptions du mot "inconscient" dans le cadre de la théorie de la séduction généralisée », *Sexual. La sexualité élargie au sens freudien*, Paris, Presses Universitaires de France, 2014, p. 195-213.

LARBAUD, Valery, *Sous l'invocation de saint Jérôme*, Paris, Gallimard, [1946] 1997.

LE BLANC, Charles, *Histoire naturelle de la traduction*, Paris, Les Belles Lettres, 2019.

LEJEUNE, Philippe, « Brouillons de guerre. Pour une étude génétique de *Nous autres à Vauquois* », *André Pézard, autobiographe, romaniste et médiéviste (1893-1984)*, éd. Michèle Gally et Elsa Marguin-Hamon, Paris, Classiques Garnier, p. 31-50.

LUCATTINI, Adelia, « *Il 25 luglio.* Aspetti psicoanalitici e linguistici del trauma », *Luce d'Eramo. Un'opera plurale al crocevia dei saperi*, éd. Maria Pia De Paulis, Corinne Lucas Fiorato e Ada Tosatti, Rome, Sapienza Università Editrice, 2019, p. 189-207.

LUCATTINI, Adelia, « Oscillazioni dolore-piacere nel lavoro analitico e Controtransfert », *Atti del XVIII Congresso della Società Psicoanalitica Italiana (Roma, 26-29 maggio 2016)*, Rome-Pavia, SPI-Echo soc. coop., 2016, p. 312-315.

LUCATTINI, Adelia, « Trauma, poliglossia e costruzione della soggettività in *Deviazione* di Luce d'Eramo », *Dire i traumi dell'Italia del Novecento. Dall'esperienza alla creazione letteraria e artistica*, éd. Maria Pia De Paulis *et al.*, Florence, Franco Cesati Editore, 2020, p. 159-171.

LUPINACCI, Maria Adelaide, LUCATTINI, Adelia *et al.*, *Il dolore dell'analista. Dolore psichico e metodo psicoanalitico*, Rome, Astrolabio, 2015.

MAN, Paul de, « Conclusions : "La tâche du traducteur" de Walter Benjamin » (1983), trad. Alexis Nouss, *Autour de* La Tâche du traducteur, Courbevoie, Théâtre Typographique, 2003.

MANZARI, Francesca, « Traduire Dante, traduire une forme », *André Pézard, autobiographe, italianiste, romaniste et médiéviste (1893-1984)*, éd. Michèle Gally et Elsa Marguin-Hamon, Paris, Classiques Garnier, 2017, p. 209-220.

MASSON, Jean-Yves, « Postfazione », in André Pézard, *Dante e il pittore persiano*, éd. Viviana Agostini-Ouafi, Modène, Mucchi, 2014, p. 105-120.

NIETZSCHE, Friedrich, *Aurore*, trad. Julien Hervier, Paris, Gallimard, coll. Folio essais, 1989.

NIETZSCHE, Friedrich, *Crépuscule des idoles*, trad. Patrick Wotling, Paris, GF Flammarion, 2005.

NIETZSCHE, Friedrich, *Ecce homo* et *Nietzsche contre Wagner*, trad. Éric Blondel, Paris, GF Flammarion, 1992.

NIETZSCHE, Friedrich, *Le Cas Wagner*, trad. Éric Blondel, Paris, GF Flammarion, 2005.

NIETZSCHE, Friedrich, *Le Gai Savoir*, trad. Pierre Klossowski, Paris, Gallimard, Folio essais, 1982.

NIETZSCHE, Friedrich, *Par-delà bien et mal*, trad. Cornélius Heim, Paris, Gallimard, Folio essais, 1971.

PÉZARD, André, « Avertissement », in Dante, *Œuvres complètes*, Paris, Gallimard, [1965] 1983, p. XI-XLV.

PÉZARD, André, « Presentazione della propria traduzione delle opere di Dante », *Atti del congresso internazionale di studi danteschi (20-27 aprile 1965)*, éd. Società Dantesca Italiana & Associazione Internazionale Studi Lingua e Letteratura Italiana, Firenze, Sansoni, 1966, t. II, p. 81-94.

PÉZARD, André, *Dante e il pittore persiano. Note sul tradurre*, trad., introd. et éd. Viviana Agostini-Ouafi, postface Jean-Yves Masson, Modène, Mucchi, 2014.

RISSET, Jacqueline, « Autour de Dante. Communication de Jacqueline Risset présentée par Anne Wade Minkowski », *Cinquièmes assises de la traduction littéraire (Arles 1988)*, Arles, Actes Sud, 1989, p. 13-33.

ROSOLATO, Guy, *Essais sur le symbolique*, Paris, Gallimard, 1969.

SARTRE, Jean-Paul, *La nausée*, Paris, Gallimard, 1938.

SOLOMON, Andrew, *Le diable intérieur*, Paris, Albin Michel, 2002.

VALÉRY, Paul, *Variations sur les Bucoliques*, *Œuvres*, Paris, Gallimard, [1944] 1957.
VEGLIANTE, Jean-Charles, « Alcune *cruces* del traduttore », *La Commedia. Filologia e interpretazione, Atti del Convegno Milano, 20-21 maggio 2019*, éd. Maria Gabriella Riccobono, Milan, LED Edizioni, 2020, p. 29-42.
VEGLIANTE, Jean-Charles, « Pézard, traduire, interpréter, écrire », *André Pézard, autobiographe, italianiste, romaniste et médiéviste (1893-1984)*, éd. Michèle Gally et Elsa Marguin-Hamon, Paris, Classiques Garnier, 2017, p. 191-207.
WINNICOTT, Donald Woods, « The Observation of Infants in a Set Situation », *International Journal of Psychoanalysis*, nº 22, 1941, p. 229-249.
WINNICOTT, Donald Woods, *Playing and Reality*, New York, Routledge Classics, [1971] 2005.

QUATRIÈME PARTIE
Discours du traducteur

Α πανθίσματα έκ τινος βιβλίου ετερογλώσσου [Florilège tiré d'un ouvrage bilingue], Vienne, 1797.
ANDERSON, Jean, « Écrire le Pacifique. L'Océanie aux voix multiples », *Brèves*, vol. 91, nº 1, 2010, p. 6-9.
ARIOSTE, L', *Roland furieux, composé premièrement en ryme thuscane par messire Loys Arioste, [...] et maintenant traduict en prose françoise*, Lyon, Sulpice Sabon, pour Jehan Thellusson, 1544.
ARNAULT, Luc, « Traduire en français la poésie de James K. Baxter », mémoire sous la dir. de Jean Anderson et Peter Whiteford, Wellington, Victoria University of Wellington, 2015.
ATHINI, Stesi, « Στ. Δημητριάδης και L.-C. Mercier : Ουτοπικά όνειρα του 18ου αιώνα » [St. Dimitriadis et L.-C. Mercier : Rêves d'utopie au XVIIIe siècle], *Σύγκριση/Comparaison*, 6 (juin 1995), p. 25-40.
BABINIOTIS, G. (éd.), *Το γλωσσικό ζήτημα. Σύγχρονες προσεγγίσεις*, [La Question de la langue. Approches contemporaines] Ίδρυμα της Βουλής των Ελλήνων [Fondation du Parlement des Grecs], Athènes 2011.
BAÏF, Jean-Antoine de, *Le Neuvième livre des poèmes*, in *Œuvres complètes I*, *Euvres en rime*, première partie, *Neuf Livres des Poemes*, éd. critique dirigée par Jean Vignes, Paris, Champion, 2002.
BAKHTIN, Mikhail, *The Dialogic Imagination*, trad. Michael Holquist, Austin, University of Texas Press, 1981.

BALLARD, Michel, « À propos des procédés de traduction », *Palimpsestes*, Hors-Série, Paris, Presses Sorbonne Nouvelle, 2006, p. 113-130.

BALSAMO, Jean, *Les rencontres des Muses. Italianisme et anti-italianisme dans les lettres françaises de la fin du XVIe siècle*, Genève, Slatkine, 1992.

BAUDELAIRE, Charles, « La Genèse d'un poème », *Revue française*, Paris, G. Simon, 1859, p. 513-527.

BAXTER, James K., *Autumn Testament : Poetry and Prose Journal*, Wellington, Price Milburn, 1972.

BAXTER, James K., *Beyond the Palisade*, Christchurch, Caxton Press, 1944.

BAXTER, James K., *Blow, Wind of Fruitfulness*, Christchurch, Caxton Press, 1948.

BAXTER, James K., *James K. Baxter as Critic : A Selection from his Literary Criticism*, éd. Frank McKay, Auckland, Heinemann Education Books, 1978.

BAXTER, James K., *Pig Island Letters*, Londres, Oxford University Press, 1966.

BAXTER, James K., *The Fallen House*, Christchurch, Caxton Press, 1953.

BAXTER, James K., *The Rock Woman*, Londres, Oxford University Press, 1969.

Βειλάνδου Αγάθων [L'*Agathon* de Wieland], Vienne, 1814.

BERMAN, Antoine, *La Traduction et la Lettre*, Paris, Seuil, 1999.

BONNEFOY, Yves, *La Communauté des traducteurs*, Strasbourg, Presses universitaires de Strasbourg, 2000.

BOUTHIÈRE, George de la, *Metamorphose autrement l'Asne d'or d'Apulée de Madaure philosophe platonicque*, Lyon, Jean de Tournes, 1553.

CAMARIANO-CIORAN, Ariadna, « Nicolas Caragea, prince de Valachie, traducteur de la langue française », *Αθηνά* [Athina], n° 73-74 1972-1973, p. 245-266.

CAVE, Terence, *Cornucopia : figures de l'abondance au XVIe siècle*, trad. G. Morel, Paris, Macula, [1985] 1997.

CIORANESCU, Alexandre, *Bibliographie de la littérature française du dix-septième siècle*, Paris, Éditions du CNRS, 1966, t. II, p. 1489.

CURNOW, Allen, « *Introduction* », *A Book of New Zealand Verse : 1923-45*, Christchurch, Caxton Press, 1945, p. 54-55.

DEIMIER, Pierre de, *L'Académie de l'art poétique, où par amples raisons, demonstrations, nouvelles recherches, examinations et authoritez d'exemples sont vivement esclaircis et deduicts les moyens par où l'on peut parvenir à la vraye et parfaicte connoissance de la poësie Françoise*, Paris, J. de Bordeaux, 1610.

DIMARAS, K. Th., *Δημήτριος Καταρτζής, Τα ευρισκόμενα* [Dimitrios Katartzis. Écrits conservés], Athènes, 1970.

DIMARAS, K. Th., *La Grèce au temps des Lumières*, Genève 1969.

DOLET, Étienne, *La Maniere de bien traduire d'une langue en aultre*, Lyon, Dolet, 1540.

DU BELLAY, Joachim, *La Deffence et Illustration de la langue françoyse*, éd. J.-C. Monferran, Genève, Droz, 2007.

ELLRODT, Robert, « Comment traduire la poésie ? », *Palimpsestes*, Hors-Série, Paris, Presses Sorbonne Nouvelle, 2006, p. 65-76.

FURLAN, Pierre, « Écrivains de Nouvelle-Zélande », *Europe*, n° 931, 2006, p. 1-191.

GAISSER, Julia Haig, *The Fortunes of Apuleius and the Golden Ass : A Study in Transmission and Reception*, Princeton University Press, 2008.

GLYCOFRYDI-LEONTSINI, Athanasia, « Traduzione di testi filosofici italiani durante l'illuminismo neogreco (Genovesi, Muratori, Soave) », *Testi letterari italiani tradotti in greco (dal '500 ad oggi)*, dir. Mario Vitti, Rubettino 1994, p. 203-218.

GUILLERM, Luce, « L'auteur, le modèle et le pouvoir ou la topique de la traduction en France au XVIe siècle », *Revue des Sciences Humaines*, Lille III, 1980-1984, n° 180.

GUILLERM, Luce, « Les belles infidèles ou l'auteur respecté (de Claude Seyssel à Perrot d'Ablancourt) », dans *La traduction en France à l'âge classique*, études réunies par Michel Ballard et Lieven D'Hulst, Villeneuve-d'Asq, Presses universitaires du Septentrion, 1996, p. 23-42.

GUILLERM, Luce, *Sujet de l'écriture et traduction autour de 1540*, Paris, Aux amateurs de livres, 1988.

HABERT, François, *Les Sermons satiriques du sentencieux Poëte Horace*, Paris, Fezandat et Granjon, 1551.

HARDY, Thomas, *The Collected Poems of Thomas Hardy*, éd. critique par Michael Irwin, Ware, Wordsworth Editions, 1994.

HERSANT, Patrick, « Les Poèmes de W. B. Yeats : sur quelques traductions en français », *Le Texte étranger*, n° 6, 2009, p. 24-36.

HESIODE, *Les Besognes et jours*, in Jean-Antoine de BAÏF, les *Etrennes de poésie française en vers mesurés*, Paris, de l'imprimerie de D. Du Val, 1574.

HÉSIODE, *Les Besongnes et les jours d'Hesiode Ascraean*, Paris, Estienne Prevosteau, 1586.

HÉSIODE, *Les Livres d'Hesiode poëte grec, intitulez les œuvres et les jours, nouvellement traduictz de Grec en François, par Richard Le Blanc*, Lyon, Jean de Tournes, 1547.

HÉSIODE, *Les Travaux et les jours*, trad. Paul Mazon, Paris, Les Belles Lettres, 2002.

HÉSIODE, *Les Trois livres d'Hésiode, appellez : Les Œuvres et Jours*, trad. Lambert Daneau, (La Rochelle), pour Antoine Chuppin, 1571.

HEYERICK, Koenraad, « Les sens d'une métamorphose. Les traductions françaises de *L'Âne d'Or* au XVIe siècle », *Revue de littérature comparée*, 2005/3 (n° 315), p. 273-293.

Ηιερουσαλήμ ελευθερωμένη [*La Jérusalem délivrée*], Venise, 1807.

Η Λογική [*La Logique*], Vienne, 1806.

HOLMES, James, *The Nature of Translation*, Berlin, De Gruyter, 1971.

HOUSE, Juliane, « A Model for Assessing Translation Quality », *Meta*, vol. 22, n° 2, 1977, p. 103-109.

IAKOVAKI, Nasia, « Ο Δανιήλ Φιλιππίδης και η Λογική του Κοντιγιάκ. Μια "Λογική" για τη γλώσσα » [Daniel Philippidis et la *Logique* de Condillac. Une « Logique » pour la langue], *Το έντυπο ελληνικό βιβλίο 15ᵒ-19ᵒ αιώνα* [Le livre grec imprimé, XVᵉ-XIXᵉ siècles], Πρακτικά Διεθνούς Συμποσίου, actes d'un colloque international, Delphes, 16-10 mai 2001, Athènes 2004, p. 415-448.

JACCOTTET, Philippe, « Jaccottet, poète de la traduction », entretien avec Marion Graf, *Journal de Genève*, 18-19 janvier 1997, p. 30.

Ιεροκλέους αστεία [*Facéties* d'Hiéroclès], Paris, 1812.

Ιστορία συνοπτική της Ελλάδος [Histoire abrégée de la Grèce], Vienne, 1807.

KEHAYOGLOU, G. et TABAKI, A., *Μιχαήλ Τσερβάντες, Ο επιτήδειος ευγενής δον Κισότης της Μάντσας. Η πρώτη γνωστή ελληνική μετάφραση* [Miguel de Cervantes, *L'ingénieux hidalgo don Quichotte de la Manche*], INE/EIE, Athènes, 2007.

KITROMILIDES, Paschalis M., *Entlightenment and Revolution. The Making of Modern Greece*, Harvard University Press, 2013.

LADMIRAL, Jean-René, *Sourcier ou cibliste. Les profondeurs de la traduction*, Paris, Les Belles Lettres, 2015.

LAVOCAT, Françoise, « Frontières troublées de la fiction à la fin de la Renaissance : Apulée et le débat sur la métamorphose », *Cahiers du dix-septième : An Interdisciplinary Journal*, XIII, n° 2, 2011, p. 92-109.

LE ROY, Loys, *De la vicissitude ou varieté des choses en l'univers*, éd. Ph. Desan, Paris, P. L'Huillier, 1575, Fayard, 1988.

LE ROY, Loys, *Le Sympose de Platon, ou de l'amour et de beauté, traduit du grec en françois [...] par Loys le Roy*, Paris, Vincent Sertenas, 1559.

LEEMING, Owen, « And the Clay Man ? Reflections on *The Rock Woman : Selected Poems* by James K. Baxter », *Landfall*, n° 25, 1971, p. 9-19.

LOMBEZ, Christine, « Traduire en poète. Philippe Jaccottet, Armand Robin, Samuel Beckett », *Poétique*, vol. 3, n° 135, 2003, p. 355-379.

LOUVEAU, Jean, *Luc. Apulée. De l'Ane doré*, Lyon, Jean Temporal, 1553.

MACKRIDGE, Peter, « Περί Βουλής και Γερουσίας. Ο Πλάτων Πετρίδης και η "νεοελληνική" μετάφραση του Ιονίου Συντάγματος του 1817 » [Sur l'Assemblée et le Sénat. Platon Petridis et la traduction en « grec moderne » de la Constitution des Îles Ioniennes de 1817], *Λόγος και χρόνος στη νεοελληνική γραμματεία (18ος-19ος αιώνας)* [Discours et temps dans la littérature grecque (XVIIIᵉ-XIXᵉ siècles)], Πρακτικά Συνεδρίου προς τιμήν του Αλέξη

Πολίτη [Actes d'un colloque en l'honneur d'Alexis Politis], éd. Stephanos Kaklamanis, Alexis Kalokairinos et Dimitris Polychronakis, Héraklion, 2015, p. 157-169.
MANHIRE, Bill, *Doubtful Sounds*, Wellington, Victoria University Press, 2000.
MANHIRE, Bill & WILKINS, Damien, *The Best of Best New Zealand Poems*, Wellington, Victoria University Press, 2011.
MELANCHTHON, Philip, *Hesiodou tou Askraiou Erga kai hēmerai. Una cum praefatione ac luculentissimis enarrationibus Philippi Melanchtonis*, Paris, apud Antonium Augerellum, 1533.
MESCHONNIC, Henri, *Poétique du traduire*, Paris, Verdier, 1999.
MONTLYARD, Jean de, *L'asne d'or ou les Metamorphoses de L. Apulée Philosophe platonicien*, Paris, Nicolas et Jean de la Coste, 1648.
MONTLYARD, Jean de, *L'asne d'or ou les Metamorphoses de Luce Apulée Philosophe platonique*, Paris, Abel Langelier, 1602.
MONTLYARD, Jean de, *Les Amours de Théagène et Chariclée, histoire éthiopique d'Héliodore*, Paris, Samuel Thiboust, 1623.
MONTLYARD, Jean de, *Mythologie, c'est-à-dire, explication des fables, extrait du latin de Noël Le Comte par J. de M*, Lyon, Paul Frelon, 1600.
NIDA, Eugene, *Toward a Science of Translating*, Leiden, Brill, 1964.
NORD, Christiane, « Loyalty and Fidelity in Specialized Translation », *Confluencias*, n° 4, 2006, p. 29-41.
NORD, Christiane, « Meaning, Sense, Function – What is Transferred ? », communication au colloque *Meaning in Translation : Illusion of Precision*, Riga, Lettonie, mai 2016.
NORD, Christiane, *Text Analysis in Translation. Theory and Methodology, and Didactic Application of a Model for Translation-Oriented Text Analysis*, New York, Rodopi, 2005.
NORD, Christiane, *Translating as a Purposeful Activity*, New York, Routledge, 1997.
NORTON, Glyn P., *The Ideology and Language of Translation in Renaissance France and their Humanist Antecedents*, Genève, Droz, 1984.
Ο Αγαμέμνων [*Agamemnon*], Corfou, 1827.
Ο Ταρτούφος [*Tartuffe*], Vienne, 1815.
Ο Φιλάργυρος [*L'Avare*], Vienne, 1816.
O'SULLIVAN, Vincent, *James K. Baxter*, Wellington, Oxford University Press, 1976.
OLIVER, William Hosking, *James K. Baxter, a Portrait*, Auckland, Godwit Press, 1994.
PATOYT, Claire, « La Traduction à l'épreuve des poèmes d'Emily Dickinson : l'impossible protocole ? », *Meta*, vol. 57, n° 3, 2012, p. 647-676.

PATSIOU, Viki, « Απόψεις και παρεμβάσεις του Κοραή στο θέμα των μεταφράσεων » [Conceptions et interventions de Koraïs sur le sujet de la traduction], *Ο Ερανιστής* [O Eranistis], n° 21, 1997, p. 210-234.

PÉDÉFLOUS, Olivier, « La traduction de l'âne d'or par Guillaume Michel (1517) : une contribution à la poétique du roman au XVIe siècle », *RHLF*, vol. 107, n° 3, 2007, p. 515-535.

PELETIER DU MANS, Jacques, *Art Poétique*, in *Traités de poétique et de rhétorique à la Renaissance*, éd. F. Goyet, Paris, Librairie générale française, 1990.

PELETIER DU MANS, Jacques, *Les Œuvres poétiques de Jacques Peletier du Mans, Paris, Michel de Vascosan, 1547*, éd. Léon Séché, 1904 ; Genève, Slatkine Reprints, 1970.

Περί αμαρτημάτων και ποινών [*Des délits et des peines*], Paris, 1802.

PLAZENET, Laurence, *L'Ébahissement et la délectation. Réception comparée et poétiques du roman grec en France et en Angleterre aux XVIe et XVIIe siècles*, Paris, Champion, 1997.

Πολίτευμα των Ενωμένων Επαρχιών των Ιωνικών Νήσων [Constitution des États-Unis des îles Ioniennes,], Corfou, 1818.

POPE, Quentin, *Kowhai Gold. An Anthology of Contemporary New Zealand Verse*, Londres, Dent and sons, 1930.

PYM, Anthony, *The Moving Text : Localization, Translation, and Distribution*, Amsterdam, John Benjamins, 2004.

Σχολείον των ντελικάτων εραστών [*École des amants délicats*], Vienne, 1790.

SALEL, Hugues, *Les Dix premiers Livres de l'Iliade d'Homere, prince des poëtes, traduictz en vers françois par M. Hugues Salel*, Paris, Vincent Sertenas, 1545.

SCHLEIERMACHER, Friedrich, « On the Different Methods of Translating », *Translation, History, Culture. A Sourcebook*, trad. André Lefevere, New York, Routledge, 1992, p. 141-165.

SÉBILLET, Thomas, *Art poétique français*, in *Traités de poétique et de rhétorique à la Renaissance*, éd. F. Goyet, Paris, Librairie générale française, 1990.

SÉBILLET, Thomas, *L'Iphigene d'Euripide [...] tourné de Grec en Français*, Paris, Gilles Corrozet, 1549.

SERS, Olivier, *Les Métamorphoses ou l'Âne d'or*, Paris, Les Belles Lettres, 2010.

SF[O]INI, Alexandra, « Langages de la Révolution et transferts conceptuels : la constitution montagnarde en grec », *Annales historiques de la Révolution française*, n° 248, 2007, p. 83-92.

SFOINI, Alexandra, « Το μεταφραστικό έργο του Κοδρικά : Ομιλίαι περί πληθύος κόσμων του κυρίου Φοντενέλ » [L'œuvre de traduction de Kodrikas : Entretiens sur la pluralité des mondes de monsieur Fontenelle], *Ο Ελληνικός Κόσμος ανάμεσα στην Ανατολή και τη Δύση 1453-1981*, Πρακτικά του Α' Ευρωπαϊκού Συνεδρίου Νεοελληνικών Σπουδών [Le monde grec entre Orient et Occident 1453-1981, Actes du Premier congrès européen d'Études néohelléniques], Berlin, 2-4 octobre 1998, t. 1, éd. Asterios Argyriou, Konstantinos A. Dimadis et Anastasia-Danaï Lazaridou, Athènes 1999, p. 327-338.

SFOINI, Alexandra, « Φωτισμένες αυθεντίες σε γραφειοκρατικά περιβάλλοντα : ο Παναγιώτης Κοδρικάς και η γλώσσα των ευγενών » [Autorités éclairées dans un milieu bureaucratique : Panayotis Kodrikas et la langue des nobles], *Τα Ιστορικά* [Ta Istorika], n° 59 2013, p. 325-362.

SFOINI, Alexandra, *Ξένοι συγγραφείς μεταφρασμένοι ελληνικά, 1700-1832* [Écrivains étrangers traduits en grec, 1700-1832], Athènes (sous presse).

SOREL, Pierre, *Les Œuvres de Pierre Sorel Chartrain*, Paris, Gabriel Buon, 1566.

SPATHIS, Dimitris, « Έλληνες φιλάργυροι, εχθροί των Φώτων » [Grecs avares, ennemis des Lumières], *Κοινωνικοί αγώνες και Διαφωτισμός, Μελέτες αφιερωμένες στον Φίλιππο Ηλιού* [Luttes sociales et Lumières. Études dédiées à Philippos Iliou], éd. Christos Loukos, Héraklion, 2007, p. 27-60.

STURM, Terry, « New Zealand Poetry », *A Companion to Twentieth-Century Poetry*, éd. Neil Roberts, Oxford, Blackwell, 2003, p. 293-303.

Symposium « L'époque phanariote », 2-25 octobre 1970, dédié à la mémoire de Cléobule Tsourkas, Institute for Balkan Studies / Institut des Études balkaniques, Thessalonique, 1974.

Στοιχεία της λογικής, Μεταφυσικής και Ηθικής [*Éléments de logique, de métaphysique et de morale*], Venise, 1804,

Στοιχειώδες Σύγγραμμα Περί ηθικής και ευδαιμονίας [*Traité élémentaire de morale et du bonheur*], Vienne, 1816.

Συλλογή διαφόρων τραγωδιών, όσαι παρεστάθησαν εις το θέατρον του Βουκουρεστίου [Recueil de chansons diverses représentées au théâtre de Bucarest], Bucarest, 1820.

TABAKI, Anna, *Ο Μολιέρος στη φαναριώτικη παιδεία. Τρεις χειρόγραφες μεταφράσεις* [Molière dans l'éducation phanariote. Trois traductions manuscrites], *Τετράδια Εργασίας* 14 [Tetradia Ergasias / Cahiers n° 14], KNE/EIE, Athènes, 1988.

TABAKI, Anna, *Περί Νεοελληνικού Διαφωτισμού, Ρεύματα ιδεών και δίαυλοι επικοινωνίας με τη δυτική σκέψη* [Sur les Lumières grecques. Courants et canaux de communication avec la pensée occidentale], Athènes, 2004.

TAMISIER, Pierre, *Anthologie, ou recueil des plus beaux epigrammes grecs, pris et choisis de l'Anthologie grecque, mis en vers françois sur la version latine de plusieurs doctes personnages*, Lyon, J. Pillehoette, 1589.

VENUTI, Lawrence, *The Translator's Invisibility. A History of Translation*, Londres, Routledge, 1995.

VIGENÈRE, Blaise de, *La Hierusalem du Sr. Torquato Tasso, rendue françoise par B. D. V. B.*, Paris, Abel l'Angelier, 1595.

VIGNES, Jean, « Brève histoire du vers mesuré français au XVIe siècle », *Albineana*, Cahiers d'Aubigné, n° 17, 2005, p. 15-43.

Χειρόγραφο εκ της Αγίας Ελένης [Manuscrit venu de Sainte-Hélène], Munich, 1818.

Χρυσούν Εγκόλπιον [Vademecum], Vienne, 1799.

YEATS, William Butler, *Collected Poems of W. B. Yeats*, éd. Richard J. Finneran, New York, Simon and Schuster, 2008.

INDEX NOMINUM

RÉSUMÉS

Véronique DUCHÉ et Françoise WUILMART, « Introduction. Présences du traducteur »

Cet ouvrage s'intéresse à la figure du traducteur, et étudie sa présence spécifique à la fois comme apprenant, praticien, chaînon dans le travail poétique de l'intertextualité, traductologue – souvent à son insu – et enfin sujet humain ayant un rôle central dans le processus traductif. Didactique, poétique du traduire, rôle de l'inconscient et discours du traducteur sont les quatre domaines successivement explorés.

Sophie LÉCHAUGUETTE, « D'un nécessaire va-et-vient entre pratique et théorie ou le conflit des institutions »

Enseigner la traduction pédagogique en premier cycle devrait préparer à la formation professionnelle en second cycle, les étudiants pouvant s'appuyer sur leurs acquis. Les formateurs constatent souvent l'inverse. Ce constat invite à s'interroger sur la pédagogie. Le présent article propose de renouveler l'enseignement de la version, une évolution facilitée par l'introduction des TICE.

Véronique BÉGHAIN, « Le traducteur universitaire entre mythes et réalités »

Cet article vise à nuancer la vision faussée du traducteur universitaire répandue dans une partie de l'édition et des médias et, à partir de quelques figures emblématiques, à défaire la logique binaire et réductrice qui l'oppose, d'une part, au traducteur professionnel et, d'autre part, à l'écrivain-traducteur.

Katarína BEDNÁROVÁ, « La formation universitaire à la traduction littéraire serait-elle paradoxale ? »

Cet article analyse les conséquences des formes actuelles de l'enseignement de la traduction littéraire à l'université. Introduites par les propos d'Edgar

Morin (*Sept savoirs nécessaires à l'éducation du futur*), ces réflexions s'articulent autour d'une brève présentation de l'enquête du CEATL (programmes traductionnels en Europe) et de la formation universitaire en Slovaquie. La conclusion s'inspire des recommandations de Morin pour ouvrir de nouvelles pistes dans la didactique de la traduction.

Silvia Kadiu, « Traduire la traductologie. Une didactique réflexive »

Cet article présente les atouts d'une didactique innovante de la traduction qui consiste à faire traduire un texte théorique selon l'approche préconisée par l'auteur du texte en question. Inspirée de la démarche performative de Jacques Derrida dans « Des Tours de Babel » (1985), cette méthode réflexive vise à rendre l'enseignement de la traductologie plus stimulant, créatif et autocritique, afin de former des traducteurs mieux à même de reconnaître leurs limites et développer leurs compétences.

Claire de Oliveira, « Canonique, le canon ? Retraduire *La Montagne magique* »

La retraduction de *La Montagne magique* (2016) tente d'illustrer la possibilité d'une recréation vivifiante, refusant l'édulcoration des allusions humoristiques et, plus largement, culturelles ; elle est sous-tendue par un travail de recherche effectué dans une perspective intertextuelle, permettant de décrypter davantage que les sous-entendus philosophiques et l'hypertexte goethéen.

Esa Hartmann, « Saint-John Perse en dialogue avec ses traducteurs. Pour une poétique du processus traductif »

L'œuvre inclassable de Saint-John Perse a toujours exercé sur ses pairs une véritable fascination. T. S. Eliot, Denis Devlin, Giuseppe Ungaretti et Rainer Maria Rilke se sont ainsi inspirés de l'éclatante nouveauté de ses poèmes, et ont transposé l'œuvre persienne dans leur langue maternelle. Le dialogue qu'entretient Saint-John Perse avec ses différents traducteurs et les témoignages de ces derniers révèlent les différents aspects – génétique, poétique et éthique – du processus traductif, que cette étude analyse.

Patrick HERSANT, « Le traducteur phagocyte. Appropriations du poème étranger »

Certains vers, et même certains poèmes, sont des traductions qui ne disent pas leur nom : ni citation, ni allusion, ni plagiat, mais plutôt emprunt discret et réapproprié, le vers étranger se voit digéré par le poème d'accueil sous une forme traduite qui favorise une assimilation discrète, dont on observe ici les vertus poétiques et intertextuelles à travers une vingtaine d'exemples.

Sarah NEELSEN, « Échelles et serpents. Lire en réseau pour mieux traduire »

Cet article défend l'idée que les compétences de lecture de futurs traducteurs sont au moins aussi importantes que leurs compétences linguistiques. S'appuyant sur un corpus de textes utilisés en cours de traduction vers la langue étrangère, cet article propose des exercices de lecture à réaliser en amont de la traduction. Les textes, de nature différente, partagent une même thématique et l'objectif du cours est d'apprendre à développer de nouvelles stratégies et une mémoire de traduction humaine.

Capucine ECHIFFRE, « Le lied en France au milieu du XIXe siècle »

Au milieu du XIXe siècle, en France, le lied soulève de nombreuses interrogations sur les mécanismes du sens en poésie. L'expressivité perçue dans sa dimension phonique, ainsi que l'attitude interprétative qu'il appelle chez le lecteur, amènent certains intercesseurs à entrevoir le fonctionnement discursif par lequel le sens poétique surgit d'une actualisation singulière de la langue. Cette intuition rejaillit sur leur conception de la traduction, qui devient une opération de recréation.

Françoise WUILMART, « Méthodologies conscientes et inconscientes du traducteur littéraire »

L'agent humain ne maîtrise pas totalement le processus de traduction dans lequel interviennent des facteurs psychiques complexes, des mécanismes de défense et des obstacles « intimes ». Par ailleurs toute lecture génère la perception inconsciente d'une voix responsable de la cohérence textuelle. De qui émane-t-elle ? Deux grands hommes se sont penchés sur la question : un philosophe, Friedrich Nietzsche, et un psychophonéticien, Ivan Fonagy.

Thilde Barboni, « La structure de personnalité du traducteur, passager clandestin de la transmutation linguistique »

La structure de personnalité du traducteur, l'organisation de ses propres instances psychiques et son mode de fonctionnement, ses mécanismes de défense, jouent-ils un rôle dans l'opération de traduction et les difficultés rencontrées lors de la transmutation linguistique ? D'un point de vue psychanalytique, peut-on tenter d'expliquer qui traduit quoi et pourquoi ?

Christophe Jouanlanne, « Freud, Benjamin et la traduction. Une parenté »

Dans *Le mur et l'arcade*, Jean Laplanche croise l'idée de la traduction chez Freud avec *La tâche du traducteur* de Walter Benjamin. Cet article prolonge l'approche de Laplanche et fait apparaître une parenté entre les pensées de Freud et de Benjamin. Dans sa lettre à Fließ, Freud présente l'hypothèse d'un appareil psychique constitué d'une suite de traductions. La contribution examinera la genèse de cette hypothèse à partir de celle d'un *Sprachapparat* que Freud propose en 1891 dans *Sur la conception des aphasies.*

Janine Altounian, « Traduction linguistique et traduction psychique »

Les trois parties de cet essai porteront sur une mise en parallèle de la traduction linguistique et de la traduction psychique, puis sur la posture du traducteur/transmetteur d'un héritage englouti et enfin sur la traduction considérée par Freud comme modèle d'interprétation du travail de l'inconscient.

Adelia Lucattini, « Traduire l'inconscient. André Pézard et Dante »

Cette réflexion porte sur l'*Avertissement* d'André Pézard, introduction à sa traduction des *Œuvres complètes* de Dante (Paris, 1965). Dans ce traité de traductologie, Pézard justifie ses choix. D'un point de vue psychanalytique, il y soulève des problèmes de méthode et de technique, concernant « le langage de l'inconscient », communs à la traduction et à la psychanalyse. Le traducteur s'identifie à Dante pour traduire ce que le poète « avait l'intention de dire », et ce qu'il a inconsciemment dit.

Nadia CERNOGORA et Alice VINTENON, « Le discours des traducteurs de poésie à la Renaissance »

Les arts poétiques français du XVIe siècle et les textes liminaires précédant les traductions de poésie témoignent d'une concurrence entre activité du traducteur et *genius* de l'auteur. On observe ainsi un *continuum* entre traduction et création originale, intégrant diverses pratiques intermédiaires. Comme en témoigne l'exemple d'Hésiode, les traductions sont le reflet de ces réflexions sur la liberté du traducteur.

Carole PRIMOT, « "Une rature depuis la première page jusqu'à la dernière". La leçon de traduction de Jean de Montlyard »

La préface à *L'Âne d'or* d'Apulée traduit par Jean de Montlyard (1602) est une véritable leçon de traduction infligée à l'un de ses prédécesseurs, Jean Louveau. Pointant de nombreuses erreurs et approximations, Montlyard met en place un dispositif critique visant à poser une équivalence entre sa propre mise en français et le texte d'Apulée, tout en reconnaissant la nécessité de l'adaptation langagière.

Alexandra SFOINI, « Conceptions sur la traduction au cours des Lumières néohelléniques »

Durant la période des Lumières néohelléniques les pensées des traducteurs grecs se caractérisent par leur empirisme et se structurent autour de certaines conceptions et oppositions fondamentales : la difficulté de l'entreprise de traduction, la traduction suivant la lettre ou le sens, la fidélité ou la liberté, l'intraduisible, la traduction en langue savante ou usuelle, la culture de la langue grecque moderne et l'introduction d'une nouvelle terminologie.

Luc ARNAULT, « Traduire la poésie néo-zélandaise contemporaine en français. Vers une traduction polyphonique ? »

Traduire en français l'œuvre du poète néo-zélandais, James K. Baxter, soulève bien des défis. Sa production littéraire prolifique, de 1944 à 1972, navigue entre versification rimée inspirée par les Romantiques anglais et un style relâché, un mélange précurseur de « localismes » et de maori. Comment traduire la polyphonie néo-zélandaise ou *"New Zealandness"* ?

TABLE DES MATIÈRES

DEUXIÈME PARTIE

UNE POÉTIQUE DU TRADUIRE

TROISIÈME PARTIE

TRADUCTION ET INCONSCIENT

QUATRIÈME PARTIE

DISCOURS DU TRADUCTEUR

IMPRIM'VERT®

Achevé d'imprimer par Corlet Numéric,
Z.A. Charles Tellier, Condé-en-Normandie (Calvados), en juin 2021
N° d'impression : 172004 - dépôt légal : juin 2021
Imprimé en France